尽 善 尽 美 弗 求 弗 迪

SDBE管理实践丛书

SDBE
组织执行力

构建客户导向的流程型组织

| 胡荣丰 符春扬 刘宇红 | 著 |

电子工业出版社
Publishing House of Electronics Industry
北京·BEIJING

内容简介

华为创始人任正非曾说："要想成功，战略和执行力缺一不可。执行力是什么？它是各级组织将战略付诸实施的能力，反映了战略方案和目标的贯彻程度。"

在企业确定了组织使命、愿景和战略目标后，执行是否得力就直接关系到战略最终能否产生效果，没有执行的战略再宏伟也无济于事。企业强大的执行力必须是建立在系统的组织能力基础上的，即以市场为牵引，以价值为驱动，通过流程贯通并拉动各个作战部队协同作战，做到"力出一孔"，从而激发群体的战斗力。

本书以多家标杆企业的执行文化为参照，融合标杆企业的行动方案和具体案例，系统解读执行力密码背后的关键措施。希望广大管理人士能够从中学到经验，以突破企业管理上的困境。

未经许可，不得以任何方式复制或抄袭本书之部分或全部内容。
版权所有，侵权必究。

图书在版编目（CIP）数据

SDBE 组织执行力：构建客户导向的流程型组织 / 胡荣丰，符春扬，刘宇红著. -- 北京：电子工业出版社，2025.3. --（SDBE 管理实践丛书）. -- ISBN 978-7-121-49500-7

Ⅰ. F272.9

中国国家版本馆 CIP 数据核字第 2025CE0135 号

责任编辑：黄益聪
印　　刷：三河市兴达印务有限公司
装　　订：三河市兴达印务有限公司
出版发行：电子工业出版社
　　　　　北京市海淀区万寿路 173 信箱　　邮编：100036
开　　本：720×1000　1/16　印张：17.75　字数：328 千字
版　　次：2025 年 3 月第 1 版
印　　次：2025 年 3 月第 1 次印刷
定　　价：79.00 元

凡所购买电子工业出版社图书有缺损问题，请向购买书店调换。若书店售缺，请与本社发行部联系，联系及邮购电话：（010）88254888，88258888。
质量投诉请发邮件至 zlts@phei.com.cn，盗版侵权举报请发邮件至 dbqq@phei.com.cn。
本书咨询联系方式：（010）68161512，meidipub@phei.com.cn。

推荐序

因为相信,所以看见。20多年前,作为一名科技工作者,出于对自身专业背景的考虑,也为了维持生计,我选择了单晶硅这个方向进行创业。我觉得光伏产业是未来发展的方向,可以创造无限的社会价值,并且对国家具有重要的战略意义,再加上我学的是这个专业,所以没理由干不好这件事。就这样,我和团队义无反顾、无惧无畏地闯进了光伏行业,好巧不巧便踩在了绿色能源发展的风口上。经过大家多年的努力,隆基绿能科技股份有限公司(简称隆基绿能)如今的年销售额已超千亿元,光伏组件的市场份额连续三年位居全球第一。

彼得·德鲁克说过:"**战略不是研究我们未来做什么,而是研究我们今天做什么才有未来。**"我是学物理学的,信奉物理第一性原理,习惯从本质和长期来看待生存和发展问题。回顾隆基绿能的发展历程,无论是战略方向还是技术路线,碰到重大决策的时候,我们始终遵循两个原则:一是第一性原则,不看表面,而应从本质、本源上看问题;二是要立足未来,不仅要看当下,还要展望未来三五年,甚至要预测更长时间之后会怎样。

作为技术专业出身的团队,隆基绿能的风格是简单的,有时甚至是偏执的。和华为一样,我们看准了大致方向,就敢于进行压强式投入。我们认为,技术和产品应该成为公司的核心竞争力。隆基绿能必须持续、大力地投入研发,以最快的速度找到解决问题的办法,并将其快速导入生产活动中去,形成技术领先、产品领先、成本领先的核心竞争力。

在数字化时代,在全球能源转型的大浪潮下,隆基绿能最新的愿景是通过持续创新产品与服务，让人们在实现碳中和的道路上付出的成本越来越低，让全球更多的人，尤其是发展中和欠发达国家和地区的人们，能够享受到可负担的清洁能源，实现能源公平。

为了实现这个愿景和使命，在 2021 年，隆基绿能专门召开了战略务虚会，专门讨论公司面向未来最重要的核心竞争力在哪里。最后大家总结了隆基绿能核心竞争力的几大要素，并达成了共识，包括要有良好的价值观，顺应社会趋势；以客户为中心，向华为、美的和丰田等标杆企业学习，建设有效的组织等。正如任正非先生所言，企业要想长久生存下去，就必须在行业内做到"成本和效率最佳"，才能实现"活得久、活得好"的企业经营宗旨。

华为作为高科技企业，不尚虚名，专注务实，非常高效。其既有正确的战略方向感，又有强大的执行能力，一直是我敬佩的企业。隆基绿能这几年来一直通过各种办法，包括成立数字化变革组织，系统地引进华为的管理理念和方法，致力于在公司建设更高效、更科学的管理机制。

在偶然情况下，我有幸结识了胡荣丰老师，和他有过多次沟通，并拜读过他的著作《华为闭环战略管理：从战略到执行的 SDBE 领先模型》，感到受益良多。最近他的新著《SDBE 组织执行力：构建客户导向的流程型组织》即将出版，他邀请我作序，我虽不善言辞，但盛情难却，便答应了下来。

通读《SDBE 组织执行力：构建客户导向的流程型组织》之后，我对华为的组织能力和执行能力的建设理念和路径，有了更深刻的理解。这本书非常用心地总结了华为在组织执行力方面的建设经验，并结合作者自身的工作实践，较好地向读者呈现了出来。书中有很多理念和方法与隆基绿能不谋而合，比如，在隆基绿能总结的"有效的组织"这个核心竞争要素上，我个人认为这一要素主要包含三个方面，即组织的决策效率、任务的完成效率、组织或个体能力的发挥效率。

首先，要提升组织的决策效率。一方面可以通过流程实现组织结构的横向分工、分权和协作，使企业大量的例行活动实现程序化决策，提升横向决策的效率；另一方面可以通过纵向的民主集中，提高企业不同层级间纵向决策达成一致的效率。这样，战略决策的水平和垂直两个方向收敛的科学性和效率都将大大提升。这项工作，我们已经通过引入华为开发战略到执行（Develop

Strategy To Execute，DSTE）的闭环管理体系来着手解决了。

其次，要提高任务的完成效率。组织的岗位、结构和人员等各个要素要充分支持和适应组织的任务执行，然后实现组织结构和任务的匹配，这是提高组织任务的完成效率的关键所在。要完成这个目标，一方面需要完善流程管理，把业务最佳实践总结成流程，另一方面需要完善组织管理，把各种能力沉淀在组织上。像华为一样，通过建设"流程型组织"，高效完成确定性工作。

最后，要充分发挥组织或个体的能力，包括潜能。这就需要解决组织和组织中的个体相互适应的问题了，即组织须在能力和任务基本匹配的基础上，重点改变每个个体参与和协作的意愿，特别是在面向具有不确定性的领域时。为此，正如本书所述，一方面需要通过实施"项目化运作机制"来解决，另一方面需要通过改善绩效评价和工作氛围来发挥组织活力并开发潜能。

任正非先生说过，做企业本质上就是建设核心竞争能力，要从"必然王国"进入"自由王国"，创造高价值。我深以为然，隆基绿能就是要**坚定不移地摆脱经营和管理上的"个人英雄主义"和"短期利益导向"**，在正确价值观的指导下，以客户为中心，坚定不移地识别主航道并持续进行投入，最终建设成"有效的组织"，使短期偶然的成功长久化、必然化，以实现企业的可持续发展。

胡荣丰老师所著的《SDBE组织执行力：构建客户导向的流程型组织》一书，将理论与实践相结合，并以华为的成功实践为背景，清晰地讲述了市场、研发、制造、销售、服务各大领域的组织阵形和运作机制，在如何建设流程型组织、如何聚焦价值贡献、如何发挥组织效能等方面提供了很多可实操、可落地的方法，值得借鉴！

再次感谢华为卓越的管理理念和实践经验给隆基绿能带来的启发与助力。在此，我非常乐意向大家推荐胡荣丰老师的《SDBE组织执行力：构建客户导向的流程型组织》一书，希望您能够像我一样受益匪浅！

隆基绿能科技股份有限公司创始人兼CEO　李振国

SDBE 领先模型与六力模型

业务领先模型（Business Leadership Model，BLM）的概念源自哈佛大学商学院，后被 IBM 发扬光大。BLM 是一种战略管理流程工具，是梳理战略性问题和进行执行管理的框架，还可以作为帮助经理人提升领导力的工具。

2019 年，华为在向 IBM 学习的过程中引入了 BLM，对其战略管理体系进行了升级。为了保证落地效果，华为还把 BLM 各个模块进行了拆解，创造性地应用到各级组织的战略规划和年度经营计划的各个环节中。

BLM 作为中高层战略制定与执行连接的方法与平台，虽然提供了一整套的战略分析和执行思路，但是并没有包含很多具体的战略方法及工具。比如，BLM 虽然明确了战略制定与执行两个阶段的要素内容，却没有提及企业如何进行战略解码，如对企业层面、业务层面、功能层面的战略规划进行上下对齐、左右拉通；虽然强调了领导力与价值观的重要性，却没有提出干部能力保障机制和价值观建设的具体办法和工具。

针对 BLM 的不完善、不易落地、无法闭环、缺少工具等诸多问题，笔者及德石羿团队总结了多年在华为从事战略管理实践，以及对外研讨、授课及管理咨询的经验，在 BLM 的基础上提出了 SDBE 领先模型。

1. SDBE 领先模型

SDBE 领先模型是包括从战略规划、战略解码、经营计划到执行管理的战略管理体系，如图 0-1 所示。该模型不仅包含战略规划（Strategic Planning，SP）、战略解码（Decoding）、经营计划（Business Planning，BP）和执行管理（Execution）四个环节，还特别注重领导力和企业文化与价值观的作用，是一个能够帮助企业实现从战略规划到执行管理的整体战略管理框架。

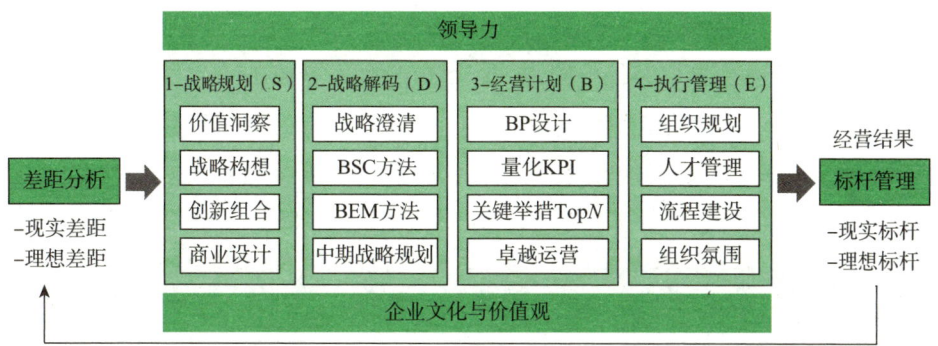

注：BSC，指平衡计分卡；BEM，指业务执行力模型；BP，指经营计划；KPI，指关键绩效指标；TopN，指取前 N 值。

图 0-1　SDBE 领先模型

差距分析既是战略管理的起点，又是战略管理的终点。SDBE 领先模型在 BLM 的基础上增加了标杆管理，通过确定现实标杆和理想标杆，来量化评估现实差距与理想差距。其中，现实差距一般可通过战略的执行来弥补，而理想差距则要通过战略的重构来解决。

模型中的四个环节——战略规划（S）、战略解码（D）、经营计划（B）及执行管理（E），在标杆管理与差距分析的基础上进行战略复盘，并循环改进。

其中，战略规划是企业经营的望远镜，帮助组织看清前进方向，规避风险，聚焦的是如何根据战略构想和识别的差距，通过认真而系统地分析，决定企业中长期资源分配的方向和重点。

战略解码是对战略规划进行澄清和细化，帮助企业达成对里程碑的共识，把企业战略转化为各级部门及全体员工可理解、可执行的具体目标和行动措施。

经营计划是把需要多年实现的战略目标分解为可年度执行的 KPI 和关键举措，具体指的是年度经营计划，即跨度为一年的具体作战方案，是落地战略规划的纲要性作战指导。

执行管理是部署、落实战略规划和年度经营计划下的日常经营措施，对组织、人才、流程和绩效进行综合管理，实现闭环。

2. SDBE 六力模型

在企业战略管理和执行落地的过程中，为了给各级管理层提供系统思考和务实分析的框架、能力和相关工具，从而能有效地进行规划和执行跟踪，使战略实现端到端落地，笔者及德石羿团队在展开 SDBE 领先模型的基础上，汇集华为、IBM 等业界顶尖公司及咨询公司积累的理念和管理实践，总结出了能够有效提升企业各层级综合能力（即组织能力）的 SDBE 六力模型。

SDBE 六力模型的管理框架内容包括领导力、战略力、洞察力、运营力、执行力、协同力，如图 0-2 所示，其具有系统化、结构化的特点，涵盖企业管理的全过程。

澄清期望	L（领导力）	S（战略力）	D（洞察力）	B（运营力）	E（执行力）	C（协同力）	总结提升
自我认知	·文化与价值观 ·干部与领导力 ·领导技能 ·变革管理 ·数字化转型	·战略框架 ·价值洞察 ·战略构想 ·商业设计 ·创新组合	·标杆管理 ·技术洞察 ·市场洞察 ·竞争洞察 ·知识管理	·战略解码 ·质量管理 ·流程管理 ·项目管理 ·卓越运营	·研发创新 ·品牌营销 ·采购供应 ·服务与制造 ·财经与风控 ·行政与客服	·HR管理 ·组织发展 ·绩效管理 ·OKR管理 ·薪酬激励	总结提升

注：OKR，指目标与关键成果法。

图 0-2 SDBE 六力模型

笔者及德石羿团队认为，在从战略规划到执行管理的整个闭环管理过程中，执行重于一切。战略规划是设计、是布局，有了清晰完善的战略，还必须积极地执行落地，只有当战略真正地落到实处时，企业才能不断向前。SDBE 六力模型强调规划与执行密切结合，以商业伙伴的成功为目标。为确保战略的切实执行，SDBE 六力模型还非常重视对业务执行过程的监控。

正因如此，在 SDBE 六力模型中，"执行力"作为一种非常重要的能力而存在，具体体现为在战略的牵引下，企业各领域的专业能力和流程的建设能力。

对于华为来说，流程体系构成了其"从客户中来，到客户中去"的端到端的业务运营系统，也构成了华为强大执行力背后的底层基础，在华为实现"多打粮食多产出"的业务运营目标的过程中，流程体系起到了至关重要的作用。

总之，建立不依赖具体个人的流程型组织，打造高效的组织执行力，是华为长期以来坚定追求的管理体系建设的最高目标。

笔者曾经就职过的华为，在企业界一直以强悍的执行力而著称。任正非曾两次被《时代》周刊评为全球一百位最具影响力人物之一，2019年更是被评为商界泰斗人物。当年，成吉思汗曾要求他的军队"在明亮的白昼要像雄狼一样深沉细心，在黑暗的夜里要像乌鸦一样有坚强的忍耐力"，这样的军队才能拥有无穷的战斗能力，最终战无不胜，攻无不克。而曾经是军人的任正非所领导的华为，就像当年成吉思汗的军队一样，在全球科技市场上拼搏，剑锋所指，所向披靡，成为中国成功企业的代表。

火爆全网的科幻电视剧《三体》中有这样一个情节：在虚拟游戏中，牛顿和冯·诺伊曼拜访秦始皇，说服秦始皇用3000万名纪律严明的大秦士兵，在一块占地36平方千米的地方组成人列计算机，通过挥舞手中的黑白小旗进行交流，从而完成了庞大的三体运行计算，场面极为震撼，展现出强大的组织执行力所能迸发出的巨大能量。

进入21世纪后，执行力已经成为企业竞争力的重要一环，其决定着企业的兴衰。阿里巴巴创始人马云与日本软银集团总裁孙正义曾共同探讨过一个问题：一流的点子加上三流的执行水平，与三流的点子加上一流的执行水平，哪一个更好？结果两人得出的一致答案是：三流的点子加上一流的执行水平。再好的决策也离不开严格的执行和组织实施，好的执行能够弥补决策方案的不足，而一个再完美的决策方案，也会"死"在拙劣的执行过程中。

可见，在未来，拥有强大的执行力才能保证组织内部正常、畅通地运作，确保组织战略落地。很多企业都想学习华为，学习它的企业文化，学习它的团队运作，学习它的高效执行，可是到头来总是与预期相差甚远。为什么？因为大多数企业学的是华为的皮和毛，而不是灵与魂。

事实上，华为在内部一直强调不要奉行个人英雄主义，要群体奋斗，并且以团队成功作为个体成功的基础和依据。所以华为的执行力不体现在单个人的能力上，而体现在战略和组织层面的竞争力上。让一个个卓越的个体前赴后继、奋不顾身、见公而忘私，基于企业的愿景和使命、各级组织的独特定位进行艰苦卓绝的奋斗，为客户创造价值，并让企业发展的成果为全体奋斗者所共享，从而激发更大的创造力，这是华为执行力的灵与魂，是其他企业真正要学的精髓所在。

笔者有幸在华为工作过20年，从初出象牙塔，历经研发、市场、销售、战略、运营、HR、生态和数字化等各个环节的工作，可以说一直奋斗在华为核心业务的最前沿，亲身经历并推行过华为重大的管理变革，对华为核心管理理念、体系架构和实践，有着切身的体会。华为的成功，既有自身倔强不屈奋斗的偶然，又有汲取全球最佳管理实践经验后的必然。离开华为后，笔者内心始终有一种强烈的渴望，希望将华为这30多年所积累的知识和管理经验传递给更多有需要、有雄心抱负的企业家，帮助他们建立正确认知、打开思路、拓宽视野，助力他们全面提升竞争力，取得商业成功。于是，笔者牵头创立了德石羿信息技术有限公司（简称德石羿），致力于将华为的企业管理知识和经验进行推广和应用。

笔者及德石羿团队根据在华为多年的工作和管理实践，以及在外部授课、咨询工作过程中的研究感悟，结合企业生命周期和熵减变革理论，系统性地提出了SDBE领先模型。SDBE领先模型包括战略规划、战略解码、经营计划和执行管理四个部分，在西方现代企业管理理念和思想的基础上，创造性地打造了一个脉络清晰、语言简洁、便于理解传播、注重闭环思维的管理框架，目的是帮助企业实现从战略规划到高效执行、直达企业愿景和使命的管理闭环。

在咨询实践中，笔者及德石羿团队在指导企业使用SDBE领先模型进行管理时，把企业组织层面的能力（即组织能力）细分为领导力、战略力、洞察力、运营力、执行力和协同力这六大方面，合称SDBE六力模型。SDBE领先模型和SDBE六力模型因为具有缜密的逻辑和框架、领先的方法和理论，再配以翔实的案例及示例分享，在笔者及德石羿团队的咨询实践中得到了大量企业家和管理者的认可。

执行力属于 SDBE 六力模型中一个非常重要的系统模块，涉及企业管理的各个方面。为此，笔者及德石羿团队进一步提出了组织执行力模型，认为企业要建立强大的组织执行力，必须全面提升企业各个方面的能力，打造一个协调统一、敏捷高效的组织系统。

具体来讲，本书就是以组织执行力模型为主要框架，结合华为等标杆企业的具体管理实践，系统地阐述如何结合客户长期需求和业务需要打造全面贯通的流程型组织，支持业务部门多产"粮食"和增加"土壤肥力"；如何以客户为中心构建研发体系，加速技术商业转化；如何建立从线索到回款的高效闭环，打造从一个胜利走向另一个胜利的销售铁军；如何通过品牌营销塑造企业形象，铸造企业核心竞争力，以获得客户信任和忠诚度；如何构建支撑主业务流程高效运营的财经与风控、供应链、交付与服务、行政保障等体系，并通过数字化工具打通流程、提升管理、变革组织，让企业活得更久、活得更好。总之，本书从解决企业组织执行力问题的角度出发，系统地阐述了一套可操作的方案，旨在帮助企业解决战略落地的问题，真正让执行力成为将组织战略转化为经营成果的有力保障。

在写作过程中，笔者策划了整个写作思想和框架，并执笔写作了全书。符春扬、刘宇红两位老师其间帮助笔者搜集了相关资料并审核了文稿。笔者及德石羿团队通过相关的咨询辅导项目，与众多企业家进行了深入沟通和交流，从中深受启发，同时也获得了众多管理同行的帮助和提携，在此表示感谢！衷心希望本书能够对读者有所启发，并能够为读者提供切实有效的帮助。

最后，书中可能存在需要进一步推敲的观点和见解，也会有一些错误和遗漏之处，敬请读者不吝批评指正，笔者感激不尽。

胡荣丰

第 1 篇　认知篇　增强"土壤肥力",聚焦多产"粮食"

第 1 章　组织执行力概述:组织导向,价值创造　2

1.1　执行力建设导向:用最简洁高效的方式创造价值　2
1.2　组织执行力模型:"从客户中来,到客户中去"的价值闭环　9

第 2 章　同欲者胜:打造组织能力,提升执行力　20

2.1　企业成功 = 战略能力 × 执行能力 × 组织能力　20
2.2　群体作战:尊重但不依赖个人英雄,将能力建在组织上　26
2.3　价值导向:流程贯通,聚焦客户的协同作战　33
2.4　成果导向:夯实"土壤肥力",多产"粮食"　41

第 3 章　能力建设:对准价值,建设流程型组织　48

3.1　强大健全的组织是战略成功的保证　48
3.2　组织对齐战略,不断迭代和进化,支撑业务发展　55
3.3　流程型组织:基于流程分配权力、资源及责任　63
3.4　流程型组织的支撑保障　70
3.5　组织持续变革,多产"粮食"和增加"土壤肥力"　78

第 2 篇　战区篇　以客户为中心,多产"健康粮食"

第 4 章　双轮驱动:创新 + 客户,均衡价值牵引　86

4.1　创新驱动,持续构筑企业强大的"护城河"　86
4.2　客户和技术双轮驱动,不可偏废　91
4.3　聚集主航道,有所为而有所不为　99

4.4　多方联动，以多种方式推动创新管理　105

第 5 章　研发创新：把握风险，保障商业成功　113

5.1　坚持"以客户为中心"导向，确保做正确的事　113
5.2　IPD 流程保证研发成功，从偶然走向必然　118

第 6 章　销售管理：竞争制胜，实现机会闭环　127

6.1　销售定位：打造攻无不克、战无不胜的铁军　127
6.2　客户沟通：构筑牢固的战略合作伙伴关系　131
6.3　组织保障：华为销售铁三角　139
6.4　流程保障：LTC 流程拉通铁三角运作　145

第 7 章　品牌营销：塑造形象，赢得格局及溢价　149

7.1　品牌营销：突破空白市场的利器　149
7.2　品牌创造价值，提升客户认知，增强议价能力　155
7.3　品牌营销铸造企业核心竞争力　160
7.4　华为品牌营销实践　164

第 3 篇　军种篇　强化能力建设，一切服务打仗

第 8 章　财经与风控：健康经营，严控风险　172

8.1　财经体系的发展与变革　172
8.2　卓越的财经管理是世界级的生产力　177

第 9 章　供应链：价值导向，高效精益供应　184

9.1　计划牵引：计划是龙头，一次把事情做好　184
9.2　采购升级：从价格最优到支撑战略实现　188
9.3　交付敏捷：构建强健供应链，提升整体效率　196
9.4　精益生产：迈向智能制造的大生产体系　204

第 10 章 交付与服务：构筑价值创造的闭环 211

10.1 优质的交付与服务是企业核心竞争力 211

10.2 ITR 流程：以端到端的方式打造服务闭环 216

10.3 服务转型：价值导向，服务也要创造利润 221

第 11 章 行政保障：快速响应，帮助打胜仗 225

11.1 用心接待客户，充分展现"客户至上" 225

11.2 优化行政管理，帮助业务线多产"粮食" 230

第 4 篇 升华篇 一切为了活得久、活得好

第 12 章 数字智能：将组织执行力全面数字化 236

12.1 数字经济已成为经济增长的发动机 236

12.2 管理数字化，全面提升管理效率 243

12.3 用数字化优化和重构业务全流程 252

12.4 数字化提升组织柔性，迈向智能化 257

参考文献 265

后 记 267

第 1 篇

认知篇

增强"土壤肥力",聚焦多产"粮食"

第1章 组织执行力概述：组织导向，价值创造

企业要想成功，战略和执行两种能力缺一不可。

战略是什么？它是看清方向、找对路径的能力。执行是什么？它是各级组织将战略付诸实施的能力，反映战略方案和目标的贯彻程度。

制定战略需要仰望星空，登高望远，避免迷途；执行需要脚踏实地，负重前行，兑现结果。

战略能力是格局，是认知，决定企业成长的上限；执行能力是技能，是经验，决定企业成长的下限。

简言之，战略决定企业能看到多大的蛋糕，执行决定企业能切多大的蛋糕。

1.1 执行力建设导向：用最简洁高效的方式创造价值

对于执行力的论述，相关文章浩如烟海，笔者不想再费力去引述。在确定战略的方向和路径上，企业间的竞争其实比拼的是执行的效率和质量。

任正非曾在华为内部讲过，这个世界上，执行力最强的人类组织是什么？是军队。做企业，不是比创新，也不是比玩花架子，更不是请客吃饭、温良恭俭让。

企业竞争其实是效率之争。企业能够以最高效率、最低成本或最佳体验为既定客户创造最大价值，才能有最大的机会见到明天的太阳。市场法则很残酷，就是优胜劣汰。军队追求的是以生存为底线，在一个个确定或不确定的战场上打胜仗。美国的企业为何强大？很多美国企业的领导者都是从军校毕业的，或者有过军旅经验。

成吉思汗曾要求自己的军队"在明亮的白昼要像雄狼一样深沉细心，在黑暗的夜里要像乌鸦一样有坚强的忍耐力"。对于成吉思汗，大家并不陌生，他被世人誉为"天之骄子"，其一生可谓波澜壮阔。成吉思汗出身苦难，历经艰辛，他治下的军队可不是只有简单的勇武和野蛮，而是训练有素、装备强大、纪律严明、战术灵活，并且能够娴熟配合、迭代进化。

什么样的执行力才最有效？任正非曾提出企业发展的基本逻辑：方向要大致正确，组织必须充满活力。在方向大致正确的前提下，组织充满活力非常重

要，而能够打造坚强的执行力，顺利地拿到结果，不断兑现企业各阶段的价值，才是确保企业战略执行落地并走向成功的关键所在。

1.1.1 执行力与组织执行力：个人英雄与组织效能

执行力指的是贯彻战略意图、完成预定目标的操作能力，是把企业战略、规划转化成效益、成果的关键。执行力包含完成任务的意愿、完成任务的能力和完成任务的程度。

组织执行力与组织中每个成员的执行力密切相关，个人的执行力强，组织整体执行力的提升就有了良好的基础。但是组织执行力并非个人执行力的简单相加，而是个人执行力的有机统一。

正如任正非所说："人才不是华为的核心竞争力，对人才的管理能力才是。"

组织能够整合资源，汇众人之智，集众人之能，从而实现单纯依靠个体所无法实现的目标。

总之，个人英雄应该建立在组织成功的基础之上。败军之将不提勇，个人英雄的唯一作用是帮助队伍打胜仗。组织执行力建设的一个关键在于，让能够带队伍打胜仗的人成为领导者，让个人英雄得到鲜花和荣誉。

任正非曾在《一江春水向东流》一文中感慨："一个人不管如何努力，永远赶不上时代的步伐，更何况在知识爆炸的时代。只有组织起数十人、数百人、数千人一起奋斗，你站在上面，才能摸得到时代的脚。"任正非创立华为时，已经进入不惑之年。用任正非自己的话说，在时代面前，他越来越不懂技术、越来越不懂财务、半懂不懂管理。面对瞬息万变的时代，任正非意识到，如果单靠一个人单打独斗，迟早会被时代抛弃。后来，从事组织建设成为任正非的追求。他通过凝聚各路英雄的力量，充分发挥他们的聪明才智，成就了华为的大事业。

任正非通过把"各路诸侯"凝聚在一起共事，取得了仅仅依靠他个人难以达到的成绩，这也恰恰体现了组织的强大。组织的强大就在于能超越个体的能力和智慧。

有句名言说："不想做将军的士兵不是好士兵。"但我们还需要知道：一名好士兵想成为将军，不仅需要通过个体奋斗，还要将自己的奋斗融入集体奋斗当中。

个体价值的实现是需要依赖组织的，一方面是由于大多数个体终究是为了实现组织的目标而奋斗，只有成功实现了组织的目标，个体的价值才能得以彰显，而大部分组织的目标是庞大而长期的，光凭一己之力难以完成，因此如果不将自己的奋斗融入集体奋斗中，个体很有可能就半途而废了；另一方面是组织和集体往往会给个人提供一些平台、资源等，为个体完成工作任务提供更多的便利。

因此，组织运作的导向是创造价值和实现组织目标。举个例子：华为的班车是收费的，而且相比地铁并不便宜，但用于送加班回家的员工的晚班车却都是免费的；华为是收餐费的，但华为会给加班员工发放夜宵补助；在常规地区工作的员工几乎是没有任何额外福利的，但在艰苦地区工作的员工会有非常高的补助。这些是华为给每个奋斗个体的福利与慰劳，从另一个角度来看，这些举措也有利于整个组织目标的达成。

我们来看看华为员工柴经（化名）是如何依靠组织实现自我价值的。

【案例】在团队感染下实现个人突破与价值

2008年年中，柴经被抽调至赞比亚支持MTN300站点交钥匙项目（Turnkey Project），担任项目合同经理。该项目是该地区部第一次交付大规模交钥匙项目，而且当时客户要求华为12个月就要交付，包括挖地、打地基、筑塔、立设备和开通业务。因为缺少经验，当地的交付资源也不充足，项目的实施进度达不到预期。于是由交付代表李月明牵头，项目组成员每天晚饭后便聚在一起开会，讨论项目进展中的问题和解决方案，这样的日子一直持续了180多天，柴经感到非常痛苦。

然而，也正是从那时候开始，柴经觉得自己真正在为华为干活并且理解项目了。身边同事辛苦的工作状态和投入的工作精神深深感染了他，于是他和做站点设计的赵东共同写邮件给代表处，向代表处立下军令状，承诺60天内交付13个站点，如果不成功就卷铺盖回家，于是代表处的领导便同意让柴经和赵东负责赞比亚的Kabwe区域。在到达Kabwe区域后，柴经记得，那个时候车上除了电脑就是水和饼干，电脑是办公用的，水和饼干是用来激励分包商的，有些时候他们自己也拿来充饥。Kabwe区域没有电，站点在混凝土浇筑期间通常用发电机为照明供电，很多时候"历史悠久"的发电机会"罢工"，而混凝土浇筑一旦启动就不能停止，于是柴经和赵东就把所有的汽车打着火，用车灯提供工程现场的照明。后来为了赶工期，他们鼓励、推动分包商连续干了三个通宵，终于完成了60天内交付13个站点的军令状。

Kabwe区域是前往北部、西部的必经之地，当年柴经和赵东的旅馆房间也成为其他区域兄弟的驿站，有些人晚上就跟他们挤在一个房间，交换的条件就是留下两包方便面。也正是在跟其他区域兄弟的交流期间，他们发现很多项目频繁变更，但没有收取任何费用。于是在回到北京后，柴经和赵东便根据实地站点交付的经验收集典型的变更场景，将300个站点的变更证据汇总起来，在经历了跟客户CTO的几十次谈判之后，最终确认了391万美元的变更成本，那也是柴经为华为签下的第一笔订单。

在赞比亚的交钥匙项目中，柴经在组织的支持和协助下激发了自己的潜能，不断实现着自我的突破。同时，柴经也为组织中的其他个体提供帮助、发现问题和解决问题。可以说，整个项目组是由很多个"柴经"和"赵东"组成的，他们彼此扶持，并在这种扶持中创造和实现着自我价值。

1.1.2 组织执行力来自有序管理形成的有机合力

《华为基本法》起草人之一彭剑锋说："华为的成功不是偶然的，华为的成功是'知识分子+军人能量'聚合的成功，是以知识型员工为主体的特别能担当、特别能战斗的华为人的成功。"

如何让这些知识型员工成为彭剑锋所说的"特别能担当、特别能战斗的华为人"呢？这就得益于任正非对华为的军事化管理。任正非认为管理企业员工和训练军人的道理是一样的，有序的管理才能保证员工始终保持活力在一线奋战。

【案例】华为军训重塑"秀才兵"

为了让刚走出校园的学生迅速适应华为的工作状态，华为通过有序的管理给这些还处于懵懂状态的"秀才兵"注入了军人的灵魂与血性。

第一，对这些新员工进行至少一个月的严格军训，让这些"秀才"明白企业的责任、组织纪律及荣誉感，通过军事化管理让他们迅速进入"铁军"状态。

第二，给这些新员工赋予军人般的责任感，让他们在规范的管理中学会什么是"胜负无定数，狭路相逢勇者胜"的胜利精神、"胜则举杯相庆，败则拼死相救"的集体奋斗精神及"上甘岭上出干部"的奉献牺牲精神。

彼得·圣吉曾说："一个企业实现效益最大化的条件就是拥有一套科学合理的管理制度，并且有一套可靠的生产、供应系统。"华为今天的成功，很大程度上是由于华为对员工规范且科学的管理。

华为要管好近20万人和全球几百个国家和地区的业务，只能依靠严格的流程与制度管理，而通过规范化管理使员工始终保持活力，也让华为的工作流程发挥出了应有的价值。

【案例】张瑞敏的时间管理

一次，万科地产董事长王石约见张瑞敏。因工作行程排得很紧密，接待任务也很重，张瑞敏只能空出三十分钟的时间。前二十分钟基本在寒暄中过去了，后十分钟才开始进入正题。刚说到兴头上，十分钟的时间就到了。

依照王石的性格，话到投机处才不管什么时间，谈得再久都没事，其他事情往后推推就得了。但张瑞敏不是这样做的，他对王石说："王董事长，实在对不起，不想扰你的兴致，但是时间到了，我们下次再聊吧！"说着就起身送王石出了大门，车也早就备好了，王石一上车就立即开走了，没一点儿耽搁。王石上车后，心里一阵发毛，感觉自己就像是海尔装配线上的一个零件，一切都精准无比。

张瑞敏曾经说过："工作就像唱歌，跟不上节奏便打不对拍子，打不对拍子便会跑调。找到节奏，如果再有副好嗓子，那么恭喜你，你有很大的机会成为一名歌星。"在职场中，成就大小与个人的工作作风和工作态度有很大关系，高效的组织执行力很大程度上来源于组织工作中宛若流水线的管理方式。

任正非希望华为将来能够像长江水一样，没有领导者也能自动自发地奔向前方。对于塑造不依赖人的执行文化，任正非说："我相信这些无生命的管理体系随着我们一代又一代人的实践会越来越完善。几千年后，这些无生命的管理体系就会更加完善，同时又充满活力，这就是企业的生命。"

1.1.3 管理体系目标：构建以项目制为核心的流程型组织

企业要提升组织执行力，就需要强化流程与组织之间的有效匹配，建立流程型组织。流程型组织结构是以客户为导向、以业务流程为主线、以职能服务中心为辅助的一种扁平化的组织结构。企业价值创造活动及价值形式都体现在业务流程上，以应对变幻莫测的市场环境和丰富多样的客户需求。

在实际的培训和咨询工作中，很多企业家皆有困惑："胡老师，流程和组织的关系是怎样的？是先有组织还是先有流程？"从逻辑和理论上讲，肯定是先有流程，后有组织；流程决定组织，而不是反过来。流程即业务，对应着价值创造；组织是岗位的集合，是流程的承载者。

传统的职能型组织是以组织为主导的，由组织来驱动流程。而流程型组织设计的核心是流程，流程是企业组织的生命线，是把流程从组织的背后移到前面来，用流程来牵引职能环节的无缝连接，高效地发挥组织各构成单位之间的协同效应，如图 1-1 所示。

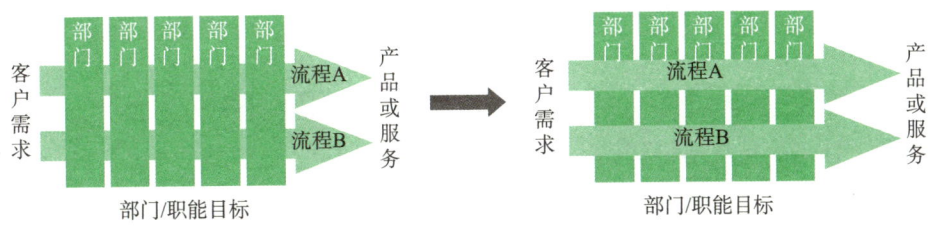

图 1-1　由职能型组织向流程型组织转变

虽然流程型组织中的流程形态和流程实施复杂度等可能存在差异，但是它们都是从企业整体效益出发来进行组织架构设计的，同时流程型组织追求流程的自动化、规范化、标准化和连续性，并尽可能缩短流程运作时间，最终达到提速、降本增效、增加柔性等目的，从而高效地为客户创造价值，这也是企业实施流程管理和打造流程型组织的终极目的。

为了支撑各项业务流程的高效运行，各职能部门需要高效协同。组织的执行力最终体现在各职能部门和支撑部门的管理能力上。

这就类似于现代军队的模式，实行"双线"管理。军种主建，即陆军、海军、空军、火箭军各军种负责单兵训练、分队训练和基础训练。战区主战，即战区是由多军种联合组成的，战区里面不仅有陆军，还有海军、空军、火箭军，联合体现在战区层面，或者在战区联合之后再往下延伸。

战区战斗力的强弱除了取决于战区指挥部的运筹帷幄、战略战术的规划、各军种的协调配合，还取决于各军种的战力是否足够强大，是否能在需要的时候提供强大的炮火支援，而这都与军种平时的训练与建设密切相关。

这里的"战区"在华为就是各代表处，在其他企业就是区域业务中心或各事业部，它们的主要职责就是多产"粮食"，对各业务领域的战略落地和经营结果负责；而"军种"则是指机关职能部门、行政单位或地区部的各资源中心和能力中心，它们主要负责能力的建设，要对"炮火"的质量负责。

战区和军种在一定程度上分开，在统一领导下进行互有重点的工作区分和管理是有道理的。重大装备和高质量平台建设很专业、成本很高，由军种统筹能集中力量办大事。战区要聚焦实战，负责部队的"训和战"，为的是战时打赢，并牵引和辅助军种进行装备和能力建设。

同时，战区（业务部门）和军种（职能部门）不能完全分开，它们应该是相辅相成的。具体方式为战区主战主训辅建，军种主建辅训辅战，通过建设强大的作战平台和灵活机动的作战指挥系统，共同为"以最小代价打赢战争"服务。

最后，企业的运作也会形成类似于军队的高效运作系统。这个系统高效、简洁、强大，军委管总、战区主战、军种主建是它的鲜明特征。

军委："这仗打不打我说了算！"

战区："这仗怎么打我说了算！"

军种："这兵怎么练我说了算！"

同时，企业紧紧围绕"活得久、活得好"两大使命展开工作，为客户创造价值是企业存在的唯一理由。

企业中的流程是企业经营管理的主线条，是业务最佳实践的总结，即对价值创造的最佳路径和最值得推广的经验的总结。经营系统上的资源都是根据业务流程需求，以业务流程为导向进行布局和配置的。

可见，企业经营系统是建立在流程基础上的。因此，流程体系的运作效率决定了企业经营的效率，流程存在的目的是提高效率、创造价值。然而，企业流程管理中经常会出现这样或那样的问题。

【案例】文章《一次付款的艰难旅程》

华为《管理优化》报曾发表了一篇题为《一次付款的艰难旅程》的文章，文中指出了华为一线作为赞助商向客户预付款时遇到审批多、流程复杂的问题，引发了内部员工的激烈讨论。文章的主要观点包括：

（1）对一线而言，找不到流程入口、不知道全流程的所有要求和操作规范，流程指导和说明往往比流程本身更难懂、更复杂。

（2）华为内部的流程建设多针对的是某个业务场景，防范的是特定风险，在设计上往往"防卫过当"，不考虑执行成本，更谈不上面向对象的流程拉通和友好用户界面了。

（3）公司呼吁各级主管要担责，但现实的流程、制度或监管却反映出组织并不信任主管担责。经常遇到的场景是："我是负责×××的，这个风险我愿意承担，流程能走下去吗？"答曰："你担不起这个责任，请重新提交流程或升级到×××处。"

对此，任正非以总裁办电子邮件的方式直接指出："据我所知，这不是一个偶然事件，不知从何时起，财务忘了自己的本职是为业务服务、为作战服务，什么时候变得这样颐指气使？皮之不存、毛将焉附。"

华为内部出现的流程过长、执行僵化、官僚作风等问题，肯定也是很多企业在流程管理过程中经常出现的问题。

为了解决或规避这些问题，企业在流程管理的过程中需要明确：流程设计的首要原则是为作战服务，或者说是为价值创造服务。

流程的首要特征是流程的有效性，即创造价值，不能有效创造价值的流程，原则上都是多余的。

【延伸阅读】不产"粮食"的流程是多余流程

2016年，任正非在华为质量与流程IT管理部员工座谈会上表示："不产'粮食'的流程是多余流程，多余流程创造出来的复杂性要逐步简化。"

他提出要回顾过去五年华为的发展和变革情况，总结分析这五年哪些流程的使用频率高，哪些流程的使用频率低或者基本没有投入使用。要删减那些不产生价值、没有投入使用的流程，减少业务流程上的断点，贯通有重要作用的流程。组织上下希望取得进步、在职业成长上有所追求的员工和管理者都应该集中精力删减流程断点，不断优化流程，提高流程运作效率。

企业需要经常对流程体系进行梳理，深入分析业务流程的价值、产出。如流程的运作线路是否清晰合理，是否有明确具体的责任划分，即流程梳理强调对模糊流程线索和职责的清晰化、明确化；流程执行中是否存在"某部门独大""部门保护主义""习惯性推诿拖延"等官僚主义现象；流程运作中是否存在冗余环节等。要及时发现流程运作过程中的问题，进而有针对性地对流程进行改善，以提高流程运作效率。

1.2 组织执行力模型："从客户中来，到客户中去"的价值闭环

华为从创业时期就有一句口号："胜则举杯相庆，败则拼死相救。"军队是讲究执行力的组织，而商场如战场，企业竞争是无硝烟的战场。数十年来，华为从小到大，从弱到强，从农村到城市，从国内到国外，一路征战到现在，强大的执行力是其重要的保障之一。

很多商业领袖是军人出身，他们用带军队的思想去带企业团队。军人以服从命令为天职，因此极易形成强大的执行力。华为能够做到"令出一孔，力出一孔"，这种极强的组织力和执行力的根源，无疑来自任正非的军旅生涯和经验。

任正非对华为人说过一句振奋人心的话："我若贪生怕死，何来让你们去英勇奋斗！"我们经常笑称，华为强大的执行力，可能与任正非在部队服役多年有关。军队的管理风格是最典型的注重执行力，上级只要下达了命令就必须

立马执行，来不得半点犹豫。任正非就是用类似的方式和手段，在最大限度洞察人性的基础上，实现了对近 20 万名高素质知识型员工的高效管理。

然而，军队是军队，企业是企业，二者终究是不一样的。军队讲究保家卫国，打败敌人；而企业则要追求商业成功，实现价值。如何打造高绩效的组织，或者说锻造高效的组织执行力，两者有不一样的逻辑。

经过学习、思索和总结，并结合华为 30 多年的实践，任正非认为，"无为而治"是企业管理的最高境界，指组织在不依赖人为控制的情况下也能达到既定的目标。对此，任正非强调："华为最宝贵的是无生命的管理体系，以规则、制度的确定性来应对不确定性。"

换言之，即"以项目制为核心的流程型组织，是企业管理体系建设的最高目标"。华为 30 多年的业务和管理实践，SDBE 领先模型的全部秘诀，都尽在这句话中。

1.2.1　执行力模型及其特点：主干简洁，末端灵活

笔者提出的执行力模型如图 1-2 所示，其中贯穿主线的是"从客户中来，到客户中去"的端到端业务流程，主业务流程由销售管理、研发管理、品牌营销三个子流程构成，具体承载了从了解客户需求、研发相关产品，到为客户提供综合性解决方案的全过程。

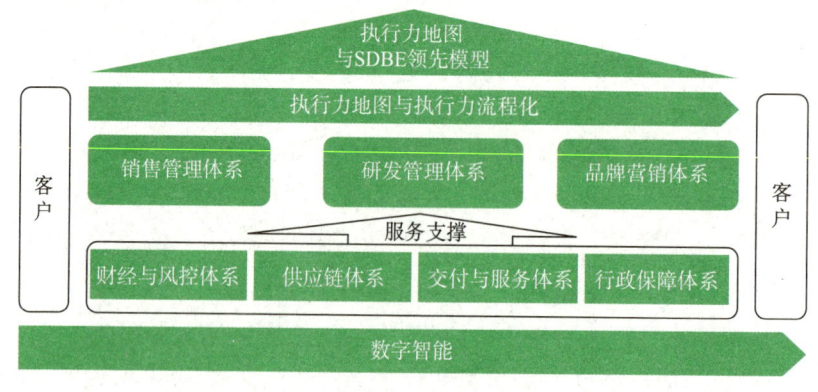

图 1-2　执行力模型

高效的执行力最终体现在业务流程能顺畅地运行，以满足客户的价值需求。在主业务流程的背后还需要有强大的服务支撑体系，其中包括财经与风控体系、供应链体系、交付与服务体系、行政保障体系。此外，随着数字化成为人们对未来社会发展的共识及与数字化相关的技术、理念、应用在各行各业的

普及，企业也需要充分利用数字技术来提升执行力。

SDBE 领先模型中执行力的终极目标是建立为客户创造价值的流程管理机制，对效率负责。换句话说就是通过建立规范的业务流程体系、定期评估流程的运作效率、建立流程持续优化的机制来实现强有力的执行力。

本书的主要内容也将围绕执行力模型的几大板块展开论述。

1. 销售管理体系

技术从来不是华为的核心竞争力，营销才是华为的核心竞争力，而华为营销的核心就是销售管理体系。

华为从小到大再到强的成长过程，靠的是一步步地稳扎稳打，全面、扎实地推进各项业务，其中华为独特的"铁三角"销售法功不可没。

"铁三角"在华为内部广泛应用在各领域、各环节。"铁三角"成员在面对客户时，代表的不仅仅是客户关系、产品与解决方案或者交付，更代表着客户诉求和价值成长。销售是一场跨部门、跨领域的协同作战，绝不是某个关键角色的独角戏。

从表面上看，"铁三角"销售法是一种销售战术，但其本质是"以客户为中心，为客户创造价值"经营思想的具体体现，同时也是华为一直提倡的流程型组织在客户端的具体实现方式。"铁三角"是销售一线最小的作战单元，也可以理解为最小的经营单元。所有的业务流程又通过从线索到回款（Leads To Cash，LTC）流程打通了从发现销售线索到机会点，再到完成交付与回款的全过程。依托 LTC 流程，可以提高销售业务的效率，有效提升项目成功率，而"铁三角"则各自带动中台和后台的资源来服务客户，为客户创造最大的价值。

2. 研发管理体系

世界上唯一不变的就是变化，为了适应日益多变的环境，任何企业都应坚持创新。创新虽然有风险，但不创新却是企业面临的最大风险。

SDBE 领先模型在研发创新管理上可以从战略层、实施层、支撑层展开分析，最终落地于整个创新管理。战略层是在战略、方向和节奏上的引领；实施层是业务组合、模式创新、管理变革、技术和产品等策略的实现；支撑层是组织、人才、文化、流程等策略的实现。

首先，在战略层面，既要立足现在，解决对企业未来发展有深远影响的问题，又要面向更长远的未来，看清方向、风险和挑战。即不能空谈，要立足未来 3～5 年，以战略专题的形式来回答中长期战略规划中的重大课题，从而提前应对、布局未来。

SDBE领先模型确立的战略指导思想是：聚焦主航道，有所为而有所不为，只做自己最擅长的事，只进入最高附加值的领域。必须坚持在主航道上创新，聚焦主航道，不在非战略机会点上消耗战略资源。确定性领域要压强式投入、饱和攻击。

其次，在实施层面，研发创新的目标是形成更强大的护城河，构筑核心竞争优势。SDBE领先模型要求：①创新要对准客户需求，反对盲目创新；②"鲜花长在牛粪上"，创新要依托现有资源和优势。

SDBE领先模型认为，在市场存在较大的不确定性，应对策略还在试验的情况下，应以战略专题形式展开研究。决策完成后，需固化推行，最终落到商业设计中。即从广泛的资源中过滤想法，通过试点和深入市场的实验来探索新想法，谨慎地进行投资和资源处理，以应对行业的变化。

最后，在支撑层面，SDBE领先模型强调坚持研发创新，拒绝机会主义和盲动，要通过客户和技术双轮驱动来实现。对于不确定性较大的事情，由精兵组织来应对。对于确定的事情，由平台或共享组织来支持与服务。应注重基础研究和前沿创新，兼顾研发广度和深度，加强核心竞争力以驾驭不确定性。

3. 品牌营销体系

SDBE领先模型认为企业存在的意义就是为客户创造价值。诚实地面对客户，诚实地经营，诚实地发展企业，依靠诚实换取客户对我们的满意、信任和忠诚。客户只有深刻地认识和理解了我们，才知道我们这个战略伙伴和别人有什么不一样，才知道我们能提供的是什么样的未来，才会买我们的设备和产品，我们才能活下来。

为客户的持续价值创造而存在是SDBE领先模型的商道，即通过客观利他实现主观利己。品牌工作针对的是商业成功，其服务于市场目标、销售目标。

品牌的全部意义在于创造价值、拓展销售空间、增加利润。品牌可以创造价值，提升产品和服务的议价能力，提高客户对产品和服务的认可度。一个成功的品牌不仅需要策划和包装，更需要宣传和推广。品牌工作贯穿企业的各个环节，存在于企业所有与客户、行业的接触点，其中任何一名员工都在自觉或不自觉地树立或者损害企业的品牌。

德石羿团队经过多年的探索，总结出了四步工作法，即清晰洞察客户、输出完整的解决方案工具包、针对目标客户开展联合的客户化营销活动、品牌信息总结与传递，并通过这个四步工作法来实现"以客户为中心"

的品牌价值传递。

4. 财经与风控体系

SDBE 领先模型认为，需要伙伴式财务与业务一起支撑企业的可持续稳健经营。财务只有懂业务，才能真正成为业务的助手。财务是建议提供者和业务监督者，只有了解业务，才能满足业务的合理需求，提供有价值的财经服务；才能识别业务的合理性与真实性，提供有效监控，协助业务主管成长。

华为的伙伴式财务通过集成财经服务（IFS）变革，使其财经运作接近业界领先水平，提升了财经相关流程的效率、效果和集成度，拥有了准确、全面的财经数据，从而能识别业务流程中的财务价值点、控制点，优化财经管理体系及运作能力。

为了促进业务、财务人员双向能力提升，共同支撑企业经营目标的达成，华为努力打造财务"混凝土队伍"，开展财务和业务的干部交流及互换。华为要求财务要懂业务，业务也要懂财务，通过混凝土结构的作战组织，高效、及时、稳健地抓住机会点，在积极进攻中实现稳健经营的目标。

财务是业务的价值整合者，财经流程会面向端到端业务流程，将服务和监控融入流程，在流程中实现对业务的监督，起到防止腐败、促进经营、形成威慑的作用。

5. 供应链体系

SDBE 领先模型里的采购是指企业在一定的条件下，从供应市场获取产品或服务作为企业资源，为企业在合适的时间、地点，以合适的价格获取质量、数量合适的资源，以保证企业生产及经营活动正常开展的一项经营活动。采购是从资源市场获取资源的过程，是商流过程和物流过程的统一。采购是保障要素、竞争要素，也是可持续发展要素。

采购的核心价值观应该是正直、理解力强，具有团队合作精神，主观能动性强。正确的、无贪腐的采购是实现价值采购的基础。

采购要从价格最优向以实现企业战略目标为牵引转型升级。企业应该建立供应商全生命周期管理，建设多场景、差异化、简洁高效的供应商管理流程。

6. 交付与服务体系

SDBE 领先模型中的交付是端到端的合同交付，是以合同为主线，包括项目立项、投标、合同签订、制造、发货、工程准备、工程实施和合同关闭的整个过程。交付作为"铁三角"中不可缺少的一环，承担整个合同的履行责任，对项目实施的进度、成本、质量整体负责，并在交付过程中对承包商、分包商、顾问进行管理，维持客户对项目的满意度。

华为通过交付流程将"端到端"打通后，解决了公司销售、技术、供应链、财务等各业务部门面临的困难。通过将各相关环节衔接起来，华为搭建了集成信息交互平台，健全了组织运作机制，提高了效率，提升了资源周转率，实现了企业效益最大化。

7. 行政保障体系

SDBE 领先模型所设定的行政管理目标是使流程简单清晰，让组织精兵简政，通过奋斗能多产"粮食"。在企业内部应建立行政统一服务的规则，针对需求对象，厘清基本需求的标准，建立以支持前方自主服务为中心的平台，实行基层自我循环管理，优化自我监督。行政部门要形成完整的自我循环决策管理体系——受事后监管制约而不是在事前请示的决策体系。

行政部门要处理业务和研发部门的"杂事"，让作战部队聚焦于多产"粮食"。不仅管"吃喝拉撒"，还要进行包括现代化办公、综合性服务等很多方面的协调，逐步改善工作和生活环境，让员工有坚强、舒适的"堡垒"。行政和后勤服务的变革不是无止境的变革，业务部门觉得舒服了，变革就到位了。

行政部门应该建立一个基于信任的管理体系，不要把管理和服务变成一件复杂的事情。可以把很多边缘服务社会化，精简非核心队伍，鼓励"民兵"的积极性，让千军万马共同作战，创造共同作战的低成本、高效率模式。同时，行政部门也要牵引员工建立自我保障意识。

1.2.2 执行力的精髓：上下对齐，左右协同，精诚协作者胜

企业在管理组织绩效之前，应该明确各个部门应承担的责任，这样才能更好地实现企业的战略目标。

在对企业战略进行解码的过程中，不论是按职能部门进行横向分解（根据各个部门的独特价值把项目目标分解到部门），还是按管理层次进行纵向分解（把目标逐级分解至每一个管理层次，甚至分解到个人），目的都是使企业的战略目标和部门目标、部门目标和个人目标实现上下对齐，使各级管理者与所有员工对部门的职责和员工的岗位职责一目了然，分层担责，这样就不会出现战略无法落地的情况。

第 1 章 组织执行力概述：组织导向，价值创造

【案例】华为西安研究所的一段经历——上下对齐方能形成团队合力

一个周六的早上，华为西安研究所接到了一个紧急电话：某省有一个32模的点瘫痪了，导致几万名用户的通信都受到了影响，希望研发人员能够马上前去解决问题。项目组长罗璇（化名）迅速组织团队开展工作，但是由于团队是新建的，团队成员只对自己职责内的事情比较熟悉，缺少解决问题的深度支撑能力，在处理综合性紧急事件时相互之间配合不熟练，奋战了十多个小时还是没能解决问题。在巨大的压力下，项目团队更加慌乱了。最终，只得求助该省的一名售后服务专家，才顺利地解决了问题。

事后，西安研究所收到了这名售后服务专家发来的邮件，希望西安研究所相关人员能"知耻而后勇"。

项目组长罗璇（化名）说："当时觉得特别丢人，我们痛定思痛，开始重新梳理重大事故的处理机制，明确流程和每个人的分工，强化每个人的关键能力，以确保对重大业务问题的深度服务能力，保障组织绩效的实现。"从那以后，再遇到类似的问题，团队都能以成熟的方式来应对。

从该案例中可以看到，由于员工和团队的工作目标没有实现上下对齐，每个员工只关心自己的工作，缺少对重大业务问题的综合性理解，遇到重大业务问题时不能有效组织团队力量进行处理，从而导致个人工作与组织目标之间出现了较大的差距。

在华为的战略解码过程中，企业会根据部门的独特价值来分解，确保每个目标都有承接部门，保证部门目标和企业战略是一致的。各部门再将分解得到的目标继续分到员工层面，以确保部门目标的达成，这样就能强力支撑企业战略的有效落地。

企业各部门的组织目标除了要自上而下承接企业战略目标，还要努力提升流程绩效。组织目标要落实到员工绩效，就必须依靠流程这座桥梁，而流程绩效就是横向的基于流程的绩效管理。因此，企业的目标管理不仅是上下对齐的问题，还是部门间的左右拉通、横向协同的问题。

组织中的员工一方面受纵向的职能管理，另一方面他们的日常工作大多是横向的，即跨职能、跨部门、跨岗位的接力赛，所以还要受到横向的流程绩效管理，两者缺一不可。只有通过纵横协同的目标管理，才能实现组织绩效目标。

【案例】部门目标缺乏横向协同阻碍企业战略实现

某家电企业主管销售的副总最近非常不开心。他连续奔波了好几个月拜访主要客户和经销商，才说服了他们大批量购买企业的新型空调。但是这几个月

生产线仍处于调试阶段。如果不能在天气炎热前发货，这些客户就有权取消订单。如果真是这样，不仅企业的销售业绩会大幅度下降，而且新生产线的投资也会遭受很大的损失。而他刚刚得知第一批新品很有可能要到订单交货日之后才能发货。

企业负责生产的副总却相当高兴，因为他的两项主要工作指标——质量和生产率看上去完成得非常出色，次品率已降低了 50%。其中，生产率目标是指让车间满负荷运作，在进行产品型号转换时把机器停工的时间缩至最短。新产品的生产质量达标是一个费时费力、效率很低的过程，于是他擅自减少了新产品生产线的生产投入。他认为新产品的生产会影响部门的绩效，所以就把新产品的生产任务延迟到年中考核之后才开始。销售不是他考虑的问题，反正他分内的工作只是保证产品质量和生产率，这也是他今年被考核的绩效目标。

负责财务和行政的副总过得也很不错。他的绩效考核标准之一是缩短应收账款的周期。他认为缩短应收账款周期的捷径是缩短客户的付款期限。原来的付款期限为 60 天，现在他自作主张缩短到 30 天。其实他也知道这种方式对销售不利，可是销售不是他需要考虑的问题，他关心的只是为企业尽快收回应收账款。

该家电企业每一位副总的考核指标仅考虑了自己的部门职责，看似合理，实则却是一场灾难：各位副总的目标相互之间存在横向失衡，严重阻碍了企业战略的实现。

站在全局视角看绩效，运用流程管理工具将各部门的目标协同起来，才能解决组织绩效管理中部门各自为政的问题，做到"力出一孔"。

组织能力建设就是要塑造共同奋斗精神，激发组织成员协作的积极性。《华为人力资源管理纲要 2.0》总纲中指出：要合理设置组织考核颗粒度，避免作战组织过多关注自身局部目标的完成而淡化对全局目标实现的支持。为了牵引组织协作，华为充分借助类似"双算虚拟考核""周边协同评价""作战一线评价支撑服务机构"等管理工具和手段，促使组织内各级各类部门左右同心、上下同欲。

1.2.3 执行力的验证：以结果为导向，以价值兑现为终点

管理学大师德鲁克曾经说过，企业内所有人的意志、行为都必须指向一个结果。也就是说，在企业经营活动中，每个人都必须为企业的最终目标负责，用结果证明自己。

虽然企业并不能够完全唯结果论，但将结果作为大前提是毋庸置疑的。如果员工不能够拿出好的结果，那么具备再高的能力和素质也无法为企业发展贡献价值。因此，企业必须坚持以责任结果为导向，将企业的大目标逐级分解下去，将个人成长与企业发展结合起来，并贯彻落实到考评机制中。

华为一直坚持以客户为中心，以提高客户满意度为目标，而不是以技术或能力为导向。只有拿出让客户满意的产品，企业才有利润，才能够活下去。因此，华为的价值评价体系是以责任结果为导向的。

"以客户为中心，以奋斗者为本，长期坚持艰苦奋斗"是华为的核心价值观，但艰苦奋斗并不是说让干部和员工每天加班、熬夜。任正非认为，艰苦奋斗应该是思想上的，更应该是结果上的，就是让干部和员工能够扎扎实实地完成本职工作，为客户创造价值。正如任正非所说："只要工作绩效好，为什么不能在上班时间喝咖啡呢？为什么不能去健身房舒活一下筋骨呢？相反，那些工作十分辛苦、认真却不能做出好绩效的人，是要被淘汰的。"

【案例】高效执行力护航"海军节"的通信保障

2009年4月23日，以"和谐海洋"为主题的"海军节"活动在青岛如期举办。这一天阳光灿烂，风景如画，每一个参加活动的人都满心期待。为了能确保活动顺利进行，华为通信保障团队默默驻守在此地。

华为接到通知的时候是4月17日，可4月19日各国来宾就要抵达青岛，而且运营商要求此次通信保障的级别等同于奥运会期间的级别，留给华为的准备时间仅有两天。时间紧、任务多，面对这项挑战，华为并没有犹豫，立即接过重担。

华为通信保障团队迅速成立了项目小组并展开工作。首先是组织专业人员落实好所在部门的具体事项。其次是安排好巡检人员，确保巡检工作得以在活动期内顺利完成。最后是解决通信保障的关键所需——备板，在正常情况下备板需要四块而实际却只有两块的情形下，项目小组成员思考了各种解决方案，若是从总部调配的话怕时间来不及，若从别的办事处调取的话，怕别的办事处有自己的需求。经过大家的分析和讨论，最后得出两个解决方案，一是看目前的工程中有没有板件可以抽调，二是马上与其他客户联系，从其他地市的运营商那里调取多余的板件。

在确定了解决文案并将责任落在具体事项上之后，没有什么时间开会讨论，每个人立即展开行动，项目部、工程部再加上全省的传输维护人员都在与客户联系，以确定可调配板件的来源。为了找到这两块板件，大家全力以赴，一下午打了180多次电话，最终在保障工作完成的前一天晚上将板件送达了现场。

这次海上阅兵的通信保障团队主要是由维护工程师和建设技术人员组成的。在4月23日完成最后保障工作后，团队成员刚回到住处便迫不及待地坐在电视机前欣赏阅兵仪式。用他们的话说，虽然不能在现场观看宏伟的阅兵仪式，但是参与了通信保障维护工作，也是为阅兵仪式贡献了自己的力量，能够顺利完成保障工作也是值得为之自豪的。

在这个以高效著称的时代，职业工作者若没有很好的执行力，则很有可能被社会淘汰。执行力体现在当问题出现以后，能快速交付成果。因为只有快速地为客户解决问题、帮客户走出困境，才能赢得客户的信任、展现自己的价值。

任正非在华为内部一再强调："不能为客户创造价值的劳动都属于无效劳动。"华为在这一业绩评价导向下，督促各部门对各类工作职能进行流程优化管理。华为的合同审结业务优化工作，就反映了华为的绩效评价与考核导向。

有关在代表处审结合同的事宜，任正非这样分析道："首先，我们要定义清楚代表处审结合同的目的，那就是在内外合规的边界内，多产'粮食'，这与我们的业绩评价导向是一致的，我们要看结果，结果越优越好。"在任正非看来，如果在产"粮食"的过程中，总是绕来绕去地反复汇报，就会变成一种表功行为，同时让业务部门的"行军路线"拉长，不仅多耗时间，还多耗成本。在合同审结方面，华为早期的管理比较粗放，蒙一蒙、估一估，合同就能定下来，后来整个流程变得更加精细，提高了评估的准确性。可是随着时间的推移，这种精细管理又被额外增加了很多烦琐的汇报，并且容易将业务精力聚焦在一些芝麻小事上，严重影响了一线作战的效率和产出。目前，华为的人力资源政策在责任结果导向下进行了变革，将评价和考核过程简化，同时要求各业务主管注重自己所负责业务的流程简化，要聚焦结果，以提高"粮食"产量为目标。

对此，任正非建议，实行合同审结试点的各代表处，应当被授权不用回复机关（包括大区、地区部机关）不创造价值的邮件。此外，任正非还建议流程IT部对这一流程进行审查，如果某机关在某流程中发出的邮件长期没有被回复，就说明它对最终结果发挥的作用微乎其微，那么该机关的部分流程就应当被合并或者精简。

我们不难看出，华为在绩效评价时强调的责任结果导向，不仅是人力资源管理中用到的重要理念，还对华为日常的业务流程优化起着积极作用，为流程改革指出了正确的方向，促进了华为的"产出"增长。

第 2 章　同欲者胜：打造组织能力，提升执行力

组织执行力是企业的战略实施能力，是对各种资源进行有效整合的能力。

组织的整体执行力并不是个人执行力的简单相加，而是个人执行力的有机融合与统一。凡是业绩卓越的组织，无一例外地都表现出卓越的组织执行力，通过组织能力的建设充分凝聚并发挥组织成员的活力，成功实现组织战略目标。

2.1　企业成功 = 战略能力 × 执行能力 × 组织能力

笔者遇到很多企业家都有这样的困惑："什么是企业的组织能力？到底应该如何构建？"

我们用下面这个公式来高度概括企业成功的关键要素：

企业成功 = 战略能力 × 执行能力 × 组织能力

首先，成功的企业一定要有较好的战略能力，也就是对正确方向和路径的判断能力，其对应着 SDBE 六力模型中的战略力和洞察力。

其次，成功的企业也一定要有高效的执行能力（包括日常运营能力），这是企业的核心竞争力，其对应着 SDBE 六力模型中的执行力和运营力。

最后，成功的企业也必须具备另外两种强有力的组织能力，即高超的领导力和组织协同作战能力，其对应着 SDBE 六力模型中的领导力和协同力。领导力是关键，协同力是黏合剂。

任何有志于在选定行业做领导者的企业及企业家都要明白，长项非常突出，没有明显短板，才能让企业在长期赛跑中脱颖而出。

企业竞赛本质上是实力较量。不建设企业的综合作战能力，而企图仅靠营销、商业模式创新、领先的单点技术等，一招鲜，走捷径，只能是梦想或幻想，或许能昙花一现，能见到些许阳光和雨露，但终究不能长久。

2.1.1　令出一孔，战略是企业持续成功的导航仪

战略是企业为了在未来的市场竞争中取得良好的经营业绩而制定的一系列的选择和行动，它包括企业的方向和目标，以及目标的实现路径和策略等。

选择一种战略，意味着企业在不同的竞争方式中做出了选择，也确定了企

业的发展方向。也就是说，战略就是做正确的事，就是要有所为而有所不为。

战略往往是帮助企业获得最佳商业成果的方法，一个企业成功地制定和执行价值创造的战略时，就能够获得战略竞争力。

被誉为"竞争战略之父"的美国学者迈克尔·E.波特（Michael E.Porter）于1980年在其著作《竞争战略》一书中提出了三种卓有成效的竞争战略，其中有两种分别是成本领先战略和差异化战略。

成本领先战略是通过扩大规模、加强管理，最大限度地降低成本，使自己的成本低于竞争对手，这样就会大大增强企业在市场上的竞争力。

差异化战略是让自己的产品和服务比竞争对手更强、更有特色，通过与众不同的特点来实现差异化竞争。

成本领先战略是通过低价来击败竞争对手，从而获得市场占有率的；差异化战略则刚好相反，是通过高品质来支撑高价，从而获取大量利润的。

在手机市场，有两家企业就是采用这两种战略的典型。

小米公司（简称小米）创业初期采用的就是成本领先战略。当同配置的智能手机标价都在3000元左右时，小米手机却通过"死磕"供应链，最终把产品价格定在1999元。同时小米还提出："小米硬件综合净利润率永远不会超过5%。如有超出的部分，则将超出部分全部返还给用户。"这让很多想买智能手机的年轻用户大为心动，小米成功打开了市场，并快速从创业型企业成长为智能手机市场的"一方诸侯"。

与之形成对比的是苹果公司（简称苹果），它非常具有创新精神，推出了划时代的iPhone，但iPhone的售价不便宜，其一直处在手机行业的金字塔尖。能让消费者为这么高的价格买单，苹果靠的是对产品的每一个零件细节上的苛求，并贯穿企业发展的始终。据统计，为了研发第一代iPhone，苹果一共投入了1.5亿美元的研发和设计费用，最终做出了风靡世界的产品。

为了保持低成本，就得想尽办法节约开支；但为了获得差异性，又不得不增加大量的额外支出去试错。所以，想同时走这两条路是非常困难的。

这两家企业的例子说明这两个战略都可行，只是企业需要根据自身的不同情况来做出选择。不过一旦做出了选择，就决定了企业资源的分配和投入。在不断变化的环境中调整资源配置来取得竞争优势，为企业经营管理活动提供了一个科学依据，更重要的是绘制了一张蓝图，让员工清晰了解企业未来的发展战略，有助于激励他们的雄心壮志，从而克服一切困难，同心协力为企业的未来而努力工作。

与很多企业一样，华为在战略制定与执行的过程中走过很多弯路，经历了战略体系发展的三个阶段。

第一阶段——没有战略。在这个阶段，华为认为有没有企业战略并不重要，少数高层通过开会讨论来制定战略，且每年都超额完成指标，以空降兵为主的"产品战略规划办"成了"鬼话办"。

第二阶段——有形而无神。在经历了小灵通战略决策、GSM（全球通）与 CDMA（码分多址）/TD-SCDMA（时分同步码分多址）战略摇摆及企业高层出走等"内忧外患"之后，华为仓促成立了企业战略部，并制定了企业三年的战略"801 计划"，但这只是为了引进战略投资的短期行为，其并不是真正为指导业务发展服务的战略，也缺乏最高领导层的参与和认可，因此战略、战术成了"两张皮"。

第三阶段——从战略到执行的闭环管理。在这个阶段，华为引进了 IBM、埃森哲（Accenture）、美世（Mercer）等企业的方法、工具和模板，同时结合产品线的实际和区域实战的要求，通过人员输送、培训等多种方式，将战略组织体系建设延伸到区域作战单元，实现了战略规划和经营计划的结合、目标与资源的结合、目标与考核的结合，使战略与执行形成了闭环管理。在这个阶段，战略制定成了一把手工程，也成了提升领导干部领导力的关键手段，这样就使整个企业能够更好地平衡短期、中期和长期利益，并奠定了"一线呼唤炮火"战略转型的组织基础。

华为所取得的商业成功，正是因为华为通过制定战略明确了企业有所为而有所不为，在战略所确定的"主航道"上强调阶段性聚焦和压强原则，并将战略规划与战略执行进行了有效的衔接。

企业战略是企业以未来为基点，为寻求和维持持久竞争优势而做出的有关全局的重大筹划和谋略。企业战略制定的出发点必须是为客户创造价值，通过成就客户来成就自己。在确立战略制定的基本点后，选择合理有效的战略制定方法和工具，能够帮助企业系统地对战略进行梳理和思考，有逻辑地输出关键执行措施，避免出现战略盲区。

2.1.2　力出一孔，战略落地依靠强大卓越的组织能力

战略在组织中落地要依靠有力的组织能力，包括资源配备、人员协调、产品优化、机遇把控等组织活动都要依托组织能力提升来实现。组织能力是指一个团队所发挥的整体战斗力，根植于组织内部而非依托于某些个人，它决定着

团队的竞争力能否支撑战略落地。

SDBE领先模型为了能够对能力进行分类和分项管理，特意把领导力和协同力分开。组织能力在很大程度上属于SDBE六力模型中的协同力范围。

组织能力是一个广义的概念，它包括组织架构、业务流程、运营管控、制度体系及相应的管理支撑机制，它们共同构成了与组织战略相关的、指向未来的能力。

如果将企业比作人体，那么战略就是人的大脑，组织能力则是人的骨架及器官。正是这些关键的管理系统和流程的运转和动态优化，才确保了组织整体的常态化发展。

如图2-1所示，为了保障企业战略落地，企业必须充分考虑：需要采取什么样的组织架构、管控模式与业务流程体系？如何建立完善的组织架构与管控模式并有效实施业务流程体系？需要什么样的人员及其具备什么样的能力？如何吸引和引进人才？如何系统化地提升人员的专业化能力？如何评价、激励和保留人才？要在企业中倡导什么样的价值观和文化？如何系统地塑造企业价值观与企业文化？一个企业要构建强大的组织能力，就必须将这些问题考虑清楚，重点关注并着力推进。

图2-1 组织能力涉及的一些问题

京东创建于2004年，最初聚焦于3C类（计算机类、通信类和消费类电子产品三者的统称）产品。从2008年开始，在创始人刘强东的带领下，京东投入大量资金进行图书、家电等新品类的扩张与价格战，同时一直大力投入资金，建设自有仓储物流体系。虽然京东当时的这种做法受到外界很多的批评与质疑，但是京东并没有改变初衷，始终坚持自己的战略方向。

2012年，京东宣布"所有大家电保证比国美、苏宁连锁店至少便宜10%"，向传统家电零售连锁巨头国美、苏宁发起挑战。2015年，京东超越国美、苏宁，成为阿里巴巴最为强劲的竞争对手。

在京东发展的过程中，创始人刘强东一直对未来趋势有着深刻的洞察与清晰的战略思考，一旦选定了方向，就会一往无前地去打造支撑战略实现的组织能力。在2020年的《新春致员工信》中，刘强东表示："面对未来市场和竞争环境的巨大挑战，京东要做到求变、持续升级、不断进化。在这个过程中，战略、组织、人才、绩效、文化依然是京东关注的核心。"

当苏宁看到京东从卖3C转为卖全品类，同时自建物流体系，营业收入直逼自己的水平时，开始照葫芦画瓢，先是大力发展线上业务，然后将"苏宁电器"改称"苏宁云商"，进军全品类，同时还收购了天天快递等几家物流公司，并在全国广建仓库。可是，得到的结果却不尽如人意：2015年，苏宁的市场份额为3.8%，同期京东的市场份额为22.9%；到了2018年，苏宁的市场份额就只剩下1.9%了。

2016年，当看到阿里巴巴开始布局新零售时，苏宁又制定了智慧零售线上线下一体化战略。为了实现这一战略，苏宁开启了一轮并购潮：先是疯狂线下拿店，扬言要开10 000家苏宁小店；然后用27亿元收购了万达百货；最后用60亿元接盘了家乐福中国。结果，苏宁小店连年亏损。苏宁年报显示，苏宁小店自2019年1月1日起至股权出售日6月24日止，半年的净亏损约为22.1亿元。

从京东和苏宁的案例可以看出，战略相对比较容易复制和模仿，但组织能力很难打造。没有不好的行业，只有不好的企业，最主要的差别就体现在组织能力上。

所以，企业要取得成功，仅有正确的战略是远远不够的，还必须努力打造与之相匹配的组织能力，这样才能比竞争对手更快、更好地执行战略，从而确保企业在市场上的竞争力，支撑企业实现可持续发展。

从这个角度来讲，大家应该能明白什么叫组织能力了。实际上，不存在放之四海而皆准的组织能力。企业战略不同，文化价值观不同，成长基因不同，企业的组织能力就呈现出不同的状态和特点，以及不同的建设路径。

2.1.3 利出一孔，高绩效组织保障企业的基业长青

笔者在咨询工作中，近距离观察过很多企业：成功的企业大都类似，失败的企业，表象和根因则各有不同。

很多企业失败或者未能成功发展起来，不是因为战略方向出错或是没有洞察到机会，而是因为没能及时构建能够适应新发展机会的组织能力。

一个具备强大组织能力的企业，即使在与竞争对手投入资源相同的情况下，因为能够更加有效地将各种资源进行整合并转化为产品或服务，从而能在市场上脱颖而出，为客户持续创造更多价值（更高的效率或更高的质量），这体现的是一个团队整体的战斗力。

从这个角度可以看出，优秀的企业家都是组织能力建设专家。组织能力建设是每个企业家都需要学习的必修课，它与企业的持续成功密不可分。

企业在规模小的时候，成长主要依靠某种资源，比如说关键的技术人员、产品、销售、市场和特殊的权限等，在这种情况下，企业实际上是依赖个人能力或者说个人所拥有的资源成长起来的。但当企业达到一定规模之后，必然会面临各种挑战，要想持续发展下去，就需要进行转变：企业的成长不再是依靠少数人或个别人，甚至不是依靠老板，而是依靠企业自身的能力，这就是组织能力。

针对企业经营，任正非说："战略方向大致正确，组织充满活力。"因为充满活力的组织能够保障企业在面对变化的时候可以迅速纠偏，重新找到一条正确的路径。

1998年，任正非在其文章《要从必然王国走向自由王国》中，把华为的第一个十年（1988—1997年）看成第一次创业。他总结了华为第一次创业的特点："是靠企业家的行为，为了抓住机会，不顾手中资源匮乏，奋力牵引，凭着第一代创业者的艰苦奋斗、远见卓识、超人胆略，使公司从小发展到初具规模。"

从1998年开始的第二个十年（1998—2007年），任正非将之看成华为的第二次创业："第二次创业的目标就是可持续发展，要用十年的时间使各项工作与国际接轨。它的特点是淡化企业家的个人色彩。把人格魅力、牵引精神、个人推动力变成一种氛围，使它形成一个场，以推动企业的正确发展。"

1998年是一个承前启后的里程碑年份。从这一年开始，华为踏上了组织能力的突围之路。通过十年的苦心锤炼，在IBM顾问离开的时候，华为已将企业的动力机制从个人牵引转换为组织驱动，从必然王国向自由王国迈进了一大步。

根据麦肯锡对全球700家企业的研究，企业的组织能力与业务绩效呈高度相关性，良好的组织能力是提升经营业绩的坚实基础。组织能力指数排名前1/4的企业的股东回报率约为排名后1/4的企业的三倍。

组织能力是一个组织为客户创造价值的内部合作方式和特征，对内表现为一种凝聚各种资源和能力的聚合力,对外表现为一种适应环境的进化力。组织的创造力和影响力远远超过个体创造力和个体影响力的简单相加,只有凭借组织机制的力量——组织协同力,企业才能长久地生存。

长期以来,任正非在华为一直倡导以奋斗者为本,建设企业文化与人才发展机制,打造高绩效组织。我们称之为华为的"高压力、高绩效、高回报"三高机制。

高压力:选取高价值赛道或高价值客户,设定高难度的工作目标。

高绩效:通过无阻碍的压力传递机制,牵引下属组织及个人创造高价值。

高回报:根据不同组织和个人的价值创造,给予超出平均水平的高回报。

任何想通过学习 SDBE 领先模型达到行业领先的企业,都要建设这样的三高机制,打造高绩效组织;驱动有抱负、有进取心的卓越员工,使他们有动力、有压力去拼命干、持续干,达到远超一般企业的价值创造水平,打造领先企业。

2.2 群体作战:尊重但不依赖个人英雄,将能力建在组织上

组织能力是一种基于人力资源管理体系形成的"组织记忆",它不是一个人的个人能力,而是一个团队所发挥的整体战斗力。组织能力决定着企业的"群体行为模式",表现为一个团队或组织的某些专长,在某些方面能够明显超越竞争对手,为客户创造价值的能力。组织能力难以在短期内被复制,它是帮助企业实现基业长青的基础。

2.2.1 组织能力就是突破个体限制,打造集体执行力

执行力在国际化大企业被看得尤其重要,企业的各项战略规划、各项业务计划和各种改进方案,通过执行才能变现成实质性的价值。研究结果表明,凡是业绩卓越的企业,尤其是那些在世界上受推崇的企业,无一例外地表现出卓越的执行力。

执行是一门学问,它是战略的一个内在组成部分,是企业领导者的主要工作,也是组织文化中的一个核心元素。我们不能简单地从战术的角度来理解执行问题,执行是一套系统化的流程。

首先,强执行力需要完善的岗位职责系统,即确立组织内部的角色定位,明确各个岗位的责任、权力、利益,并建立以事实为中心的业绩跟踪机制对实际运作进行监控,落实具体责任。在此基础上建立科学的激励体系,根据员工

的业绩完成情况及企业的价值导向分别对员工进行正激励或负激励，使整个组织"心往一处想，力往一处使"。

其次，要逐步建立开放、透明的管理制度及顺畅的内部沟通渠道。要形成规范的、有章可循的"以制度管人，而非人管人"的管理制度，以增加内部管理的公平性。在企业持续发展阶段缺少行之有效、人人平等、贯彻始终的制度管理，会导致管理流程混乱。因此，企业只有通过严格的制度管理，打破"人管人"的旧框架，采用"制度管人"的管理方式，才能将管理职能化、制度化，明确管理者的责、权、利，从而避免多头领导，提高管理效率和管理执行力。

最后，执行力的关键在于通过组织影响人的行为。执行力强的企业有特定的企业文化，倡导用心做事、规范管理、规则至上的理念，讲究效率、管理细节和纪律，大力营造有效执行力的氛围。组织成员要有大局观和整体意识，以整体利益为先导，各部门之间相互协调，突破部门利益或者一己私利的壁垒，在同一个目标的牵引下形成一股合力，充分发挥知识与技能的聚合作用。

华为为了打造铁一般的执行力，增强员工对组织文化的认同感，要求每一个加入华为的研发员工都要进行为期一周的脱产在职培训，内部称之为大队培训。大队培训采用的是准军事化培训模式。所有参加培训的员工统一着装，统一住宿，每天早上会有退役军官带队进行晨练，练习走正步和长跑拉练，集体唱《团结就是力量》等军歌。大队培训期间还要进行若干文化课培训，其中一门课叫"服从组织规则"。所有这些培训都是为了培养员工的服从精神。

打造组织执行力的过程，其实就是全面建设组织能力的过程，组织执行力是组织能力外化为组织实践的具体表现，组织能力的高低最终都会体现在组织执行力的强弱上。

随着企业规模的增长，组织所具备的整体能力将逐渐成为一种战略性资源，它能够在企业目标的整合作用下把那些处于不同状态且不均匀地分布在企业内部各个业务单位和不同员工身上的有价值的资源和能力有机地串联起来，发挥互补的作用，建成"力出一孔"的集体执行力，这是企业作为一个集合体所能迸发的力量，也是追求任何远大目标的能力保障。

2.2.2 铁打的营盘流水的兵，组织持续成功才是真成功

企业要持续发展，必须摆脱对任何个人的依赖。小企业的成功常常依赖企业家的个人能力，特别是企业家抓机会、抓风口的能力。但是这种对个人的依赖性也往往造成小企业活不长、做不大、活不好，难以持续成长，始终无法突

破成长的瓶颈。

原因也很简单，一般是因为企业没有形成分工协作的干部和人才梯队，没有打造一个有凝聚力和整体作战力的组织。这就导致企业在做到一定规模后，进一步的成长就受制于企业家和部分精英有限的生命时间和精力。

企业家如果不能致力于构建一个不依赖于个人的组织，不能完成从机会成长到组织成长、从个人能力到组织能力的转型升级，那么企业的成长就会止步不前，进而越做越艰难。

任正非在2003年8月发表的讲话《在理性与平实中存活》里强调：

（我们）就是在摆脱企业对个人的依赖，使要做的事，从输入到输出，直接端到端，简洁并有效地连通，尽可能地减少层级，使成本最低，效率最高。要把可以规范化的管理都变成扳铁路道岔，使岗位操作标准化、制度化。

管理就像长江一样，我们修好堤坝，让水在里面自由地流，管它晚上流、白天流。晚上我睡觉，但水还自动流。水流到海里面，蒸发成水汽，雪落在喜马拉雅山上，又化成水，流到长江，长江又流入海，海水又蒸发。

外界认为我们公司出去的干部个体并不怎么有特色，其实他们在公司的作用是依赖了我们这个大平台。他以前在大公司搞得那么好，如果在小公司干不好，就是因为他已经离开了这个大平台，没有了这个条件。

《华为基本法》里面提到一个非常重要的理念，是任正非当年要求加上去的。他说，不是所有的人才都是人才，只有能有效管理的、具有高度责任感的人才，才是人才。

反过来说，一个人才到了华为，不受组织约束，个人凌驾于组织之上，就不算人才，可能还是个"害才"，害企业之"才"。个人必须遵守组织规则，受组织约束，必须是管得住的，这样的人才才是企业真正的人才。

华为强调效率，强调清晰的组织边界，强调标准化和制度化。组织更像是一台机器，每一个部件都被清晰定义，所有的人都被固定地放入组织架构图之中，所有的业务也被定义到流程结构图之中，华为希望通过先进的方法论和强大的管理流程来实现企业的长远发展。因此，华为通过大量引入西方先进的管理体系来武装从销售、市场、财经、研发到人力资源的每一个部门。

华为很注重能力的沉淀，凡事做完一次之后，都力求将其形成一套打法，以便其他团队吸收利用，从而避免再次探索试错，使组织得以不断地快速进化，一个个的组织方法和机制构成了华为的组织能力。如果企业不能构建机制，不能输出方法论，那将很难有更好的发展。

任正非曾说过，华为迟早也要死亡，这是自然规律。华为最后能留下来的，可能就是两样东西，一是先进的管理体系，二是对人的管理和激励机制。

管理体系和激励机制永远要比人，尤其是比单个人可靠。任正非说过，凡是高度依靠企业家个体的企业，永远不是成功的企业。为什么？一场空难，一个交通事故，就有可能夺走人的生命，建立在企业家个人之上的成功，很可能是昙花一现，怎么可能持久？

在任正非的观念里，华为要想持续地获得成功，就要摆脱对资金的依赖、对技术的依赖、对人才的依赖，建立比较合理的管理体系（对事高效执行）和激励机制（对人激发活力），使企业从必然王国走向自由王国。

在优秀的企业中，任何干部和人才，无论你的职位有多高，你永远不应该认为你是不可替代的。企业必须要在每个重要岗位上都有后备计划，永远要有B计划，相信每个人，但也对每个重要岗位做出预案，以避免单点失效。如果你今天调岗或离职，企业明天就能从后备梯队里选择一个人快速地顶替你，这个人可能干得比你还好，干得比你更有激情，这就是华为和任何成功企业强大的秘密所在。

换言之，任何有抱负的企业，都应该强调将能力建在组织上。任何人，首先要服从组织、遵从组织。组织性是第一位的，组织能力不应因人员变动而波动。

笔者经常在培训中用两句话来形容领导力，这里也将它们送给有抱负的企业家：

个人的偶然成功不算领导力，组织的持续成功才是领导力。

萧规曹随式的成功不算领导力，变革取得更大成就的成功才是领导力。

2.2.3　通过系统变革激发组织活力，促进业务发展

企业在经营管理过程中会遇到各种各样的问题，有些问题是临时性的，很快就可以解决；有些问题源于自身管理能力不足，是企业组织结构、制度和流程上的问题，不那么容易解决，一般这时就要进行组织管理变革了。

组织能力的衰减，一方面是由于组织系统封闭、内部僵化、行动迟缓，出现未老先衰，制约了组织内在潜能的激发；另一方面是由于安身在舒适区，进入了平衡状态，危机意识淡薄，没有活力，对外部环境的变化不能保持敏锐的感知力，出现温水煮青蛙的现象。

特别是大企业，机构冗余、层层汇报、权力分散、决策缓慢、部门墙厚重

等情况普遍存在，另外，决策组织缺乏活力、缺乏效率、缺乏担当、缺乏弹性等也是相当常见的问题。

对一个成功的企业而言，最大的敌人往往是自己，是自己习惯性的思维方式和习惯性的组织行为方式。过去的成功使企业无法调整之前所积攒的组织惯性，懒于组织转型变革，无法调整组织的航道去建立与战略转型相匹配的新组织文化及新的战略组织能力。

所以任正非不断强调"过去的成功，不是未来的可靠向导"，企业经营一定要保证"战略方向大致正确，组织充满活力"。成功的企业除了要保持方向正确，还要不断培育和构建新的组织能力，才能不断激活组织。

华为的成功，就在于它集中资源和力量打造了一个强大的组织体系，这个组织体系具有集体奋斗的高度凝聚力。这个组织，上有强大的管控和赋能平台，下有综合作战的能力，从而使得组织的战斗力持续强劲。

要对抗企业的熵增、激发活力，必须对外部环境的不断变化保持敏锐的感知力，调整和变革自己的内部组织，通过构建新的组织能力，去适应已经改变的世界和新的发展机遇。

笔者牵头组建的德石羿团队，在借鉴美世的组织变革体系和华为变革的管理实践的基础上，形成了组织变革"三阶八步"法，如图 2-2 所示。

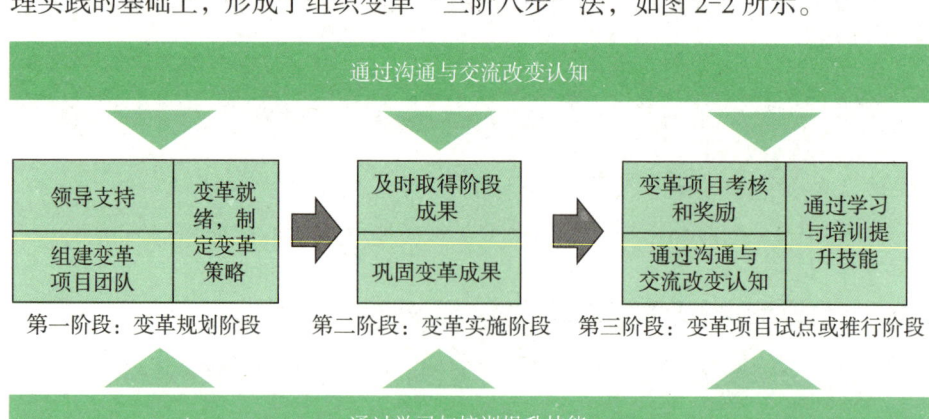

图 2-2　组织变革"三阶八步"法

第一阶段：变革规划阶段（变革启动及变革的早期）

1. 领导支持

变革要取得成功，必须获得董事长、CEO、变革指导委员会等领导角色的全力支持，他们应考察市场和竞争的真实状况，找出并讨论危机、潜在危机或重要机会，同时要引领企业全员自省。可以采用诸如老板讲话、企业发文、管理者研讨等方式对全员进行教育，营造变革的紧迫感。

华为的每一次变革，都可以看到任正非为此而发表的相关讲话或文章，为变革摇旗助威，其中很多文章在社会上得到了广泛的流传。比如，《团结奋斗，再创华为佳绩——任总与市场培训人员座谈》（1994年）、《再论反骄破满，在思想上艰苦奋斗》（1996年）、《要从必然王国，走向自由王国》（1998年）、《我们向美国人民学习什么》（1998年）、《华为的红旗到底能打多久》（1998年）、《活下去，是企业的硬道理》（2000年）、《华为的冬天》（2001年）等。

这些文章发表于1994—2001年，恰恰是华为确立《华为基本法》、推行集成产品开发（IPD）流程变革的时间段，它们在很大程度上传播了变革的紧迫感，使员工明确了企业为什么变、变什么、怎么变。

任正非作为华为的领袖人物，对变革采取旗帜鲜明的支持态度，既为华为的变革提供了舆论准备和思想动员，又促进了文化方面的配套准备，还形成了强大的威慑力，让大家不敢明目张胆地反对变革。

2. 组建变革项目团队

为了顺利推动组织变革，还要成立由董事长、CEO、变革指导委员会、变革领导者、变革项目组所组成的变革项目团队，作为变革强有力的组织保障，其负责批准变革规划（后续优化）、化解决策问题与风险、组织变革专题研讨等。

变革项目团队一般由具有变革经验的人构成，负责确定变革方法，制定并监控变革流程的执行。因为变革是为了方便企业进行未来战略规划而进行的、能够改变业务的活动，所以在华为，变革项目组成员均为总监级别以上的干部，没有全局观和业务实践经验的人是不能参加的。

3. 变革就绪，制定变革策略

要想实现大规模的变革，就要有明确的方向感，变革前应该明确要变成什么样，对企业的战略支持是怎样的。

同时，还要思考：我们需要进行怎样的变革？我们新组织的愿景是什么？当前组织中的哪些事务应当被保留下来？实现愿景的最佳方式是什么？哪些变革由于风险太大而不能被接受……

华为在IPD流程变革项目中为了实现"从偶尔推出好产品到制度性地持续推出有竞争力的产品"的目标，制定了分五步走的策略：第一步是"削足适履"，穿美国鞋，先僵化、后优化、再固化，坚决反对盲目创新；第二步是分步实施，即关注—发明—推行，从厘清问题开始，做好解决方案，然后再去推广，同时进行认真研究，坚决反对使用没有经过充分评议论证的流程；第三步是宣传和培训，即进行多种方式的宣传及有针对性的培训；第四步是持续优化，要充分认识到变革的长期性，持续开展优化、固化；第五步是用好顾问。

第二阶段：变革实施阶段

4. 及时取得阶段性成果

一个项目要获得持续的成功，必须让全体参与人员看到效益，而这个效益包括短期效益。因为大家的耐心是有限度的，如果没有短期可见的阶段性成果，人的热情很快就会衰退，绩效受到影响，动力与信心受挫，变革大多都会失败。所以，要不断通过短期效益来激发信心，在变革过程中要先有初步战果，再不断巩固战果，然后在下一个周期产生第二个短期效益，从而推动企业变革不断进行。

5. 巩固变革成果

要针对当前阶段性的变革成果，发现改进点，计划实施并进一步巩固变革的成果。比如，明确说明变革成果取得的绩效和企业成功之间的联系；创建与变革相一致的新的流程规范和价值观；要求对应的职能部门落实变革成果并形成企业流程、制度及规范；以制度化的方式把变革融入企业文化；创建与变革相一致的领导力拓展和继任计划，从变革中培养并选拔干部；提拔掌握了变革理念、代表新行为方式的人做领导，等等。

华为在创建流程型组织时，将变革成果融入流程制度，形成行为规范。比如，从变革中选拔干部，IPD 项目组成员成为产品线负责人，IFS 成员成为相关部门部长、分公司或部门的 CFO；相关体系新员工入职要经过相关培训，如研发体系培训 IPD，财经体系培训 IFS，销服体系培训 LTC；将变革成果融入任职资格体系知识、技能中，要求员工掌握。

有时为了巩固变革成果，还需要推行更多的变革，包括：利用上层的信誉，改变所有不能搭配和不符合转型愿景的系统、结构和政策；招聘、提升或培养能够达成变革愿景的员工；以新方案、新主题为变革流程注入新活力，等等。

第三阶段：变革项目试点或推行阶段

6. 变革项目考核和奖励

变革过程无论做得好还是不好，都要有评价，即使是变革中的小改进也不应该忽略，对作出贡献的员工要及时认可和奖励，树立样板。如果做得不好，要适当惩戒。因此，责任人应明确绩效改善或成效的标准，并大张旗鼓地表扬、奖励有功人员。

以上六个部分是变革中的"硬件",此外还有两个关键的"软件"需要贯穿变革过程的始终。

7. 通过沟通与交流改变认知

随着组织变革的推进,员工在思想和认知上也要有所改变,要使用所有可能的方式来沟通变革愿景、相关战略和变革内容,包括宣传、培训和研讨等方式。

管理者要带头学习、理解、传播和践行变革新方法,树立样板,在与员工沟通的过程中应简单而真诚,理解他们的真实感受,尽力帮助他们化解焦虑、愤怒和不信任的情绪。

8. 通过学习与培训提升技能

变革往往意味着员工需要掌握新工具、新方法,所以参与变革的人不仅要有强烈的意愿,更要有适应变革的能力。企业可以不断通过各种学习和培训等能力提升方式来给员工赋能,解决员工"不会做"的问题。而随着更多知识和能力共享机制的建立,又可以进一步激活员工的思想,快速为企业注入新的活力和能量,促进组织能力的快速迭代,让企业不断迈入"新的增长曲线"。

2016年,华为借鉴解放战争城市攻坚战中的打法,提出了"四组一队"和"整建制空投"相结合的能力共享机制,即选拔出一批具有成功实践经验的干部和优秀学员组成一个建制,集中投入到最艰苦的项目中,通过实战打造出成功的样板,同时让参与者在实战中锻炼并快速成长,最终培养出一大批具备实战经验的人才。

2.3 价值导向:流程贯通,聚焦客户的协同作战

流程是企业或组织为了给客户创造预期的价值成果,集合各种资源而组织规划的一系列活动,是最佳业务实践的总结。

对很多企业来说,通过构筑流程管理的基础平台,并在此平台上运行先进的管理方法,对每个管理系统进行有效的整合,是真正提高企业执行力的重要方式。

2.3.1 以业务为导向建设流程,提高整体运营效率

流程是由一系列价值创造活动组成的,是传递给客户并最终作用于市场的

价值流通渠道。流程之于企业，就如同经络与血脉之于人体，人体需要打通经络、血脉通畅才能充满活力，而企业同样需要流程通畅才能生机勃勃。企业要想使局部优势转化为更大的聚合优势，提高组织执行力，关键之一就是要打造一套科学高效的流程体系。

高效的流程体系有助于提高企业管理的规范化程度，提高运营效率，改进工作质量，节省运营成本，降低运营风险，从而为企业创造价值，实现价值提升，如图2-3所示。

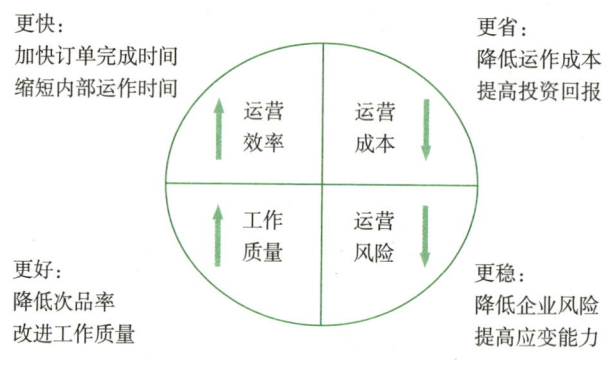

更快：
加快订单完成时间
缩短内部运作时间

运营效率 ↑
运营成本 ↓

更省：
降低运作成本
提高投资回报

工作质量 ↑
运营风险 ↓

更好：
降低次品率
改进工作质量

更稳：
降低企业风险
提高应变能力

图2-3 流程的价值

华为几十年的发展历程，就是一个凭借以明确而坚定的使命、愿景和价值观牵引的卓越企业的强大组织执行力，把近20万名知识型员工拧成一股绳，做到"力出一孔"的过程。

华为在打造流程时强调流程的核心是反映业务的本质。业务的本质是什么？就是高效率地为客户创造价值。因此，企业流程的建设应当围绕业务展开。

对于流程，时任华为高级副总裁的费敏在华为培训中心高研班中说道："流程描述的是业务流，IT承载和使能的是业务流，数据是业务流中流动的信息。从采购到交付，原材料及产品的流动构成物流，从采购付款到交付验收回款则构成资金流。质量要求依附于业务流，质量管理基于业务流，运营展开也基于业务流。这就是业务有效运转的逻辑，依赖业务流、物流、资金流、数据流——四流合一，衔接顺畅。"[①]

流程的本质是服务于业务的，流程是业务运营的载体，企业导入的各种管理理念、制度，以及建立起来的种种管理体系要通过流程的整合与集成，形成

---

① 何绍茂. 华为战略财务讲义 [M]. 北京：中信出版社，2020.

对实际业务运作的指导，推动业务的发展，以实现战略目标。

业务中的各要素及其管理不能独立于流程体系之外，企业要在抓住客户价值创造链的基础上，将业务的质量、运营、内控、授权、财经等要素融入流程设计中，实行一体化运作，如图 2-4 所示。

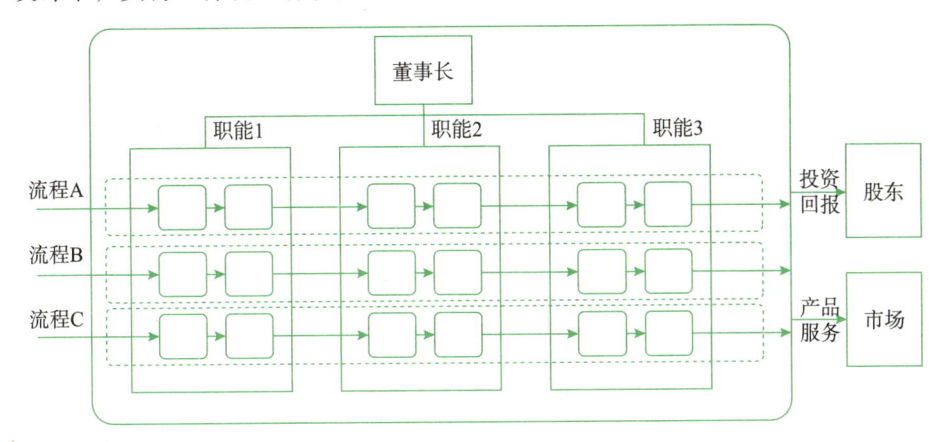

图 2-4　流程与业务的关系

企业从输入客户要求开始，到交付产品及服务给客户，获得客户满意并实现企业自身价值的业务过程就是业务流。业务流是一切工作的原点和基础，而流程是业务流的一种表现方式，通过对优秀作业实践的不断总结和固化，使得不同团队在执行流程时可以复制成功，越符合业务流的流程就越顺畅。

要使业务和流程融为一体，企业在进行流程规划时就要以业务为导向，根据业务需求和目标规划设计整个流程，对每个流程的节点要附加一些诸如管理体系的要求、时间的要求等属性信息。通过附加这些属性信息，企业一方面可以使业务流程执行层面的工作人员能够清晰地、一目了然地知道流程节点上的时间和管理要求，明确流程工作的具体节奏；另一方面可以让各管理体系内的维护人员根据附加的信息，更好地监控管理体系要求的落实情况。

简言之，流程必须有管理模式的匹配，才能推动落地执行，才能使业务线、业务流开始流动。

以华为从问题到解决（ITR）流程为例，以前它并不是端到端的流程，流程之间也没有打通。当客户提出问题之后，因为所有的问题都不是根据对客户的影响程度来定级的，而是根据不同产品的不同问题从技术层面进行定级的，如果通过 ITR 流程提交到研发部门的问题太多，研发部门的 KPI 就会受到影响。结果，研发部门与服务部门经常因此而发生争吵，而不管此时触发问题的客户有多着急，也没有人去关注这个问题对客户的影响。

于是，华为对 ITR 流程进行了变革，由服务部门根据数量、时间、重要性三个要素来对故障进行定级，然后所有的 IT 业务与流程都要支持快速响应客户需求、快速了解问题、快速解决问题，将所有其他诸如内部考核等事情先放到一边，避免相互推诿。

从华为的 ITR 流程变革可以看出，企业或组织在进行流程建设时，不能搞形式化工程，而是要以始为终，疏通流程过程，厘清流程不畅的节点，如此才能快速响应客户需求，促进企业业务的发展。

2.3.2 端到端贯通，建设覆盖全业务的流程体系

端到端流程是一种全面贯通的流程模式和状态，它是以客户、市场、政府机构及企业利益相关者为输入或输出点而形成的一系列连贯、有序的活动的组合。企业或组织通过疏通端到端的管理路径，可以确保流程从整体上发挥最大的作用。

从表面上看，端到端流程是从分析客户需求开始，到收集客户反馈结束的，其实中间经历了概念形成、市场研究、应用开发、产品实现、市场测试、销售推广、业绩评估等多个阶段，涉及营销、研发、采购、生产等若干部门，而且这个大流程中又包含了产品开发流程、采购流程、生产流程、营销流程等子流程之间的衔接关系。

但不管其中涉及多少业务部门与流程环节，对外给予用户的就是简单交互后的快速反馈。毕竟，客户或者最终用户并不关心企业内部的运营情况，他们只需要某种产品或者方案。

因此，端到端流程是企业流程的大动脉，是从全局的角度来组织内部流程的大流转，其注重的是系统性和整体性。要坚持"从客户中来，到客户中去"，以满足客户需求为出发点，并在末端实现客户满意。运作的各个环节都应做到实现良好的产出，衔接顺利，不存在重复环节，从而提高端到端流程的运营效率。图 2-5 阐述了端到端流程的运作过程。

华为对端到端流程的本质给出了精辟描述："端到端流程就是要建立一系列以客户为中心、以生产为底线的管理体系；端到端流程就是为了摆脱企业对个人的依赖，使要做的事，从输入到输出直接地端到端，简洁并有效地连通，尽可能地减少层级，使企业的运作成本最低，效率最高。要把可以规范化的管

理都变成扳道岔，使岗位操作标准化、制度化、简单化。就像一条龙一样，不管龙头如何舞动，其身躯内部所有关节的相互关系都不会改变。"

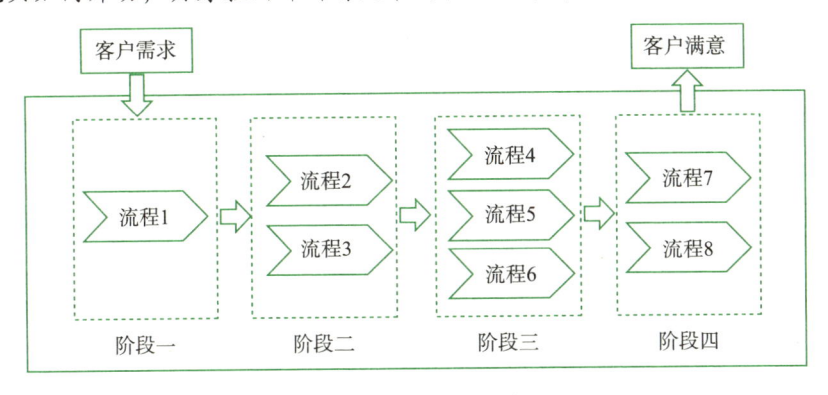

图 2-5 端到端流程的运作过程

华为的集成供应链是典型的端到端流程。通过集成供应链的端到端运作，促进华为与内外部客户及供应商等所有流程相关者的利益实现整体最优。华为通过对集成供应链的端到端流程进行梳理，使得越来越完善的流程运作模式逐渐浮现。图 2-6 呈现了华为集成供应链端到端流程的运作模式。

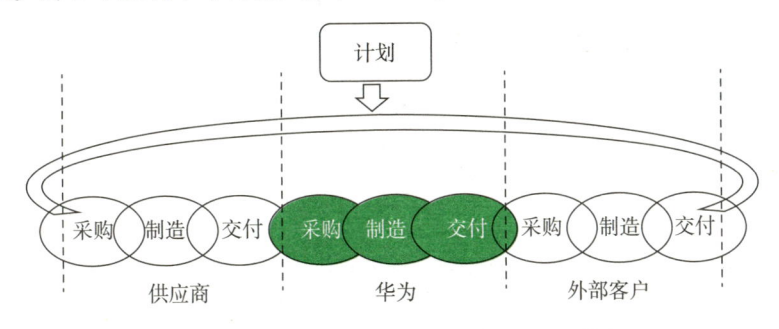

图 2-6 华为集成供应链端到端流程的运作模式

华为通过集成供应链端到端流程的贯通，可以促进企业内外部客户及供应商的合作共赢，有利于供应链在市场竞争中占据有利地位。

企业在推进端到端流程的管理时，可以实现以下几个方面的价值：

第一，能够打破信息孤岛。随着企业规模的增长，管理日趋复杂，各系统之间的信息、业务、数据相对独立，很难及时、准确、有效地传递，从而导致部门墙和信息孤岛的出现。端到端流程的拉通可以有效突破这一障碍，让信息、业务、数据的连接更加紧密。

第二，促进业务与技术整合。端到端流程通过技术与业务的整合，将重复无序的业务整合在一起，使流程更清晰，业务更顺畅。

第三，打破组织与IT系统的边界。端到端流程可以跨越职能组织的束缚，从背后抽调到前台，把流程从各个业务系统内构架到各业务系统之上，以为客户创造价值为目标梳理并落地企业的业务流程。

第四，快速整合核心业务流程。如果企业的核心业务流程比较多且复杂，可以考虑优先将这些核心业务流程通过端到端进行简化，以快速提升管理水平，继而实现核心竞争力的提升。

先进企业目前纷纷在推进全面的业务流程管理，以此提高企业在市场上的竞争力。因为端到端流程仅仅是一条条流程的"线"，而企业运作是一个整体系统，所以还需要将这些彼此存在密切关联性的"线"整合成"面"，实现各个流程间的运作协同，形成整体的流程框架，促进企业整体流程效率提高，确保企业获得较好的整体效益。

如今的华为，已经发展成一家全流程型的企业。目前，华为的流程体系分为运营类流程、使能类流程和支撑类流程，如图2-7所示。

运营类流程	IPD（集成产品开发）	MTL（从市场到线索）	LTC（从线索到回款）	ITR（从问题到解决）
			渠道	
			零售及云服务	

使能类流程	开发战略到执行
	客户关系管理
	交付和服务
	供应链
	采购
	资本运作管理

支撑类流程	人力资源管理
	财务管理
	业务与信息技术管理
	基础支持管理

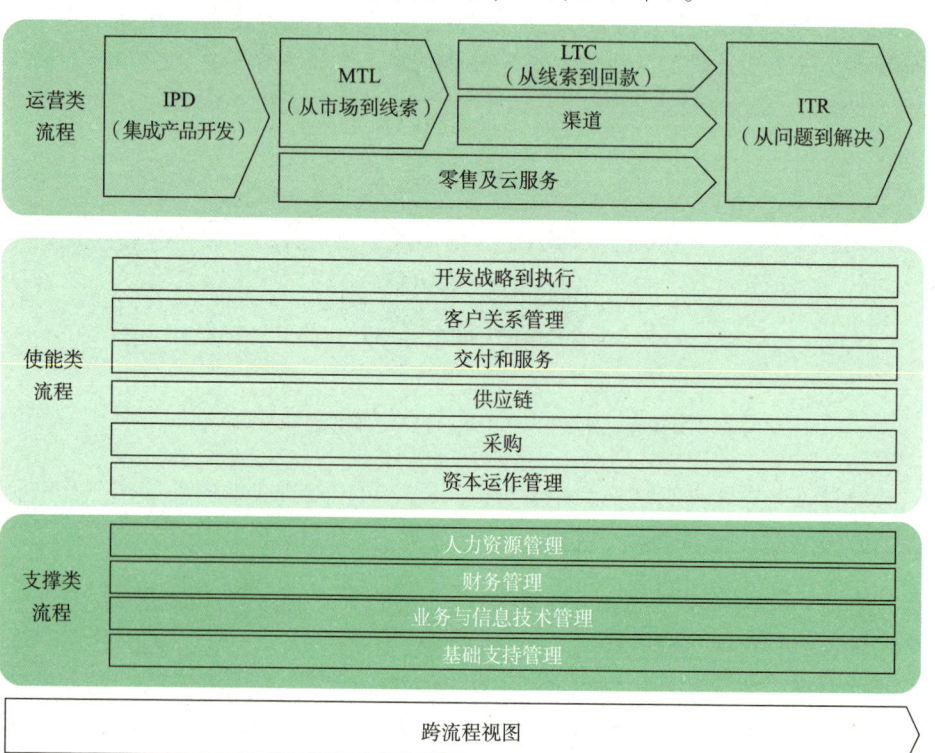

跨流程视图

图2-7 华为的流程体系

第一部分是运营类流程，是直接为客户创造价值的流程，即为客户价值交付所需的业务活动流程，并向其他流程提出协同需求。主要包括 IPD（集成产品开发）、MTL（从市场到线索）、LTC（从线索到回款）、ITR（从问题到解决）、渠道、零售及云服务等流程。

第二部分是使能类流程，用来响应运营类流程的需要，以支撑运营类流程的价值实现。主要包括开发战略到执行、客户关系管理、交付和服务、供应链、采购、资本运作管理等流程。

第三部分是支撑类流程，是为使整个企业能够持续高效、低风险运作而制定的流程。主要包括人力资源管理、财务管理、业务与信息技术管理、基础支持管理等流程。

华为的业务流程也很有深度，划分为六层：L1、L2、L3、L4、L5、L6，从流程大类到流程组、流程、子流程、流程活动，一直到最后的具体任务都被一一细化。

在华为的六层业务流程中，L1 流程大类和 L2 流程组用于流程管理，回答为什么做（Why to do）的问题，支撑企业战略和业务目标实现，体现企业业务模式并覆盖企业全部的业务。

L3 和 L4 用于落实方针政策和管控要求，回答做什么（What to do）的问题，聚焦战略执行，体现创造客户价值的主业务流和为实现主业务流而进行的高效、低成本运作，以及所需要的支撑业务。

L5 和 L6 用于将流程落实到操作层面，使之可执行，回答怎么做（How to do）的问题，包括完成流程目标所需要的具体活动及任务，体现业务的多样化和灵活性。

L1、L2、L3 这三层流程是由企业统一制定的，不允许改变；各地区部仅允许在 L4 这层流程上做本级业务适配，但是必须上报企业批准；各代表处仅能做 L5、L6 这两层的流程适配工作，流程的变化是严格受控的。这样就保证了整体流程的主干清晰、末端灵活。

就是这样一套自上而下、从里到外的覆盖全业务、层级分明、细化到可执行的严格、有序的流程体系，确保了华为将质量、内控、网络安全、信息安全、业务连续性及环境、健康、员工安全、企业社会责任等要求融入市场、研发、交付和服务、供应链、采购等各领域业务中，实现了端到端的全流程贯通，支撑华为从一家管理松散的本土公司转变为一家以流程立身的国际化公司。

2.3.3 持续优化和迭代流程，保障企业商业成功

一般来说，当企业外部竞争环境发生变化（如竞争对手在质量、成本、服

务、速度等方面的不断改进和提高)、外部技术环境发生变化、企业经营策略发生变化或者协作伙伴的技术条件发生变化时，企业的流程与规范也要迅速调整，做出针对性的反应。

【案例】华为的业务奇迹与组织流程变革的关系

1998年以来，华为在流程、组织和IT方面开展了一系列重要的管理变革，主要目的在于提升对客户需求的理解能力与交付能力。其中，基于端到端流程，华为持续实施了一系列的变革项目。而后，华为逐年推动以客户需求为主线的流程框架变革，业务流程广度逐渐覆盖到全业务领域，层级分明，形成了细化到可执行的严格、有序的流程体系。

华为的组织流程在持续变革，如今它支撑着全球170多个国家和地区的产品和解决方案交付活动，牵引着全球近20万名员工协同工作，从而合力助推华为在国际范围内的快速成长。多年来，华为保持着稳定增收状态。

2020年，华为全球销售收入为8914亿元，同比增长3.8%；净利润为646亿元，同比增长3.2%；经营活动现金流为352亿元，基本符合预期。可以说，华为取得的业务奇迹，与它多年持续进行组织流程变革是息息相关的。

2009年，针对一线员工的激情和敏锐性相比于创业时大为降低的现象，任正非向华为全体员工发出指示：让一线直接来决策！也就是说，让听得到"炮声"的人来呼唤"炮火"和决定"炮火"的覆盖范围！因为他发现，企业中设置了过多流程控制点，冗余的环节阻碍了上传下达的流畅性，在降低了工作效率的同时，也磨灭了员工的热情。

要发现流程的不合理之处，首先要对已完成的流程进行正向梳理，以操作者的态度来预估实现过程中各个环节衔接的流畅度，或选择合适的思维工具分析各环节之间的联系，并预测可能产生的收益。其次，最利于发挥创造力的流程优化方法是采用逆向思维，挑出流程中的缺陷。在华为，每条产品线上会组建两支队伍——红队和蓝队，红队在对某个流程进行规划时，蓝队就要想尽办法来"捣乱""吹毛求疵"，找出红队设计的流程中存在的缺陷。

任正非强调流程变革和IT变革要聚焦，将不产"粮食"、不增"肥力"的流程砍掉，每增加一段流程，要减少两段流程，每增加一个评审点，要减少两个评审点，避免出现不产生价值、浪费成本的流程。流程工作要面向一线，做好跨职能、跨部门的流程集成。他认为，去除流程中的冗余环节，让工作流程的各个环节得到精简，是优化工作程序、提高工作效率的第一步。

去除冗余的另一种方法是合并同类项，合并的作用不仅在于"化零为整"，更在于叠加优势，消除劣势。在华为，如果当前的工作环节不能被取消，那么，管理者就会换个思路，将各个工作环节适当加以合并。合并是指将两个或两个以上的事务或工作环节合为一个。例如，工序或工作任务的合并、工具的合并等。在很多情况下，各个工作环节之间的生产能力不平衡，有的人手短缺，有的人浮于事。将这些工作环节加以调整和合并，往往能去劣存优，取得立竿见影的效果。

此外，还可以对流程进行重新排序，改进并调整不合理的工作环节，保证流程的合理性，达到化繁为简的目的。华为通过"何人、何处、何时"三个问题来确认流程中各个工作环节的安排是否合理，一旦发现不合理之处，立即推倒重来，以使各个工作环节保持最佳的顺序，保证各个工作环节的有序性。

流程优化对于任何企业的影响都是非常大的。流程优化能提高生产效率或工作效率，降低时间、空间、人力、物力、财力等方面的成本，帮助企业化繁为简，实现信息化管理，推动产业升级，以保持企业的活力和竞争优势，赢得更多商机和赚取更多利润。

一个成功的企业若不能长期持续地根据客户需求和宏观环境的变化，在对业务进行重构的同时优化流程，那么它必然走入困境，无法实现永续经营，甚至走向消亡。

不谋万世者，不足以谋一时；不谋全局者，不足以谋一域。只有不断保持警惕，时刻关注客户，关注企业运作效率的提高，并时刻通过流程重构和数字化进行优化和迭代，才能持续不断地增强企业的核心竞争能力。

2.4 成果导向：夯实"土壤肥力"，多产"粮食"

《华为奋斗者协议》里有这样的表述："成为与公司共同奋斗的目标责任制员工。"

华为要求员工将精力聚焦在多作贡献上，企业的目标就是完成高价值的产出。华为内部普遍崇尚主管和员工的自驱管理，欣赏"加西亚"式的员工，认为以成果为导向的管理才是有效的管理，并坚持以成果导向考核员工。

在华为内部，主管和员工习惯于承接了任务，就要拿出100%的主观能动性，不找任何借口，敢拼敢闯，去达成任务目标。他们坚信"没有退路，就是唯一的胜利之路"。

华为千千万万名主管和员工拥有的强大自信心和自驱力汇聚为组织不灭的灵魂，并最终化不可能为可能，化空中楼阁为现实绿洲，从而在选定的赛道上创造了一个又一个传奇。

2.4.1 企业发展的起点是满足客户需求和创造价值

客户是一切价值的源泉，围绕客户开展价值创造活动是企业的根本。

成就客户其实就是成就企业。把客户当成上帝，让客户舒心、放心，为客户提供真挚有效的服务，是企业的工作方向和价值标尺。

任正非曾说过，无知无畏让华为进入世界高难度的信息与通信技术（ICT）行业。这个行业中的风险此起彼伏，无数的明星企业你方唱罢，我方登场。

生生死死，死死生生，太多曾经的标杆企业转眼就倒在大家的面前。死亡的时候，尸体还带着余温。

任正非总结过，这些死亡的企业，看似问题各异，但有一个重大的共性问题，就是没有坚持"以客户为中心"，不再践行"客户至上"这个至简的商业道理。

任正非认为："企业唯有走一条道路才能生存下来，就是客户的价值最大化。有的企业是为股东服务的，追求股东利益最大化，这其实是错的，看看美国，很多企业的崩溃说明这一口号未必就是对的；还有人提出员工利益最大化，但现在日本企业已经有好多年没有涨工资了。因此我们要为客户利益最大化奋斗，质量好、服务好、价格低，那么客户利益就最大化了，客户利益多了，他就会有更多的钱，就会再买企业的设备，我们也就活下来了。我们的组织结构、流程制度、服务方式、工作技巧一定要围绕这个主要的目的，好好地进行转变来适应这个时代的发展。"（来源：任正非在技术支援部2002年一季度例会上的讲话）

华为认为企业存在的唯一理由就是为客户服务，永远把客户放在第一位。客户满意是一个企业生存的基础，因为客户对企业所提供的产品和服务感到满意而心甘情愿地付钱，企业才能够继续生存。因此，华为要求所有干部员工应牢固树立为客户服务的理念，让企业的一切业务和管理都紧紧围绕"以客户为中心"运转。

华为曾经在内部搞了一场辩论赛，讨论对待客户的态度，最后的结论是"为客户服务，是华为存在的重要理由"。任正非大笔一挥，把"重要"修改为"唯一"，在他的理念中，如果不能为客户创造价值，华为还有什么存在的价值？

"以客户为中心"，这个简单而朴素的道理，持续支撑华为走到现在。

为了保障客户价值的实现，企业应在流程规划与细节设计等诸多方面提出特别要求，以便企业上下能够在行为上追求"客户满意"，并为客户创造预期的价值。

在"以客户为中心"的思想的指导下，不管哪个地方出了问题，不论是谁都会扑上去把问题解决，内部出了问题也不会相互推卸责任。华为以谦卑的、充分响应的、服务至上的态度赢得了客户的尊敬，即使是在产品做得还不到位、技术支撑薄弱的情况下，客户对华为的信赖度和认可度也一直比较高。

【案例】华为与思科始终坚持以创造客户价值为导向

华为在组织和业务管理中始终牢牢抓住客户需求，在终端消费市场上，以消费者满意度第一为目标持续提升产品体验，完善售后服务体系。余承东指出："华为消费者业务的起点和终点，都是最终消费者。"华为一线以"铁三角"为作战单位，深入各地区倾听客户的声音，收集、闭环客户问题，不断提升客户满意度。

思科公司（简称思科）每年都会针对客户进行大规模的满意度调查，调查内容从企业的产品质量到服务质量，一共60多个评价指标。其中，服务质量的指标专门针对贴近客户的一线市场人员。考核方式为五分制。如果客户完全满意，则各项平均分为五分，那么这个市场人员就会得到一笔丰厚的奖励；满意度依次递减，评分最低的则会被扣除奖金。这个制度设计使得思科做到了坚持为客户创造价值，围绕满足客户需求来开展业务工作。

华为与思科用实践证明：企业要重视适应客户需求，为客户创造价值，以帮助客户实现商业的成功，这样才能使企业适应市场竞争和持续发展。

但是随着组织的发展，不可避免地会出现组织疲劳、贪图享乐、山头主义、集体不作为、出了问题相互指责等问题。比如一线与机关的冲突，一线与客户交流是一揽子需求，算的是总账，而机关算的是细账，细账又是跟考核挂钩的，这就造成了大量的扯皮。

因为管理上的不成熟，主管在管理过程中把压力层层传递，下面就开始分任务、背责任，表面上让每一条产品线都有经营意识，结果是大家都开始玩花样，发明了不少歪门邪道的技巧。大家的精力不是用在了满足客户需求上，而是用在了内斗上。

【案例】"马电事件"对华为"以客户为中心"提出挑战

2009年，华为以全年销售额300亿美元的创新纪录，跃居世界通信领域第二大供应商的位置。

2010年8月5日，华为董事长孙亚芳接到来自马来西亚电信（简称马电）CEO的投诉邮件："……在过去的几个月中，华为的表现并没有达到我们对于一个国际大公司的专业标准的期望……多个问题引起我们管理团队的高度关注和忧虑。具体表现在：①合同履约符合度和交付问题：在一些合同的发货中，设备与我们在合同中定义的、在测试过程中使用的不一致；②缺乏专业的项目管理动作（方式）；③缺乏合同中要求的优秀的专家资源……"

投诉邮件全文"礼貌的用词下透露出的是失望和愤怒"。

这封投诉邮件同时发给了华为销售服务总裁、亚太片区总裁、南太地区部总裁、马来西亚代表处代表及马电系统部相关人员，但五天过去了，华为内部没有找到一个能代表公司出面解决问题的人，各级主管关注的焦点不是解决问题，而是关注如何回复邮件。

"马电事件"折射出了华为在成为一家"领先企业"之后的某些普遍病症。在一位华为前高管的眼里，在2006年至2007年，华为年销售额达到150亿美元之后，就开始出现松懈和自大的苗头。

而且华为当时有"重销售、轻交付"的传统，从研发到市场，大家都在为抢订单而忙碌。当合同签订后，从上到下更多关注的是合同金额和回款时间，对于产品交付，就很少有人关心了。加上人员流动，部门之间沟通不畅，各自为政，问题被推来推去，结果竟然导致了华为自己的设备之间都不能对接和产品版本发错的问题。

这就对华为"以客户为中心"的价值观提出了挑战，因为客户在合同签订后，最关心的就是产品的交付问题。马电原本对华为寄予厚望，但华为的表现却让客户大失所望并开始质疑华为的专业能力和行业地位。

2011年年初，一篇约2.8万字的文章《我们还是以客户为中心吗——马电CEO投诉始末》，以新年贺词的方式在《华为人》报上发表。这篇文章让全体华为人从业绩增长的喧嚣中瞬间冷静了下来，并围绕以下问题展开全面讨论和深刻检讨："以客户为中心"在我们的脑子里是否真的扎下了根？我们能做到真诚地倾听客户的需求，认真地体会客户的感受吗？我们曾经引以为豪的方法、流程、工具、组织架构在市场的新需求下变得如此苍白无力，在未来的竞争中，我们还能帮助客户实现其价值、真正成就客户吗？

之后，当华为人没有做到"以客户为中心"时，都会提醒自己：这会不会是下一个"马电事件"？

"马电事件"极大地警醒了华为，经历"马电事件"之后，华为上下对如何以客户为中心有了更深的领悟，即只有服务和成就客户，华为才能成功。经过这次对企业价值观的叩问，华为人戒骄戒躁，知耻而后勇，完成了一次浴火重生般的反思和改进。

2.4.2 用管理变革提升作战能力，持续多产"粮食"

很多企业找德石羿做咨询或进行管理变革，一个很重要原因就是，在企业发展的过程中，尤其是企业到达一定规模的时候，很容易染上"大企业病"：企业的机构变得臃肿，重心偏向管理；审批流程复杂，工作业务流程不畅；机制僵化，信息不通；部门之间会形成严重的壁垒，各自为政；组织对于外部的反应速度降低，出现问题时，不是第一时间去现场解决问题，而是互相推诿扯皮。

这些现象都会极大地影响组织的运作效率，甚至会对组织的生存与发展造成威胁。面对这些问题，企业必须实施管理变革，在组织文化、业务流程、政策系统等方面进行必要的调整与改善，从而提高经营管理水平，增强企业的竞争优势。

任正非在一次内部会议中指出："管理变革的目的就是要多产'粮食'和增加'土壤肥力'，不能对这两个目的直接或间接作出贡献的流程制度都要逐步简化。这样才可能在'以客户为中心'的奋斗目标下，持续保持竞争的优势。"

任正非通过这种方式，为衡量管理与变革的方向及效果确定了标准，那就是多产"粮食"（当期价值），以及增加"土壤肥力"（中长期价值）。

从2008年开始，华为就启动了市场体系变革和财务体系变革，希望解决前端与后端衔接不畅的效率问题。2009年3月，为了摆脱组织机构过于臃肿的现状，降低不创造价值的过程消耗，实现客户需求驱动的流程化，方便客户和企业双方实现价值创造，华为决定在前端组织结构上做出重大变革。华为撤销了全球销售部门，将独联体区和欧洲区合并，北美区和拉美区合并，中东北非区和南非区合并，最终整合为中国、亚太、美洲、中东非洲四个大区，并且逐步实现高层干部向海外市场的分流。

对此，任正非解释说："如果我们能够为客户提供及时、准确、优质、低成本的服务，我们也必然会获取合理的回报，这些回报有些表现为当期商业利益，有些表现为中长期商业利益，但最终都必须体现在企业的收入、利润、现金流等经营结果上。那些持续亏损的商业活动，偏离和曲解了'以客户为中心'的宗旨。企业的目标是为客户创造价值，不能创造价值的机构和流程，我们就要毫不迟疑地将其精简。"

2013年7月，华为轮值CEO胡厚崑在中东地区部指导工作时，提出流程工作要对准客户痛点、对准企业经营指标，要有利于多产"粮食"。

因此，从2013年下半年开始，中东地区部对流程进行了详细的梳理，以围绕客户需求创造业务价值。地区部从"客户界面流程适配"这一关键任务入手，通过梳理预算、采购、交付验收、回款等关键流程，进而对相关流程进行了优化，实现了地区部效益的提升。2013年，中东地区部运营资产效率同比提高21.7%。同时，在与客户就组织流程优化问题进行探讨的过程中，中东地区部针对相关问题向客户提出了许多可行的建议，也得到了客户的认可和信任。这也反映了从客户界面改进流程可以有效实现内部运作效率的提升。

根据中东地区部在流程质量上取得的成绩，该流程质量团队被评为华为2013年金牌团队，并与其他团队分享了成功的方法与实践经验。

从该案例中我们可以看出，在业务流程的设计上要以客户需求为导向，同时要能为组织创造价值。任正非常在内部讲："我们一定要把所有的改进对准为客户服务，哪个部门报告说他们哪里做得怎么好，我就要问'粮食'有没有增产，如果'粮食'没有增产，怎么能说做得好呢？我们的内部管理从混乱走向有序，不管走向哪儿，都是要赚钱的。"

因此，华为的工作开展及绩效评价都是以价值、价值货币化为导向的。这体现了华为在战略和执行上最朴素的要求——以客户为中心，满足客户需求，为客户进而为企业创造价值。

2.4.3 把结果压力传导至每一个人和每一道流程

企业如果没有目标的牵引和传导，就会陷入内部的纷争和相互的推诿，造成严重的内耗，从而无法将有限而宝贵的资源用于企业目标的实现。

如果没有结果导向，那么遇到问题时，通常当事人想的不是如何解决问题，而是想尽办法找出各种各样的理由为自己开脱责任。

2009年，华为员工刘凯（化名）出差到深圳参与某产品版本的开发及生产支持工作，刚开始，刘凯听到最多的一句话就是——这不是我的问题。当设备出现某个问题时，所有人围在一起，只为找出"这不是我的问题"的证据，结果让测试部的同事根本不知道该把问题单交给谁。更有意思的是，大家居然对在每个功能模块上如何摆脱"嫌疑"都了如指掌，因此每次遇到问题大家都说"这不是我的问题"。

这种各扫门前雪的做法，导致团队在产品开发初期遇到了很多问题，而且这些问题还找不出原因。因为一旦遇到问题，大家只会迅速排除自己的"嫌疑"，结果导致产品开发走了许多弯路。

大家眼里优秀的华为都这样，其他企业可想而知。通过这个案例我们可以发现，如果团队成员不能很好地履行自己的职责，在发生问题时相互推卸责任，不仅不能迅速地解决问题，而且会影响团队的工作效率。

如何让团队成员自愿地履行职责，是管理者值得思考的问题。在组织和绩效管理中，我们强调要让所有员工都尽量面向流程、面向客户，让客户的需求在这个架构下像脉冲一样"冲击"整个组织，并传导给每一位员工，进而激发每个个体的主观能动性，这样组织才能真正具有生命力，才能在不断地满足客户需求的过程中实现提升。

我们经常戏称，在一个企业中，有完整责任意识的层级有且只有两个：老板和员工，中间层都有机会和动力偷懒。

老板作为企业生死存亡的最终责任人，力求企业在市场中赢得一席之地，他有着强烈的责任意识，对企业兴衰成败负有直接责任；员工处于企业经营的最前线，他的责任意识来源于明确的任务指标和行为要求，他需要按照上级的指令来完成任务，没法推责。

企业中间层是最容易出现责任真空问题的，他们喜欢把上级的任务分配给下级，然后自己作为一名监督者，来监督下级完成工作。级别越高的中间层，越倾向于如此。

在企业内，越来越多的中间层宣称自己很忙，却拿不出任何企业战略要求下的成果或绩效。为了避免出现这个问题，华为采用了三级计划和预算管理体系，以更好地落实中间层的责任。

华为的三级计划是针对各级管理者制定的相应任职资格标准，通过提炼出任职者取得高绩效的关键行为，形成各级管理者的任职资格标准，从而指引管理者在履行相关责任的前提下获取高效率的成功。其中评价要素包含任务管理、团队建设、流程执行、资源有效利用及职业素养与工作态度。华为要求各级管理者必须严格对照任职资格标准来规范自己的行为，从而落实各自的责任，提升团队的整体绩效。

很多企业在重点任务的分工上只是在"分指标"，而非"分解责任"。在分解管理者责任的真空问题上，这些企业应该向华为学习，即通过对企业战略目标和责任的清晰传导和解读，基于责任的贡献对管理者进行评价，将危机意识融入企业文化中。企业要让员工每时每刻都能感受到一种山雨欲来的紧张气氛，遏制部分员工和管理人员惰怠或盲目乐观的情绪，让员工意识到自身在企业内面临的危机，并在具体管理手段上加强危机意识管理。

2022年8月，华为面临着美国愈演愈烈的持续打压，与此同时，世界经济复苏面临巨大阻力。任正非表示，华为要把活下来作为最主要纲领，从过去恐慌性的自救改为有质量的自救，从追求规模转向追求利润和现金流，停止讲故事，全线收缩和关闭边缘业务，把寒气传递给每个人。

所有企业家都要学习华为的这种作风，越到艰难时刻，越要压实管理责任，越要坚持结果导向。把结果压力传递到每个人、每道工序，确保企业能够在残酷的竞争中存活下来，这就是所谓的"惶者生存"。

第 3 章　能力建设：对准价值，建设流程型组织

企业是人类组织，不是机器；所有的作业活动和价值创造都需要以岗位为主体来承载，因此组织是各类岗位的集合。也就是说，流程的落地与实施必须有对应的组织进行适配。

根据流程管理的理念和框架，流程是对准客户、对准价值创造的。当流程打开到 L3 层级时，企业的价值创造作业活动集就将成为 L3 能力集。因此，在 SDBE 领先模型中，能力建设其实就是以业务为导向的流程建设。流程建设和能力建设在底层逻辑上是相通的，都是对准客户、对准业务，从而对准价值创造展开的。只有这样，企业的能力才能真正建设在流程之上，建设在组织之上，从而建设一个依靠人但并不依赖于单个人的流程型组织。

企业只有转变成流程型组织，所有员工都面向流程、面向客户，所有管理者都通过服务下级组织和员工进行价值创造，才能够使客户的需求像脉冲一样不断地"冲击"整个组织，不断地激发个体的内在主观能动性，这样的组织才真正具有生命力，才能在不断地满足客户的价值的过程中实现提升。

3.1　强大健全的组织是战略成功的保证

组织建设的功能在于分工与整合，是保证战略实施的必要手段。企业通过组织建设，将企业的目标和战略转化成一定的体系或制度，使其融入企业的日常生产经营活动中，发挥指导和协调的作用，从而保证企业战略的实现。

3.1.1　组织是战略实施的基本抓手和平台

任正非说："我们的胜利有两个基础：一是战略方向大致正确，二是组织充满活力。"由于客观环境复杂多变，企业不可能对未来预判得非常准确，因此组织执行力有时候和战略规划一样重要，能够保障企业在面对变化的时候可以迅速纠偏，重新找出一条正确的路径，这就是组织充满活力的表现。

组织是战略实施和流程运作的基本平台，是战略落地的重要承载，搭建起相应的组织结构后，企业才有落脚点，才能进行相关战略和流程优化的贯彻落

实。组织应当匹配战略，并跟随战略动态调整。

战略决定组织，组织影响战略。战略决定了企业经营运作的根本和方向，因此，组织就需要与战略相匹配，以支撑战略的制定与执行。一方面，尽管组织结构总是做出调整，但是依然需要和战略重点紧密关联；另一方面，组织结构的调整总是滞后的，这就要求企业及时将组织结构与战略进行配套。

无印良品的前社长松井忠三在谈到一段组织结构变革的往事时说："部门本位主义的根源经常存在于罹患大企业病的企业的组织结构之中。"而这也是许多企业常见的问题。

【案例】无印良品通过调整组织结构促成合作，达成战略

无印良品为强化产品创新战略，设立了三个部门——商品开发部、生产管理部和库存管理部，并分别配置了部长。企业本意是让三个部门通力合作，但事与愿违，三个部门最终发展成了相互竞争的模式，每个部门只考虑自己的利益，使企业整体陷入了泥潭。

库存管理部为了减少库存，采取了降价措施以促销商品。最终，该部门实现了良好的库存管理，并在企业内部受到表彰。

生产管理部的工作是确保产品品质和提升生产效率。因此，该部门为了保持高效率生产，对工序复杂的商品表现出了抵触和不满的情绪。

而与此同时，商品开发部为了推出热销商品而不得不做了许多错误的尝试。可以想到，这个部门在组织里是受累不讨好的，很难得到足够的支持。

于是，松井忠三对无印良品的组织结构进行了调整，将商品开发部的部长任命为首要责任人，并在其下设置库存管理和生产管理负责人。这样一来，在一个人的指挥下，工作才得以顺利进行。

松井忠三认为：一旦改变成纵向组织结构，就会产生横向合作，各负责人就会同时形成问题意识，拥有了当事人的视角。只有这样，才能最终建立直接面对问题本质的体制。

从无印良品的案例中我们可以看出，权力、层级、指挥、控制……在某种意义上都是组织的必需品。对这些要素进行合理的设置与管理，才能确保组织横向的业务流程间的贯通、部门间的协同。组织结构的调整和变化在一定程度上会影响企业内部员工的精力和注意力，但会带来新的合作意愿。因此，组织设计必须与企业希望强化的组织能力和战略重点紧密关联。拿无印良品来说，新的战略方向是强化产品创新能力，那就要将商品开发部的地位凸显出来，并以这一部门为龙头来驱动整个组织，促进战略的实现。

美国战略管理专家安索夫认为，战略和组织是一体两面，组织结构构建和资源分配应围绕战略进行。组织的功能就是执行战略，而这一切要落实到系统机制（制度）上。他认为随着环境的变化，企业的战略和组织结构也必须发生改变，只重视战略或只重视组织都会导致失败。必须根据环境变化，使战略和组织两者步调一致，才能获得成功。

【案例】海尔模式的"战略—组织"共演规律

海尔模式中的两个核心关键要素是战略与组织，前者确定方向，后者关乎执行。从1984年到2019年，海尔先后迭代了六次战略，分别是名牌化、多元化、国际化、全球化、网络化、生态品牌，而每个阶段都有相应的组织结构予以匹配，这些组织结构大体可以概括为正三角科层制组织结构、矩阵型组织结构、倒三角组织结构、引力场组织结构、生态圈组织结构五种，其间不断颠覆科层制组织的命令控制架构用来重塑无边界组织，不断释放员工潜能使之成为"自主人"，不断追求和用户零距离以满足用户最佳体验，实现"人的价值最大化"。

艾尔弗雷德·D.钱德勒曾提出一个经典命题："战略决定组织，结构追随战略。"海尔的"战略—组织共同演化模式"及其产生的经济效益对这一命题做出了说明和诠释，如图3-1所示。

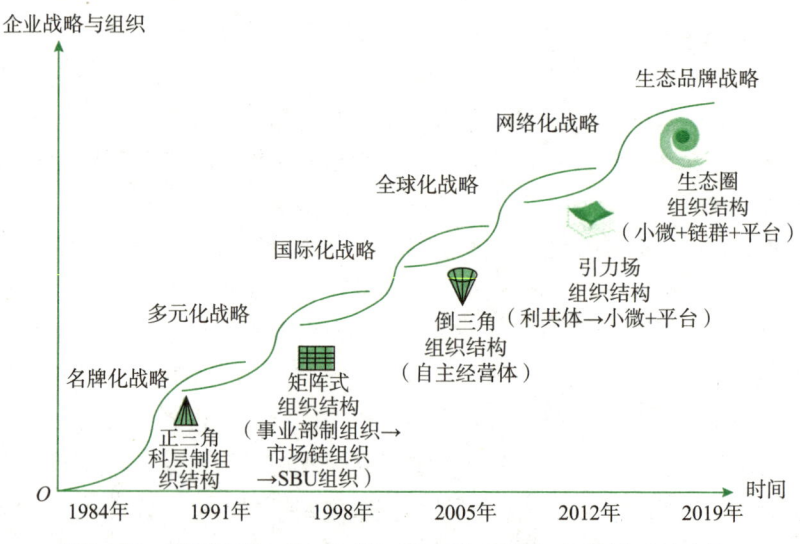

资料来源：根据胡国栋、路江编著的《海尔模式手册：方法篇》改编绘制。

图3-1 海尔的"战略—组织共同演化模式"

海尔的管理实践证明，组织与管理没有最优模式，唯有持续不断地进行战略调整和组织变革，才能获取持续的竞争优势。

当企业外部环境发生巨大变化，对企业的战略和运营产生重大影响时，进行相应的组织变革以支撑新战略顺利落地就极为必要，因为组织的结构决定着组织的资源配置情况。要不断通过对组织的调整解放组织的生产力和理顺生产关系。如果组织结构的问题没得到解决，业务流程也很容易卡顿，结构往往比流程对组织效率的影响更大，甚至也更为根本。

3.1.2 组织是流程高效运作的基础和保障

如果将企业比作人体，则组织就是骨骼，起支撑作用，它是企业有效运行的基础和保障；流程则是血脉，通过人力、物力、资金、信息的畅通运行，提供生命存续的动力。

企业的执行力，不仅取决于企业员工的素质高低，更取决于企业的组织建设。企业的高层决策能不能形成目标，能不能分解转换成具体可操作的办法、措施、计划，并付诸实践、贯彻落实，取决于企业有没有机会让能人发挥作用，并使各部门员工的行为实现协调。必须有强有力的组织结构予以支持，好的决策才能贯彻实施。

组织变革是企业响应外界竞争态势并结合自身能力而采取的一种应对策略。当外界的竞争环境发生改变时，企业通过调整组织结构，改变组织汇报关系和相应的人事安排，来带动对流程、绩效、内在业务核心能力和人员技能等的连锁批量调整，从而实现战略落地。

组织会对流程造成影响，这种影响主要来源于组织具有的资源和权责分配功能，它可以促进或者阻碍业务流程的运行。

业务流程要落地，就需要组织结构与业务流程相适配。具体来说，就是需要对业务流程进行分析，把业务流程层层分解细化为具体操作的活动流程，组织结构中要有与之相匹配的岗位角色、决策体系、考核体系。

【案例】某公司组织模式与流程的不匹配带来的问题

2020年，笔者曾为某公司开展了一次组织变革的相关咨询。此前，该公司的业务以传统的人力资源服务为主，各业务部门之间相互独立，各司其职。随着人力资源服务行业的快速发展，客户需要的是能够提供整体解决方案的服务机构。与此同时，新兴人力资源服务机构开始涌现，市场竞争日趋激烈。在这样的背景下，该公司开始探索更多的新业务。可是在现有的组织模式下，该公司是按不同的产品类型划分业务部门的，即各业务部门独立承担产品研发、销售、交付等任务，如图3-2所示。

随着该公司业务的发展，现有的组织模式已经与业务流程严重不匹配，问题逐渐凸显：

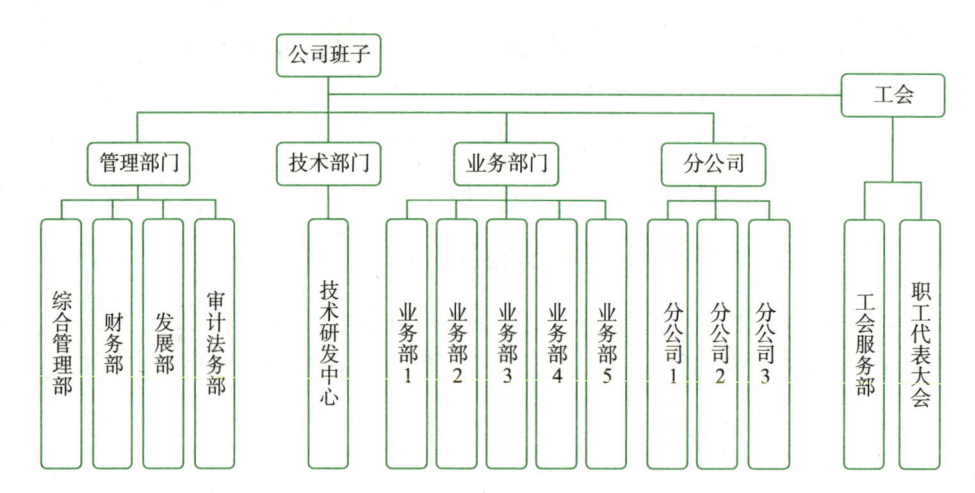

图 3-2　某公司变革前的组织结构

（1）大部分的流程处于闲置状态。这些闲置时段主要体现在等候、按顺序执行、传递或追踪等方面，而这些是无法为企业创造任何有效价值的。从根源上来说，这种闲置状态的出现通常是因组织与流程之间的匹配度欠佳所致。

（2）造成"部门墙"现象。各部门之间存在的"部门墙"使流程信息难以传递和共享，存在大量的流程断点，不仅影响了企业的整体流程的运作效率，增加了流程成本，而且各部门只顾维护现有业务，无心拓展新的业务增长点。

（3）增加了管控要素，降低了协同效率。为了解决"部门墙"问题，部分职能部门在流程接口处安排了相互妥协和制约的动作，以此来处理流程运作中的分歧和矛盾，而这种互相妥协和制约的动作导致流程接口处的管控要素随之增加，反而又进一步降低了流程的协同效率，甚至影响了该职能部门的业务定位和绩效成果实现。这实际上也是因组织结构与流程系统不够匹配所致。

为了提升组织结构与业务流程的匹配性，该公司不得不积极寻求组织变革。

从上面的案例可以看出，强化流程与组织之间的匹配度是非常必要的，企业应当从组织与战略的匹配性入手，找出组织设计存在的问题，为组织结构优化明确方向，牵引组织开展以业务流程为导向的变革，在优化流程体系的基础上考虑组织结构设置、岗位与职能设计、系统管控与资源配置，实现组织与流程的适配，最终确保组织始终保持活力，实现可持续发展。

3.1.3　流程型组织体现"拧麻花"式的管理艺术

组织是一个充满了矛盾体的地方，比如，组织目标一般不会与个人目标完全一致，组织的共同目标不是成员个人目标的简单汇总。组织目标是一个共同目标，却不是联合目标，共同目标与联合目标之间存在部分交集，而交集的部分也是组织间合作得以维系的基础。从组织的角度来看，任何一个组织都需要把大家的力量凝聚在一起，才能保持旺盛的生命力，关键就是要做到大家具有利益共同点，这就是所谓的"令出一孔，力出一孔，利出一孔"。

企业要避免发展的大起大落，为了实现均衡发展、可持续成长，就需要建立一种矛盾双方既对立又相互促进的机制，任正非将这种矛盾管理方式称为"拧麻花"。两股对立的力量同时作用，就像拧麻绳一样，一个往左使劲儿，一个往右使劲儿，结果是麻绳越拧越紧。

企业内部要是没有矛盾，就没张力，也没动力；企业在所有矛盾被消灭的同时，也消灭了所有的成长压力和动力，最终会僵化死亡。

在企业中，组织与流程也是一对明显的矛盾体。

流程承载的是业务，服务的是目标，是把一个或多个输入转化为对客户价值输出的活动。它以业务需要为目的，以满足客户需求为根本，体现的是"事"的层面，强调的是效率、规则和秩序。

而组织建设更多强调的是"人"的因素，是要激发人的活力，调动人的积极性和灵活性，是对"权、责、利"的确定和划分，彰显出对权力的制衡。组织在发展过程中，经常围绕不同利益，被划分为不同的派别，相互扯皮，争夺资源，使企业陷入分裂和内耗。

一旦在流程中过度强调权力，流程节点就变成了一个个"铁路道岔"，每个人都想扳一下。高效的流程就像快速行驶的列车，通过每一个站点时，只要是在流程和规则范围内，就无须额外的流程或变动。所以真正流程型组织是反官僚化、去部门化的。

组织与流程是一对充满矛盾的密切关联体，在企业的经营管理中缺一不可，二者的协调与匹配对企业的长远发展至关重要。企业需要充分运用"拧麻花"式的管理艺术，将二者紧密地整合在一起，如图 3-3 所示。

图 3-3 将组织和流程"拧"在一起

基于"强化流程与组织之间的有效匹配"的目的，流程型组织应运而生。

流程型组织结构是以客户为导向，以业务流程为主线，以职能服务中心为辅助的一种扁平化的组织结构。这种组织结构下的企业价值创造活动体现在业务流程上，非常适应变幻莫测的市场环境和客户需求。

流程型组织设计的核心是流程，流程是企业组织的生命线。虽然不同的流程型组织在流程形态和流程实施复杂度等方面可能存在差异，但是它们都是从企业整体效益出发来进行组织架构的，同时追求流程的自动化、规范化、标准化和连续性，尽可能实现职能环节的无缝连接，缩短流程运作时间，达到提速、降本、增效、增加柔性等目的。这也是企业实施流程管理和打造流程型组织的终极目的。

在流程型组织中，传统的职能分工与专业化协作的方式被统一性的、系统化的流程管理取而代之。责、权、利配置在业务流程上，团队成为企业价值创造的最小单元，不同的团队完成不同的业务流程，这些流程之间形成价值交换关系，使业务流程能够独立地体现价值。在流程型组织中，固定的经营管理团队被流动的流程管理者取代，相同的业务流程可以有不同的流程管理者，使流程管理者与价值创造活动的结合更加紧密，灵活性更加明显。

流程型组织与传统的职能型组织相比，存在诸多不同，如表3-1所示。

表3-1 流程型组织与职能型组织的对比分析

类别	流程型组织	职能型组织
组织结构	扁平化，以流程为中心	垂直化，以职能为中心
运作机制	以客户为导向，着眼端到端的价值创造，拉通各部门协同运作	有职能界限，各部门追求局部优化；协调机制不健全
管理方式	分权	集权
沟通方向	垂直与水平相结合	水平
工作目标	客户需求	领导或职位要求
组织文化	以客户为中心，注重服务理念	助长官僚作风，产生部门墙

流程型组织是端到端关注客户需求，以客户为中心的组织；是以流程为导向，沿着流程来分配责任、权力和角色的组织；是拉通各职能部门协同运作的服务型组织。流程型组织的优势至少可以归纳为四个方面：

（1）将以部门为主的管理模式转变为以业务流程为核心的管理模式，打破了以部门为中心的工作壁垒。

（2）由对人负责转变为对事负责，改变了权力中心的运作模式，淡化了职能部门的权威性。

（3）流程体系是固定的，这样即使员工或管理者出现离职或轮岗等情况，企业运作也不会受到影响。

（4）实现了扁平化管理，压缩了组织的层级，降低了管理成本，提升了组织的灵活性。

总而言之，在流程型组织中，每一个管理环节都积极指向客户，提高了对客户需求的反应速度。在这样的组织模式下，客户需求就如脉冲一样可以持续地"冲击"整个组织，使组织保持活力。

3.2 组织对齐战略，不断迭代和进化，支撑业务发展

如果读者对 SDBE 领先模型进行深入研究，就会发现：一个企业的客户和业务环境发生变化，会导致战略发生变化；战略发生变化，经过解码，业务就会发生变化；业务发生变化，就会使流程发生变化，最终影响到流程的承载者，使组织结构发生变化。

因此，随着企业的战略和业务调整，企业的组织会不可避免地发生变化和调整，这是很自然的现象。

没有最佳的组织形式，只有不断匹配企业发展阶段和业务特点的组织。组织不是独立存在的，企业的战略和业务决定着企业的组织构成方式。

从华为的发展经历及其组织结构的变革历程中可以看到，华为在发展中的转型阶段坚持以行业发展趋势、企业自身特点等内外因素为依据，在理论体系的指导和实际操作经验的引导下，坚定不移地持续优化组织，不断激发组织活力，充分发挥组织结构的潜力，为企业的持续发展提供了根本保证。

3.2.1 从野蛮生长到规范，从杂乱无序到职能型组织

1987 年华为成立的时候，中国通信设备市场几乎被国际电信巨头的产品所垄断，这些国际电信巨头包括日本的 NEC（日本电气股份有限公司）和富士通、美国的 AT & T（电话电报公司）、加拿大的北电、瑞典的爱立信、德国的西门子、比利时的贝尔及法国的阿尔卡特，这在业内被称为"七国八制"。华为作为一家无资金、无技术、无背景的民营企业，其产品在北京、上海、广州等一线城市几乎没有立锥之地，于是"活下去"成为华为需首要考虑的问题。

创业初期的华为员工数量较少，只有几十人，组织结构采取的是非常

简单的、中小企业普遍采用的直线型组织结构，所有员工都直接向任正非汇报，如图3-4所示。直线型组织结构的特点是流程简单、权力集中。在直线型组织结构下，高层管理者能对市场做出快速反应，迅速统一调配资源参与竞争。

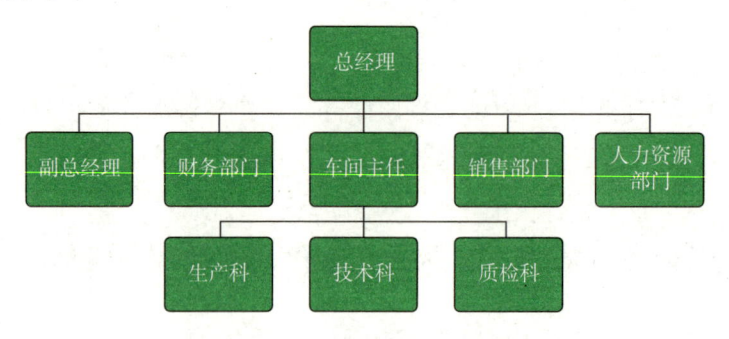

```
                    总经理
        ┌──────┬──────┼──────┬──────┐
      副总经理 财务部门 车间主任 销售部门 人力资源部门
                  ┌──────┼──────┐
                生产科  技术科  质检科
```

图3-4　华为创业初期的直线型组织结构

为了避免被国际电信巨头扼杀，华为采取了"农村包围城市"的销售策略：先将产品投放至国际电信巨头没有深入的广大农村市场，以求得生存空间。靠着"农村包围城市"的销售策略及其独有的奋斗文化，华为顽强地生存了下来，并实现了快速扩张。

1990年，我国固定电话的普及率为1.1%，华为当时预估到2000年我国固定电话普及率也仅仅会提高到5%～6%。但事实上，到2000年，我国的固定电话普及率已经达到50%。

面对急剧爆发的市场，华为迎来了机会成长期。在机会成长期，华为几乎是"野蛮生长"的。由于市场增长远超预期，华为的研发远远落后于西方电信运营商。在技术相对落后的情况下，为了抓住市场机会，华为一边在研发上艰难突破，一边在营销上发力。

1996年，由当时的信息产业部、邮电部举行的全国交换机订货会在北京召开。在这次大型订货会上，全国各个省、直辖市电信系统的主要负责人到场。与华为一起参与此会的都是行业内响当当的企业，如上海贝尔、青岛朗讯等。为了销售自家产品，在几天时间内，华为从各个办事处和总部抽调了近400名高素质员工来支持这次大会。当时，参加会议的领导才40人，华为为此派出了近10倍的人力来公关。最终，华为成功拿下了一些大订单。

在机会成长期，华为规模快速扩张。此时，简单的直线型组织已无法满足企业的发展需要，必须开始完善职能部门，由直线型组织向职能型组织转变，如图 3-5 所示。

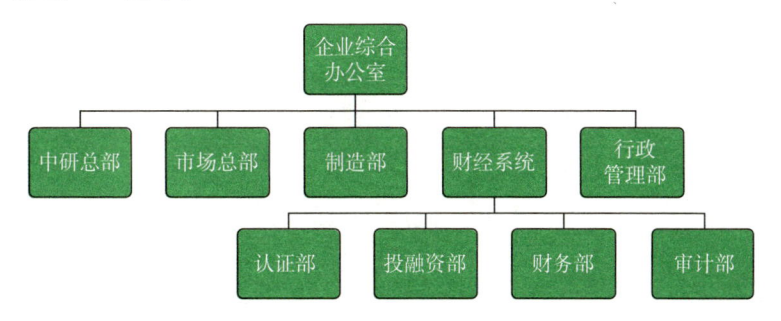

图 3-5　华为职能型组织结构

1994 年，华为员工人数增长至 600 多人，销售收入突破八亿元大关，同时企业的产品也从单一的交换机转向其他数据通信产品和移动通信产品，市场范围遍及全国各地。此时，华为开始建立职能型组织，由任正非直接领导企业综合办公室，下辖中研总部、市场总部、制造部、财经系统及行政管理部。主管人员在其职责范围内，有绝对、完全的职权；各系统中任何一个部门的管理人员只对其直接下属有直接的管理权；每个部门的员工都只需向自己的直接上级汇报。

职能型组织能充分发挥职能机构的专业管理作用，减轻直线领导人员的工作负担，减少组织对"个人英雄"的过度依赖，支撑企业的快速发展。

但是，职能型组织在发展中暴露的问题也日渐突出。"部门墙"开始形成，跨部门的协调变得越来越困难，有大量的事情需要各级领导去推动协调，企业资源被内耗，管理能力的提升滞后于业务的发展。

于是华为进入一个自主优化的阶段。华为在这个阶段开展了多项变革，不断规范管理体系，完善组织建设，包括引入 ISO 9000 质量管理体系、成立 QCC 小组负责品管圈全员改进、推进狼狈组织计划、组织市场部集体大辞职等。最主要的是华为组织专家编写了《华为基本法》，比较系统地定义了华为的"事业理论"。

1998 年，华为员工总数接近 8000 人，销售规模接近 90 亿元。这一年，华为聘请 IBM 咨询顾问对企业进行了流程改造项目，主要内容涵盖集成产品开发（IPD）、集成供应链（ISC）、客户关系管理（CRM）。2003 年，该项目获得了巨大的成功，华为的组织结构也跟随这些变化进行了相应的调整，建立了事业部与地区部相结合的二维矩阵型组织结构，如图 3-6 所示。

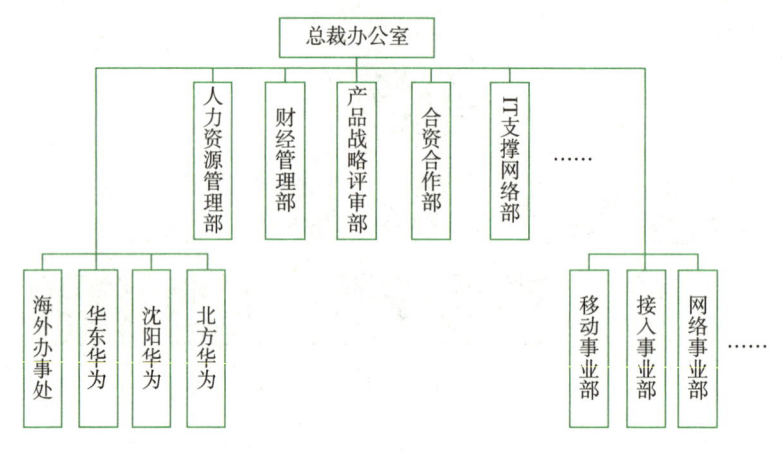

图 3-6 华为二维矩阵型组织结构

在这种二维矩阵型组织结构中，由企业总部（主要是企业职能部门）对企业公共资源进行管理，对各事业部、子公司、业务部门进行指导和监督。事业部在企业规定的经营范围内承担开发、生产、销售和用户服务的职责；地区部在企业规定的区域市场和事业领域内，充分运用企业的资源开展经营。事业部和地区部均为利润中心，承担实际利润责任，也是华为经济收益的主要来源。

在地区部负责的区域市场中，企业总部及各事业部不与之进行相同业务的竞争。各事业部如有拓展业务的需要，可采取会同作战或支持地区部的方式进行，这种会同作战的方式形成的管理结构就是矩阵型管理结构。

此时的华为已经由单一产品提供商向全面解决方案提供商转变，为了完成客户的多样化需求，华为的事业部在很多情况下都采用矩阵型组织结构进行联合作战，共同拓展客户需求。

华为二维矩阵型组织结构极大促进了华为战略的转变和成功实施。到了 2000 年，华为的销售额就已经突破 200 亿元。2003 年，华为的销售额进一步爆发式增长，突破了 300 亿元，这也为华为的全球化发展奠定了非常好的基础。

3.2.2 走向国际化，先建烟囱后拉通的矩阵型组织

华为的国际化早在 1997 年就已经开始，华为在东欧建立合资企业，以本地化模式开拓市场。经过近十年的努力，华为的市场覆盖了亚太、欧洲、中东、非洲及美洲地区，并于 2005 年实现海外销售收入首度超过国内销售收入，如表 3-2 所示。

表 3-2 华为开拓海外市场的时间表

进入年份	市场区域	主要国家和地区
1997 年	东欧	俄罗斯
1997 年	拉美	巴西等
1998 年	南部非洲	南非
1999 年	东南亚	泰国、新加坡、马来西亚
2001 年	欧洲	法国、德国、英国、西班牙、葡萄牙、瑞典等 26 个国家
2001 年	北美	美国、加拿大
2001 年	亚太	中国香港、印度尼西亚、尼泊尔、日本、韩国
2003 年	中东北非	埃塞俄比亚、尼日利亚、肯尼亚、毛里求斯、乌干达

随着业务在海外的不断扩张，华为的组织机构也越来越膨胀，内部出现了"大企业病"。

2010 年，华为员工张运辉以"五斗米"为笔名在心声社区发表了题为《华为，你将被谁抛弃》的文章，文中罗列了华为的"十大内耗"：① 无比厚重的部门墙；② 肛泰式（膏药式）管控体系；③ 不尊重员工的以自我为中心；④ "视上为爹"的官僚主义；⑤ 令人作呕的马屁文化；⑥ 权力和责任割裂的业务设计；⑦ 集权而低效的组织设计；⑧ 挂在墙上的价值观；⑨ 教条主义；⑩ 夜郎自大的阿 Q 精神。

尽管这是从华为底层发出的呼声，不见得一定正确，但是确实反映出当时华为或多或少存在的问题。

随着国际化进程的不断深入，华为也遇到了融合不同文化的挑战。例如，华为在进军欧洲市场时，招聘了不少欧洲本地员工。欧洲本地员工的素质较高，对自身的认同感强，而派驻在当地的中方员工则深受华为企业文化的影响。在初期，不同文化背景的员工在工作中经常发生冲突，彼此之间不信任。

在国际化之前，华为文化建设以《华为基本法》为宗旨，带有浓重的中国本土特色。为了解决不同文化之间的融合问题，华为对企业的愿景、使命和战略进行了重新界定，以便于海外员工、客户理解与接受。

在华为进军国际市场时，为了提高管理人员的思想观念和认识，任正非又发动了"内部大创业"运动。之所以发动这样的运动，是为了把那些不按流程做事的干部请出去，避免他们跟组织对抗，破坏团队凝聚力，降低组织的效能。

在这场创业运动中,华为劝退了 300 名干部,并把他们发展为华为的经销商。

随着华为所提供的产品服务逐渐脱离客户需求、研发投入效益低、产品开发周期长、客户满意度下降等多方面的问题逐渐凸显。为了突破企业发展的瓶颈,华为开始进行流程化变革,探索建立以客户需求为导向的产品线制组织结构,以支撑华为的国际化战略,如图 3-7 所示。

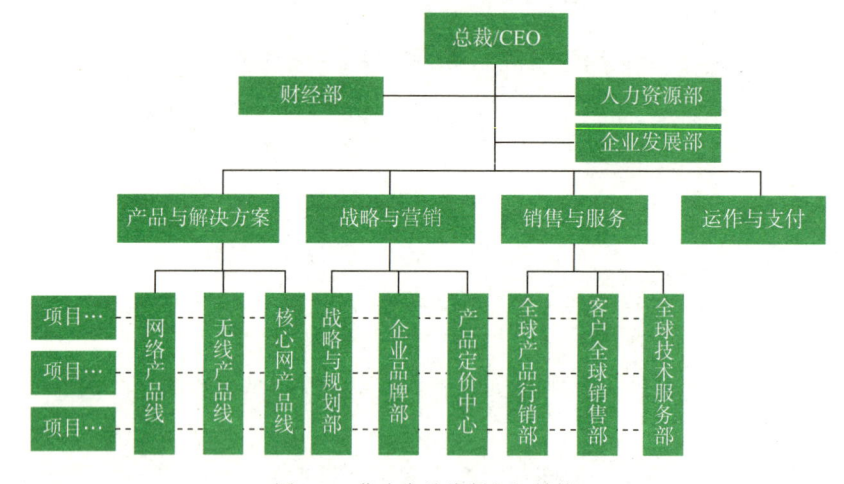

图 3-7 华为产品线制组织结构

这次组织结构的变革,使得华为以 IPD、ISC、CRM 为主干的流程更加成熟。同时,华为辅以财务、人力资源等变革项目,全面展开企业业务流程变革,引入业界的最佳实践,并建设支撑这种运作流程的完整 IT 框架。通过这次变革,华为各个业务流程得以稳固,职能部门的能力也像烟囱一样被拔高、建设起来。

华为这次变革与调整,为权力的重新分配及组织运营效率的提高作出了极大的贡献,使华为建立了一个与国际接轨的组织运作体系。同时,产品线制组织结构在横向打通价值链的情况下,能够更有效地和客户就产品和解决方案展开广泛交流,及时发现和满足客户需求,从而有力增强了华为的国际市场竞争力,对华为的发展发挥了重大作用。

3.2.3 从弱矩阵到强矩阵,迈向"以项目为中心"的流程型组织

2010 年,华为销售规模达到 1853 亿元,首次进入世界 500 强。华为在产品开发战略上采取了纵向一体化、多元化和国际化并举的战略,慢慢地由全面通信解决方案电信设备提供商向端到端通信解决方案提供商和客户或市场驱动

型的电信设备服务商转型。

而前面建立的以产品线为主导的组织结构也逐渐暴露出诸多问题：职能部门分工过细，机构重叠、数目众多；职能部门的烟囱建得越来越高，烟囱壁也越来越厚，部门间的"部门墙"变厚了，造成信息流不通畅，沟通成本高；组织官僚化，部分员工丧失进取心。

在产品线制组织结构下，负责业务管理的业务线和负责职能管理的资源线割裂，二者的责权不对等。资源线负责提供"炮弹"，对质量负责，承担责任；业务线有开疆拓土和呼唤"炮火"的权力，却不对资源负责。这导致业务线向资源线大量提需求，在拖垮了资源线的同时，也影响了项目目标的达成。

为了既发挥大平台的能力，又增强组织的灵活性，以保持企业对客户需求的快速反应能力，华为进一步提出"以项目为中心"，启动了 DSTE 闭环管理体系建设，开展了项目管理和知识管理变革，希望用强矩阵的方式来管理项目。

2014 年，企业业务的组织结构逐步调整为基于客户、产品和区域三个维度的组织结构。华为设立了面向三个客户群的 BG 组织，以适应不同客户群的商业规律和经营特点，并进一步为客户提供创新、差异化、领先的解决方案，如图 3-8 所示。

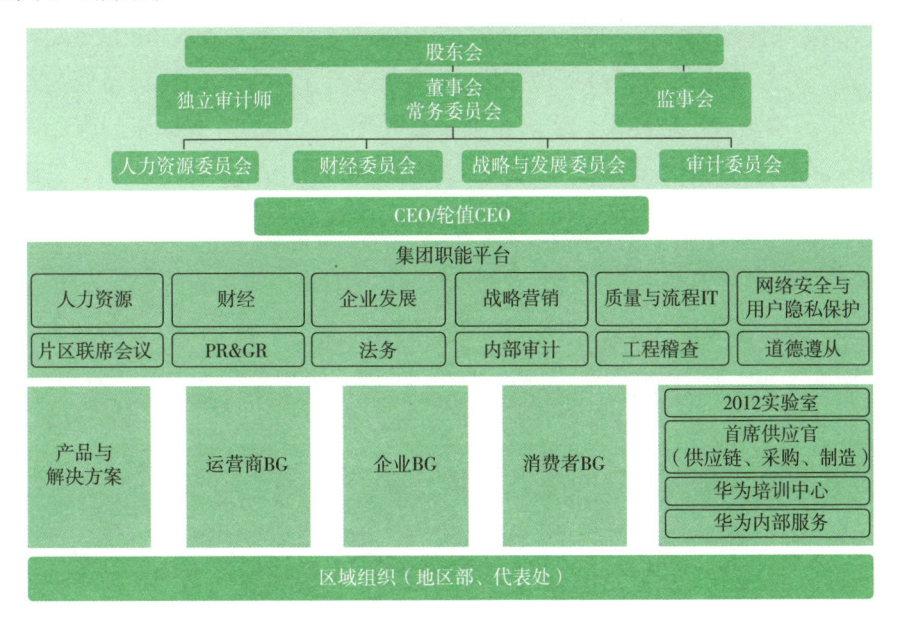

图 3-8 华为的组织结构（2014 年）

运营商 BG 和企业 BG 是华为面向运营商、企业和行业客户的经营组织，负责解决方案的营销、销售、服务和管理；消费者 BG 是华为面向终端产品用户的端到端经营组织，对经营结果、风险、市场竞争力和客户满意度负责。

新成立的"产品与解决方案"组织，面向运营商及企业和行业客户提供 ICT 融合解决方案，负责产品的规划、开发、交付和产品竞争力构建，通过打造更好的用户体验，支持商业成功。集团职能平台是聚焦业务的支撑、服务和监管平台，向前方提供及时、准确、有效的服务，在充分向前方授权的同时，加强监管。

华为的此次调整还进一步优化了区域组织，加大、加快了向一线组织的授权，使指挥权、现场决策权逐渐前移至代表处。在与客户建立更紧密的联系和伙伴关系，帮助客户实现商业成功的同时，华为进一步实现了自身健康、可持续的有效增长。

随着华为进入"以项目为中心"的运作阶段，通过对组织结构的调整，华为重点平衡了集权和分权的关系，使企业层面的战略制定和信息传递统一了步调；在小的战术上分散实施、自主经营、分灶吃饭；明确了以项目为中心的预算和考核机制，通过项目向职能部门进行资源买卖和资源评价，确保人人进项目，实现"内部资源的市场化"；明确了项目和职能部门间的分工定位，职能部门聚焦技术规划和能力建设，项目部门则组织好经营管理、业务管理和价值分配。

为了支撑战略的执行，华为在 2018 年又进行了新一轮的组织结构调整，将 2012 实验室、供应体系、华为培训中心和华为内部服务等原来的服务型事业部全部整合进集团职能平台，以便更好地对资源进行统一管理。此外还让消费者 BG 成为单独的区域组织，拥有更大的自主经营权，如图 3-9 所示。

集团职能平台						
人力资源	财经	战略营销	企业发展	质量与流程IT	网络安全与用户隐私保护	
总干部部	公共及政府事务		法务	内部审计	道德遵从	
2012实验室	供应体系		华为培训中心		华为内部服务	

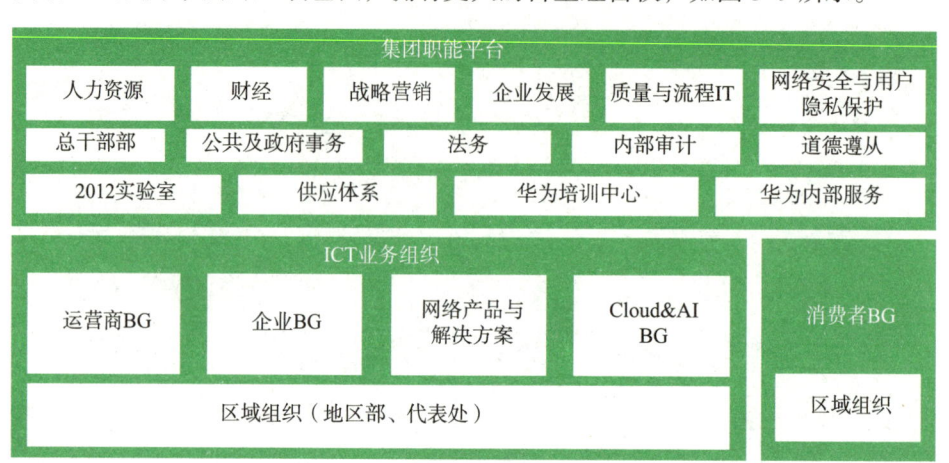

ICT业务组织					
运营商BG	企业BG	网络产品与解决方案	Cloud&AI BG		消费者BG
区域组织（地区部、代表处）					区域组织

图 3-9　华为的组织结构（2018 年）

截至 2021 年 7 月，华为官网的数据显示，华为的组织结构中又增添了智能汽车解决方案 BU，将 ICT 优势延伸到智能汽车产业，如图 3-10 所示。

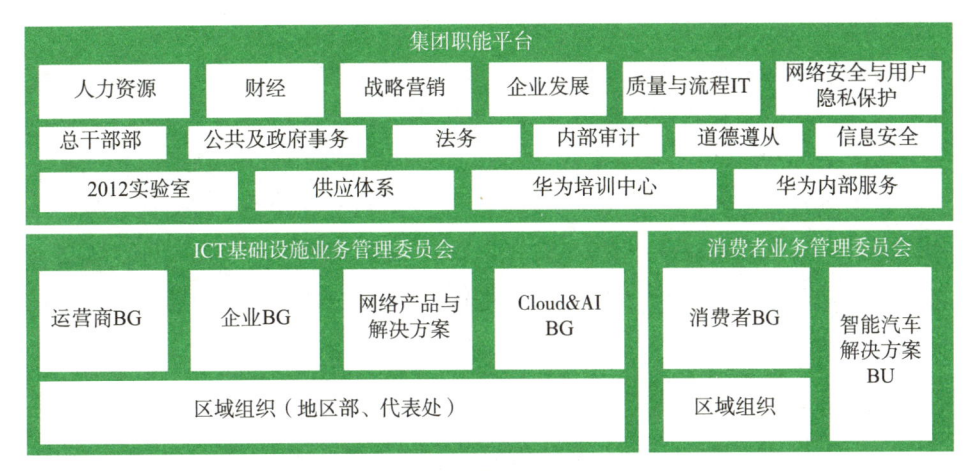

```
┌─────────────────────────────────────────────────────────────────────┐
│                          集团职能平台                                │
│  ┌──────┐ ┌──────┐ ┌────────┐ ┌──────┐ ┌─────────┐ ┌───────────┐  │
│  │人力资源│ │ 财经 │ │战略营销│ │企业发展│ │质量与流程IT│ │网络安全与用户│  │
│  │      │ │      │ │        │ │      │ │         │ │隐私保护   │  │
│  └──────┘ └──────┘ └────────┘ └──────┘ └─────────┘ └───────────┘  │
│  ┌──────┐ ┌──────────┐ ┌──────┐ ┌──────┐ ┌──────┐ ┌──────┐       │
│  │总干部部│ │公共及政府事务│ │ 法务 │ │内部审计│ │道德遵从│ │信息安全│       │
│  └──────┘ └──────────┘ └──────┘ └──────┘ └──────┘ └──────┘       │
│  ┌────────┐ ┌──────┐ ┌──────────┐ ┌──────────┐                    │
│  │2012实验室│ │供应体系│ │华为培训中心│ │华为内部服务│                    │
│  └────────┘ └──────┘ └──────────┘ └──────────┘                    │
└─────────────────────────────────────────────────────────────────────┘
┌───────────────────────────────────────┐ ┌─────────────────────────┐
│       ICT基础设施业务管理委员会        │ │    消费者业务管理委员会   │
│ ┌──────┐┌──────┐┌────────┐┌────────┐ │ │ ┌──────┐ ┌────────┐     │
│ │运营商BG││企业BG ││网络产品与││Cloud&AI│ │ │ │消费者BG│ │智能汽车 │     │
│ │      ││      ││解决方案 ││  BG    │ │ │ │      │ │解决方案 │     │
│ └──────┘└──────┘└────────┘└────────┘ │ │ └──────┘ │  BU   │     │
│                                       │ │          └────────┘     │
│    区域组织（地区部、代表处）          │ │        区域组织          │
└───────────────────────────────────────┘ └─────────────────────────┘
```

图 3-10　华为的组织结构（截至 2021 年 7 月）

在 30 多年的发展历程中，华为多次调整组织结构以支撑战略执行，助力企业向新的发展阶段进化，使组织紧跟战略、随着战略进行动态调整。华为要保持业务的持续增长，不断开拓新的业务领域，也必将进行组织的不断创新和进化，以适应更为复杂多变的市场竞争环境。

3.3　流程型组织：基于流程分配权力、资源及责任

彼得·德鲁克曾说："当你交给一个人一项责任的同时，别忘了赋予他相应的权力。"权、责、利对等，是组织和企业有序运行的关键。

组织中一旦出现权、责、利不对等的情况，就会对员工的工作心态、工作结果产生不良影响。德石羿团队一直致力于为企业客户打造权、责、利均衡的流程和组织结构，对齐战略，对齐业务，最终最大限度地释放企业的活力，让企业各层级、各部门共同致力于伟大的价值创造。

3.3.1　前拉后推，对齐客户的流程型组织

华为今天取得的成绩离不开管理体系的建立，而整个体系是依靠流程型组织来支撑的。任正非也曾说："我们所有的目标以客户需求为导向，充分满足客户需求以增加核心竞争力。我们的工作方法，其实就是一系列的流程型组织

建设。"

所谓流程型组织，就是基于流程来分配权力、资源及责任的组织，与流程化运作无关的人员及部门都必须精简掉。

在流程型组织中，业务流程直接对客户负责并将组织中不同的职能统一起来，以统一化的流程管理取代职能分工和专业化协作。

从图 3-11 中可以看出，不同的流程会牵涉不同的部门，某项流程的相关人员可能来自不同部门，也可能来自同一部门，集结起来为流程服务。整个组织就是由一个大的项目团队和多个小的项目团队组成的，每个项目团队通过达成各自的任务目标，共同支撑企业发展目标的实现。这有利于解决不同职能单元间协作不顺畅的问题，也能促使组织依据客户需求变化而灵活调整。

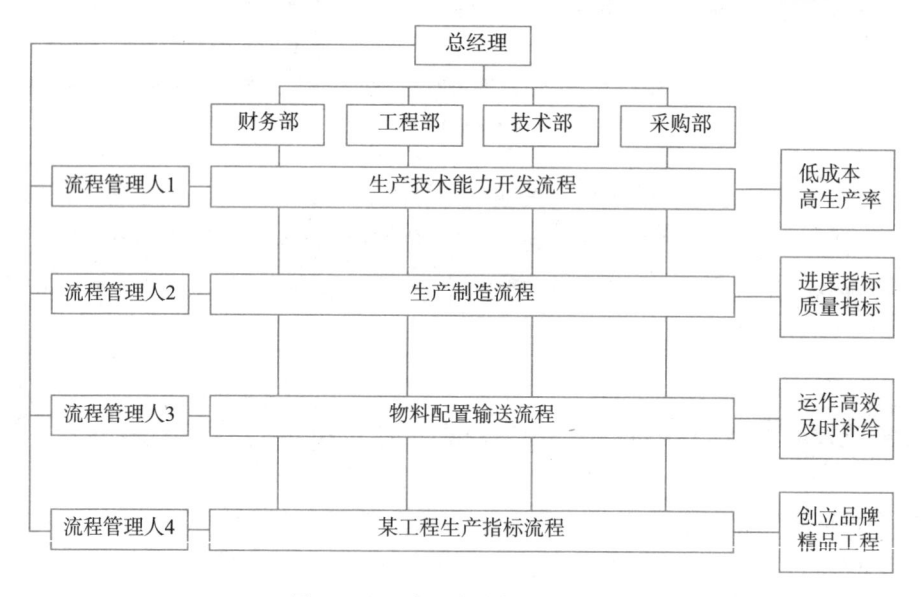

图 3-11 以流程为导向的组织结构

在任正非看来，以客户需求为导向建立流程型组织，可以及时地为客户提供满足其需求的优质产品和服务，并同时实现组织运作的高效率。

2009 年，任正非在文章《谁来呼唤炮火，如何及时提供炮火支援》中表示："要把我们的组织改革从后端推动变成前端拉动，这是一种大的改革。我们过去的组织和运作机制是'推'的机制，现在我们要将其逐步转换到'拉'的机制上去，或者说是'推''拉'结合、以'拉'为主的机制。推的时候，是中央权威的强大发动机在推，一些无用的流程、不出工的岗位，是看不清的。拉的时候，看到哪一根绳子不受力，就将它剪掉，连在这根绳子上的部门及人员全都并入后备队中，这样组织效率就会有较大的提高。"

华为建设前端拉动为主、后端推动为辅的流程型组织，要求所有业务对准客户，所有组织对准业务，而所有流程必须反映业务的本质。在前端建设上，一线为客户提供服务，并让"听得见炮声"的人来"呼唤后方的炮火"；而后端则由管理型组织向服务型组织转变，由后方为一线提供服务，一线就是后方的客户。

在流程型组织的拉动下，整个管理体系由原来的管理职能向服务职能转变，组织定位发生了根本性的变化。管理部门转变成了资源部门，后方变成了系统支持力量，能够及时有效地为前方提供服务，并对风险进行分析与监控。各职能部门的定位，就是三个中心：资源中心、服务中心和能力中心。

流程型组织的建设完全不同于传统职能型组织，我们需要打破固有的思维，按照以客户需求为起点、从下往上的逻辑来进行组织建设。

【案例】华为建设流程型组织的逻辑

1998年，IBM在对华为当时的管理现状进行了全面诊断后，给出的解决方案是华为必须建设流程型组织。于是从1998年与IBM合作进行IPD体系变革开始，华为的流程型组织建设也正式起步。

任正非在一次员工座谈会上强调："我们所有的目标都是以客户需求为导向的，充分满足客户需求以增强核心竞争力。我们的工作方法，其实就是IPD体系等一系列流程型组织建设。明确了目标，我们就要建立流程型组织。有了一个目标，再有一个流程型组织，就是最有效的运作了。"

那么，这个过程又是如何展开的呢？图3-12展现了华为依据流程打造组织的基本逻辑。

华为的"布阵点兵"心法强调："根据战略决定要不要设组织，根据业务流决定如何设组织，根据生命周期设置组织导向，根据组织导向挑选合适的干部。"

这四句话直指组织建设的本质，第二句所阐述的便是流程与组织之间的紧密关联。在布阵（组织设计）时，要关注从客户需求起始的业务流，通过厘清业务流的上下游关系，让组织和组织之间形成合力，彼此之间多递"投名状"，自然而然地形成协同性组织；在对流程进行梳理并优化后，要整合组织的各项职能和资源，向流程型组织持续进化。

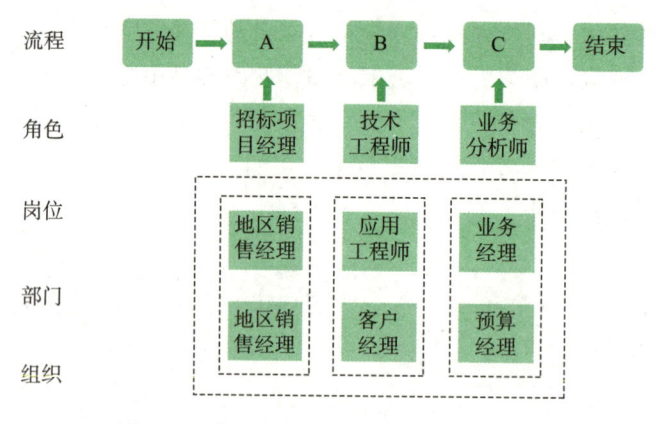

流程	开始 → A → B → C → 结束
角色	招标项目经理 / 技术工程师 / 业务分析师
岗位	地区销售经理 / 应用工程师 / 业务经理
部门	地区销售经理 / 客户经理 / 预算经理
组织	

图 3-12　华为依据流程打造组织的基本逻辑

时至 2022 年，华为创立已有 30 多年。这些年来，华为紧密围绕客户需求，逐步探索并建立起流程型组织，以系统的管理制度实施规范化管理，及时为客户提供满足需求的优质产品与服务，以高水平的组织理性状态推动着企业的持续进步与发展。

如今，客户端对企业的需求正发生着日新月异的变化。任何企业要想快速识别和把握客户需求，都必须足够重视流程对组织的重要作用。企业必须避免官僚化、打通"部门墙"，将所有活动纳入流程之中，让流程贯穿于组织结构之中，辅以对应的管理体系，打造领先的、优秀的流程型组织，从而夯实组织高效运作与优质经营的堤坝，这也是实现组织理性的一个基本原则。

3.3.2　权力和资源下沉，打赢"班长的战争"

大部分企业实行的是高度中央集权模式，权力和资源集中在组织的最上方，然后自上而下层层分解，这是为了防止因权力和资源分散，而造成企业失控的局面。

随着企业的发展与壮大，市场环境及需求的变化速度不断加快，集权式的权力结构很容易造成过分依赖领导者或管理者、机构臃肿、决策效率低等问题。

为了避免企业臃肿和大企业病，任正非在华为内部强调，华为要实现权力的下放，沿着流程来确定责任、权力和角色，以提升组织效率，实现建设"以客户需求驱动的流程型组织"的目标。

【管理研究】双向权力系统是流程型组织成功的关键[1]

习风在《华为双向指挥系统：组织再造与流程化运作》一书中指出，流程型组织让企业的权力不再依托组织这一单一渠道，而是将权力分成管理权和指挥权。管理权和指挥权分别依托组织和流程进行授权。简而言之，流程型组织是管理权和指挥权双向权力系统构成的组织。

所谓管理权就是对资源的管理权力，指挥权则是对业务进行指挥的权力。习风在书中指出："在传统的科层制体制中，管理权与指挥权合而为一。这种权力的运作机制使业务流程被部门权力割断，流程成为部门的附属而无法端到端拉通。流程型组织的双向权力机制将指挥权从管理权中独立出来交给流程管理体系，这可以驱动整个企业在按流程办事的同时，让管理权对指挥权形成良好的监督。"

任正非希望授予前线更多的权力，让前线有战争的指挥权，就像"班长的战争"那样，班长能指挥战争，因为班长最贴近前线，最了解敌情，但班长本身并没有多少直属的兵，即授权用兵但不大量屯兵。以前的战争主要靠将军来指挥，今后的战争应该靠班长来指挥。

班长需要拥有依据前线业务发展实际情况来调度资源、果断决策的授权。华为的班长虽然并不"位高"，但必须"权重"，因此班长也必定是精英中的精英。只有这样才能改变自上而下的企业科层制官僚体系，真正赋能前方一线组织，实现权、责、利的统一。

由班长来指挥战争，并不意味着班长孤身一人在作战，在其后方有强大的资源支持平台，其核心是在组织和系统支持下实现任务式指挥，实现一线呼唤"炮火"。这种作战方式，其实质就是高效平台上的精兵作战方式。

任正非在2017年2月6日的讲话中指出："就像军改以旅、营、连为基本组织一样，我们也模仿旅（大地区部、机关、资源中心）、营（代表处作战平台）、连（代表处系统部、项目管理中心）。我们也要用现代工具减少我们的管理层级，增强一线的作战能力与现场决策权力。华为将来除资金管理、财务管理、审计与内控由中央集权外，在数据全透明的基础上，会将经营决策的权力下放到作战团队。团队有权、有责、有利，自己制约自己。如果一个营拥有一个师的作战能力，那么营长就是师职，少将连长就自然产生了。"

华为的做法主要参照了现代战争的特点，借鉴了现代军队的改革思路，"军委管总、战区主战、军种主建"，"养兵"和"用兵"分离。

---

[1] 习风.华为双向指挥系统：组织再造与流程化运作[M].北京：清华大学出版社，2020.

为了提升军队战斗力，现代化军队改革形成了军政和军令系统双轨制。军政系统主要负责对机关和部队的领导和管理，以及军种训练、后勤保障等事务，即"养兵"。军令系统负责对部队的作战指挥、控制、协调和联合训练等，即"用兵"。

与此对应，在华为则是代表处主战，对经营结果负责。代表处能根据客户与自己的情况，拥有客户选择权、产品选择权、合同决定权，能够决定各产品行销的份额与价格，因而能对机关及地区部进行有效制约和呼唤"炮火"支援。

机关及地区部的资源中心、能力中心主建，对"炮火"质量负责。代表处通过工时或者服务工单按照市场关系向资源中心或者能力中心购买"炮火"。

用任正非的话说就是："主战主建分离，养兵用兵分离。养兵平常在各资源中心、能力中心进行，各自训练，从难、从严、从实战出发；系统部用兵的时候就进行合成，弹头拥有作战指挥权。代表处的主要责任是'种地、产粮食'，大代表处的作战指挥权要进一步向系统部下沉。代表处的主要责任是'把地种好'，大代表处的系统部作为一个作战部，还是聚焦于'多产粮食'。成熟业务作战指挥权在代表处和系统部。"

华为将行政管理和作战指挥权力分离，使高层和机关聚焦战略制定、方向把握及资源调配，战略资源集中布局。另外，通过清晰的授权规则进行合理授权，华为将战术指挥重心下沉一线，战术资源贴近一线作战部队，从而快速有效地响应客户需求，实现了组织灵活、轻便、高效的运作，提升了组织的敏捷性和适应性。

笔者及德石羿团队在给很多大企业做咨询工作的时候，经常采用华为这种借鉴现代军队作战的方法，给它们设计这种新型、高效的战略组织架构，并取得了非常好的效果。

总之，首先，用流程去持续总结和迭代业务的最佳实践；其次，坚持用组织而不是个人去承载流程的运营；最后，用大平台支撑、用项目制去分配企业的权力和资源。也就是说，建设"以项目制为核心的流程型组织，最终保证企业克服机构臃肿和大企业病，打赢现代企业竞争中'班长的战争'"。

3.3.3 多军种协同作战，保证强大战斗力

任正非曾说过，现代战争的特点就是前端组织变得全能，身上带着各种电脑和装备，都是精兵强将；远程火力配置强大，借助卫星、宽带、大数据等技术手段，通过导弹群、飞机群、航母集群等来实现。不过呼唤这些炮火的不再

是位于塔顶的将军，而是身处前线的作战单元。

华为充分学习借鉴了现代战争的作战思想，将不同的区域机构定位成"海军陆战队"。区域机构规模小、装备轻，具有综合作战能力，爆发力强，是华为设置在市场一线的作战单元、精兵组织，其通过不断提高客户界面的综合协调能力，利用华为的平台，及时、准确、有效地完成一系列力量的调节、调动。

为配合精兵组织在前方作战，华为以区域机构为依托建立了"重装旅"组织。华为的精兵组织为前沿单位，当发现战略机会点时，"重装旅"组织则提供强大的"火力"支援，帮助他们抢占"上甘岭"。任正非指出："'重装旅'是指集中全球优质力量，快速机动响应战场呼唤的组织。我们培养'重装旅'的目的，就是要攻下战略机会点。"

过去的代表处是"满员师"和"整编师"，都有自己的战斗预备队，而且队伍都很大，这样就造成了极大的资源浪费。"重装旅"组织的人才循环作战有效解决了这些问题，将来代表处的组织是"架子师"，主要构成是精兵，不足的战斗力就从资源中心进行补充。

【案例】华为"重装旅"组织成立背景

2014年7月，华为"重装旅"组织正式宣布成立，下设HRBP部和亚太、欧洲、美洲三个分部。"重装旅"组织成立的目的有两个：一是提供解决方案。前方精兵组织负责发现客户需求，满足客户需求。在此过程中，当客户需要专业的解决方案或需要处理重大问题时，"重装旅"组织就派出解决方案人员或团队，围绕客户需求提出解决方案或处理问题。二是为重要工程的技术交付、维护提供专家服务。华为遇到重大的交付项目时，会调配全球优秀专家至该地区，负责处理交付中的各种事项。

华为的"重装旅"组织重在提供解决方案，因此它们首先是把有相关经验的专家集中起来以便全球化使用。"重装旅"组织并没有指挥权，输出的专家主要负责支撑。任正非说："当代表处遇到战略机会点时，需要'重装旅'来填补空缺以构成合适的战斗组合，这个组合应该是前方说了算的，而不是后方塞进去的。作战指挥权应该还是在代表处手里，'重装旅'是个资源池，更多是在技术上助攻，并根据代表处的需求提供作战资源。"

为了保持人才流动的持续性，华为还组建了"战略预备队"进行赋能训战，以实现员工的能力转换，提升企业的战略目标建构能力，以及为企业培养各级专家及管理人员。"战略预备队"选拔人员的主要来源有三个：①每年绩效考核排在前25%的优秀人才；②外派至出现系统性风险（重大战乱、自然灾害等）的海外国家或地区的工作人员；③在结构性业务改革中要裁撤的一些产品开发组织原有的工作人员。

"战略预备队"通过赋能不仅可以提升员工的综合能力，充分激活个人的能量，而且当出现战略机会时，"战略预备队"还可以作为灵活的机动部队快速补位。

资源强大的后方能为前方提供充足的弹药，提供饱和式攻击，但同时也会为资源的调配与协调带来巨大的挑战。针对后方服务前方，任正非提出要建立后方和前方的信任体系，即平台要改变过去的定位，其支持的服务要联勤化、共享化，提高效率和效益。

联勤化就是要求后方联合勤务，不要让前方不停去协调后方各种资源。前方只管往前冲，后方依据前方的指令，联合所有业务进行联勤服务。后方之间的协调困难要留给自己，前方就是发一封电子邮件、打一个电话就行了。通常企业的市场人员抱怨最多的就是协调难，经常要给这个打电话，给那个打电话。任正非指出："这就不是联勤，这样不仅效率很低，而且后方的官僚之风会越来越严重。"

共享化就是前方能够与后方平台共享资源，也就是后方在服务的同时也能够提供资源。华为针对确定性业务，比如交付、服务、财务管理、供应链管理等，建立了平台制和共享制。这种联勤化、共享化为华为的前后端信息传递提供了及时有效的支持、服务及分析监控。

各个兵种之间只有实现高度的协同化，结成"胜则举杯相庆，败则拼死相救"的共同体，才能真正形成强大的战斗力，保证前线部队多产"粮食"。

3.4　流程型组织的支撑保障

将组织建设成流程型组织，所有员工都要面向流程，除了沿着主干流程确定组织结构，再沿着流程匹配角色和岗位，还需要不断夯实组织运作的支撑体系，建设组织成员认可的流程文化，建立流程变革的长效机制，并不断调整组织形式以适应流程变化，构建支撑流程运作的管理平台等。

3.4.1　以业务和价值为导向，形成流程文化

很多企业在学习华为进行组织变革时，可以达到"形似"但很难做到"神似"，其原因是华为除了建立了强大的流程和组织体系，还建立了在华为"以

客户为中心，以奋斗者为本，长期坚持艰苦奋斗和自我批判"的理念基础上的流程文化。

流程即业务，组织即业务，项目即业务，所有的一切都是基于价值创造而有机整合的。因此，从更广泛的意义上来讲，重视流程本质上就是重视长期、持续的价值创造。

如果组织内部在流程管理工作上没有达成共识，没有认同流程文化，对于流程工作的推动不是出于对流程重要性的认知，那么流程工作的推行、流程型组织的变革将难以顺利推进，也难以产生良好的价值和效果。

【案例】华为提倡以奉献精神促进流程型组织建设

华为的高层十分重视通过提倡奉献精神来促进周边流程的协调，任正非也曾强调，一个人或一个团队的进步是不够的，要使整个周边流程都能进步，取得良好的结果，才能说明整个流程的进步和优化的确实现了。华为的管理体系强调，在工作中没有完全绝对或穷尽的职责划分，总有些工作在现有的流程体系下没有对应的责任人，但要实现整个流程的高效运转，这些工作又必不可少。因此，需要在组织内形成一种意识或关系，即主动承担周边环节边界模糊、没有具体责任人的工作。

任正非认为，流程型组织持续发展的关键是在部门内部形成奉献关系，员工自动自发地对组织内部其他有需求的同事提供助力，才能促成整个组织的进步。

在这种奉献精神氛围的影响下，华为在业务发展的过程中逐渐形成了"自愈合"机制。这种机制强调，当项目出现问题时，周边流程和相关的部门应主动寻求最优化的解决方案，这样在流程间的协作中就能顺利化解困难，无须将问题放大到由主管进行协调的地步。

在华为内部形成了这种客户导向、奉献型的组织关系后，管理者就能站在全流程发展的视角，主动让自己的部门承担组织边界或岗位边界比较模糊的工作，从而保证流程的顺畅执行了。

企业要进行组织变革，首先应该从企业文化入手，从改变观念开始，要善于将组织变革的观念、思想根植于全体成员的内心。企业要强化干部和员工对变革的强烈紧迫感，让大家认识到企业在竞争环境、市场地位、技术趋势和财务业绩等维度上令人不安的一面。同时，企业还要确立指引变革方向的明确愿景，让大家知道企业为什么要变革，朝哪个方向变革。此外，企业还必须把阻挡变革的"拦路虎"消灭掉，把变革的障碍清除出去。

只有把组织变革的文化融入组织的血液，将新的态度和行为方式深化为共同的价值观，变革才能继续深化，才能持久。

可见，在组织内部形成一种被团队成员认可的流程文化，对于推动流程型组织建设工作至关重要。基于业务导向建立起来的流程体系要根据业务的变化及时调整，然而将流程文化嵌入企业文化中，往往不会受到业务和需求变更的影响，涉及需要文化变更的概率很小。即便是不同的企业，在流程文化方面也包含几类同样的因素。

通常来说，企业建立流程文化时可以重点关注以下内容。

（1）全流程意识。全流程意识要求流程中的每一个员工都要关注全流程的结果，而不仅仅关注本岗位的输出，即以全流程的眼光对市场变化做出快速响应，从而为客户提供满意的产品和服务。

（2）以客户为中心的意识。流程中的每个部门、每个员工都秉承"我们存在的理由和价值就是为客户服务"的理念，认真、积极地倾听客户的声音，主动把握客户的需求，努力为客户交付合格的产品和服务。

（3）目标导向意识。目标导向意识要求流程中的成员能完整地理解流程，学会从流程整体去把握流程的真正目标。

（4）团队协同意识。由于流程管理通常会跨越多个部门，这就要求员工要有团队协同意识，破除本位主义，为实现共同的流程管理目标而努力。

（5）奉献意识。在横向流程与纵向职能部门匹配的过程中，总会存在一些流程分工边界模糊、没有明确责任人的环节。这就需要相邻流程的员工主动参与协调，形成以奉献关系为基础的组织关系，推进流程的顺畅运行。

（6）效率意识。提高企业运作效率是流程设计的目的之一。流程中的每一个员工都要树立效率意识，保障流程运作的效率。

（7）创新意识。创新对企业来说非常重要，拥有创新活力的组织才能在流程优化中不断取得突破性改善，保持追求卓越的动力。

无论多么完善的流程都要随着业务和环境的变化及时调整，而通常流程制度的设计往往跟不上环境的变化，此时就需要流程文化来弥补。当组织中形成了流程导向的文化及员工认同的流程文化时，团队成员会积极主动地采取有效的行动来应对环境的变化，从而提升整体流程绩效。

3.4.2 流程必须迭代，保证持续高效地创造价值

在咨询工作实践中，经常有企业家向笔者抱怨："前年刚设计的流程体系，怎么一转眼就运作不畅了呢？是流程本身的问题还是执行人的问题？"

实际上，很多企业家没从本质上认识到，流程从来就不是一个固定的东

西。流程是业务的反馈，更进一步地讲，流程应该是业务最佳实践的总结。企业的业务发展到哪里，流程就要随之变化或者说迭代进化到哪里。

【案例】一位快速消费品行业管理者的苦恼

一位快速消费品行业的管理者曾说了这样一段感受："我们曾经在全国推出过一个名号响亮的产品，但是，如果按照这个流程再推出一个产品，难度却很大。因为在当前的市场环境中，如果想推出一个新品，需要考虑的因素非常多，比如产品终端、媒体付费、广告版本、产品考核期、产品投入产出比等，哪个因素也不能少。销售部每次完成阶段任务考核之后，都需要对原来计划的广告投放和促销细节等进行调整。过去的新品上市流程，往往难以再次满足新一轮的实际需要……"

这家企业曾经有过成功的新品，最初的新品上市流程曾一度成为业内人士学习的榜样。但是，如今这家企业计划再推出一个新品，却遭遇了极大的掣肘……仅仅过了两年时间，该企业就必须开始优化流程了。

可见，流程管理的过程是一个不断优化甚至再造的过程。即便是一家已经取得成功的企业，如果它不能长期持续地进行流程改进，那么最终必然遭遇困境，无法实现永续经营。企业唯有面向业务需要，持续优化流程，才能使其流程及时应对外部变化，才能推动自身朝着更好的方向进一步发展。

流程的持续优化形成了流程的一次次迭代，从方法论的角度来说，流程体系的迭代过程是一个 SDCA 循环与 PDCA 循环交互的过程。

SDCA 循环与 PDCA 循环既有所区别又有所联系，如图 3-13 所示。

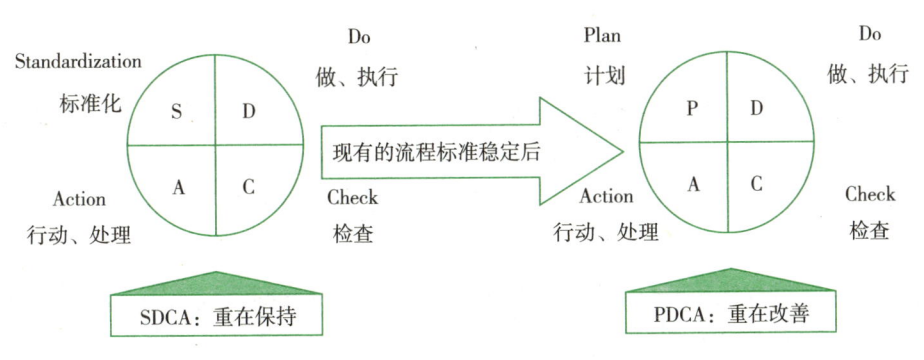

图 3-13　SDCA 循环与 PDCA 循环的区别与联系

流程体系的标准化过程实际上就是 SDCA 循环的过程，而 PDCA 循环的过程则是推动体系优化与迭代的过程。在实践中，任何企业的流程体系迭代都必然经过这两个循环，在一次次震荡与稳定的过程中，推动企业流程体系水平持续提高。

企业要将流程体系优化与迭代视为一项长期工作，但是这一工作会受到很多因素的影响，比如企业上下对流程的认知和理解、企业当下的管理水平、老板的观念、员工的技能水平、企业业务内容与流程复杂程度、流程管理宽度与管理难度、企业的优势资源与短板等。所以企业在开展流程优化和体系迭代工作时，应该不断总结经验，逐步形成一套流程变革的长效机制。

流程优化是一项系统性的工作，往往涉及企业多个部门，并不是一个部门可以单独完成的，需要一个统筹协同的虚拟流程优化组织来保障流程优化工作稳步落地。不同的企业由于业务情况的差异，其流程优化组织的形态也有所不同。图3-14简要阐述了常见的虚拟流程优化组织的架构。

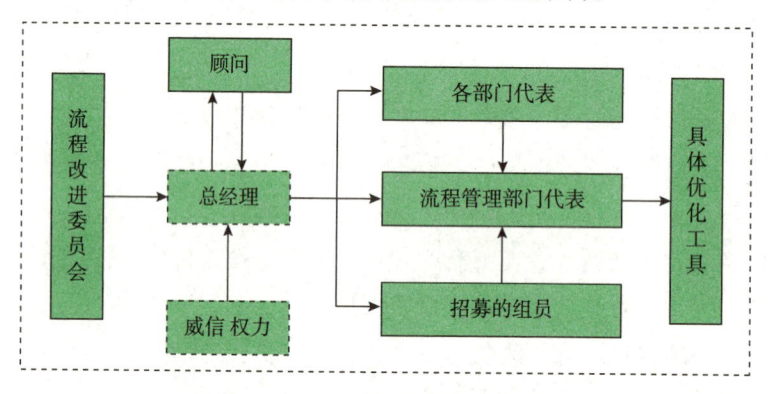

图3-14　虚拟流程优化组织架构[①]

由图3-14可知，这个虚拟流程优化组织并不一定是独立存在的，它可以整合到具体的流程变革项目中，组织形式也可以根据具体的任务进行变更。流程优化工作往往涉及众多职能部门，需要多方共同推进。因此，虚拟流程优化组织需要一个强有力的领导，可以是专门分管流程管理工作的高管或总经理。与此同时，在流程管理方面具有丰富的流程再造和变革经验的管理者可以担任顾问，参与指导实际的流程优化工作。

为保障流程优化的持续推进，企业还需要建立配套的管理机制。例如，将流程优化与绩效考核捆绑，并设计相应的奖惩措施，以提高流程优化工作中各主体的积极性与主动性，保障流程优化效果。

任正非提出：华为人要在具体的流程管理工作中，持续进行小改进，不断

[①] 陈立云，金国华．跟我们做流程管理[M]．北京：北京大学出版社，2010.

归纳、梳理、分析流程问题，通过对某个环节或节点的小改进，逐步形成与企业总经营目标相符的流程管理体系。

任正非将"小改进，大奖励"视为华为的一个长远战略。只要每个员工都坚持从自身做起，不断地改进现有工作，持续地"小改进"，这些量变积累到一定程度，就会发展为质变，从而提升企业的核心竞争力。

为了进一步强调"小改进"的重要性，任正非还将"小改进，大奖励"与"从实践中选拔干部"紧密结合起来，从而进一步推动员工树立"小改进"的思想意识。任正非认为，坚持"小改进"，还有助于提升各级干部的素质，确保华为保持旺盛的生命力。

笔者一贯赞成任正非经常讲的"小改进，大奖励"和"大建议，只鼓励"。一个企业的流程应该是渐进的、迭代的，不能动辄推倒重来。企业的政策鼓励流程优化过程中的小改进，就避免了出现严重的、大范围的流程问题，减少了大规模流程优化带来的时间成本。

当前，市场竞争环境每天都在发生变化（如出现新的竞争格局，市场份额下滑，价格压力加大，竞争对手在质量、成本、速度等方面更有优势），技术发展日新月异（如产品及业务加速多样化，技术创新极快，不确定性增加），政策也在不断调整（如监管环境压力加剧，资本市场要求更规范），这些都要求企业具备快速反应与应对的能力。但组织流程本身并不具备自我进化的功能——它无法主动、及时地自我改变。因此，企业的管理者要主动建立组织流程变革的长效机制，持续不断地优化流程规范，这样才能使企业获得持续生存与发展的机会。

3.4.3 流程决定组织，优化组织去承接和运营流程

关于组织和流程的关系，我们经常有一个很形象的比喻："企业的组织与流程应像眼镜蛇一样，蛇头不断地追随目标摆动，拖动整个蛇身随之而动，其中各关节并不因摆动而不协调。"这里的蛇头就是流程，而蛇身则是组织。

在流程型组织中，流程决定组织，而不是组织决定流程。所有组织要么贯穿在主流程中，要么就在支撑流程中为客户间接创造价值，否则，这样的组织就没有存在的意义。当组织与流程不匹配时，要调整组织以适应流程，而不能为了组织专门设计流程，因为流程是为了业务和作战而存在的，不是为了服从组织而存在的。

基于业务导向和客户需求所形成的流程体系是水平运行的，而组织体系通

常是垂直管理的，因此流程被职能部门分成了不同的片段，各职能部门只对范围内的局部流程负责，部门外的、没有落实的职责就会出现责任人空缺的问题，这些中间环节的不顺畅会导致整个流程运行效率低下。

此时的管理者应该站在全流程发展的视角，及时识别组织边界或岗位边界处比较模糊的工作，不断弥补组织漏洞，确保流程的各个环节都有相应的责任人。图3-15描绘了全流程运行中可能出现节点责任人空缺的环节，即流程与职能部门匹配不当的问题。

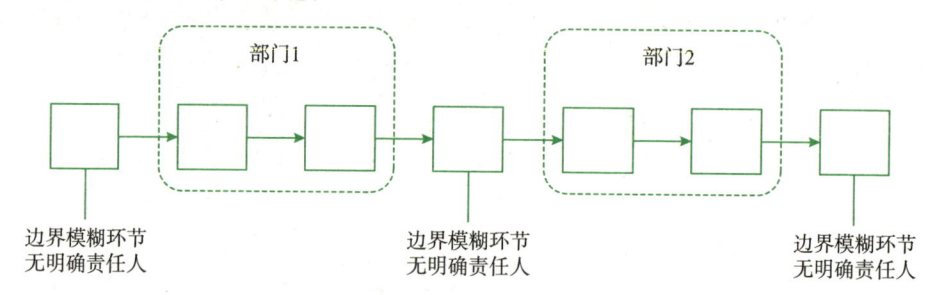

图 3-15 流程与组织职能部门匹配不当的问题

由图3-15可知，横向流程与纵向职能部门在匹配过程中，总会存在一些流程分工边界模糊、没有明确责任人的环节，也就是流程中的"断点"。要推进流程的顺畅运行，就必须在组织上尽快弥补这些断点，调整组织的结构和职责，使之与流程相匹配，确保组织能够承载流程中定义的各个角色及职责要求，从而避免节点衔接不顺所造成的阻碍。组织与流程越匹配，组织能力与流程要求越匹配，流程运作就越顺畅，组织效率就越高。

流程型组织设计的第一步是沿着流程进行宏观组织匹配。我们可以借助4R分析工具来明确流程推进过程中组织调整的方向，并判断组织设置的合理性。

4R分析工具是华为沿着流程进行宏观组织匹配常用的方法。4R表示流程运行中的四种角色，分别是AR、TR、PR、CR，具体如表3-3所示。[①]

[①] 来源于公众号文章《从组织结构、流程梳理到责权手册！万字长文，详解组织的运作系统及运行机制》。

第 3 章 能力建设：对准价值，建设流程型组织　　77

表 3-3　4R 分析工具

角色	具体描述
AR	管理并执行流程，是流程的管理者。每个流程只能有一个 AR
TR	执行整个流程或流程中的大部分活动
PR	执行部分流程，即流程中的部分活动
CR	执行不同客户场景下的整个流程或大部分活动

　　4R 分析工具界定了流程中组织的不同角色。借助 4R 分析工具可以明确流程运作过程中组织调整与优化的方向。图 3-16 示范了如何利用 4R 工具从宏观上分析组织与流程角色的匹配性。

流程	组织1	组织2	组织3	……
1	AR	AR	AR	横向分析
2	PR	PR	CR	
3	TR	PR	CR	纵向分析
4	TR	PR	CR	
5	TR	PR		

图 3-16　利用 4R 分析工具分析组织与流程角色的匹配性

　　通过横向分析与纵向分析，我们从图 3-16 中可以发现几个问题：从横向上看，流程 1 中存在多个 AR；从纵向上看，组织 1、组织 2、组织 3 均在多个流程中扮演相同角色，即存在同一个组织职责过多的问题。

　　利用 4R 分析工具宏观分析了组织与流程的匹配性后，我们就能发现组织中哪些地方需要调整，哪些地方需要优化。一般来说，根据 4R 分析工具分析组织与流程的匹配性时，需要注意以下问题：

　　（1）关于 AR，有两种情况。一是同一个流程存在不止一个 AR。AR 有且只能有一个，在同一个流程中存在多个 AR，就表示有"多头领导"现象。一旦出现"多头领导"，就会降低流程的运行效率，增加部门冲突。在这种情况下，就要重新分析组织权责，并最终在流程中确立一个 AR。二是流程中没有 AR，这就会导致流程"无人管理"，流程运行变得困难。

（2）关于 TR、PR 和 CR，也有两种情况。一是一个组织单元在不同的流程中承担过多 TR、PR、CR 角色，这意味着同一个组织单元参与执行多个流程。在这种情况下，需要企业思考是否能将部分流程角色拆分给其他组织单元。二是一个组织单元承担过少的 TR、PR、CR 角色，这就需要企业思考是否需要在流程中增加该组织单元的职责或直接取消该组织单元。

笔者经常强调，对于企业特别是大型组织而言，最核心的是业务流程，因为流程是创造价值的最佳载体，流程的首要特性就是创造价值。

业务流程应该以满足客户需求为根本并创造价值，具体就是将多个输入转化为对客户的价值输出。因此，流程是位于组织之前的。尽管流程和组织有着明晰的对应关系，但当流程与组织不匹配时，企业就需要调整组织以适配流程。这就是我们所说的流程决定组织。

3.5　组织持续变革，多产"粮食"和增加"土壤肥力"

管理学家彼得·德鲁克说："我们无法左右变革，我们只能走在变革的前面，变革是无法避免的事情。"

随着内外环境的变化，组织需要不断变革。在过去的30多年中，华为能够持续获得成功，主要在于能够持续进行组织变革，突破组织桎梏。

在 SDBE 领先模型中，之所以强调"以项目制为核心的流程型组织应该成为一个卓越企业追求的管理体系建设目标"，就是因为组织建设的复杂性。

3.5.1　打破秩序，重构平衡，激发活力，持续发展

组织变革的含义表明，变革是组织实现动态平衡的发展阶段。当组织原有的稳定和平衡不能适应新形势的要求时，就要通过变革来打破原有的稳定和平衡，但是打破它们本身不是目的，目的是建立适应新形势的新的稳定和平衡。

维持组织的秩序和激发组织的活力，是一个长久的议题。矛盾是常态，和谐是暂时的。保证企业发展不偏航、不失速，并且在左右摇摆中寻求动态平衡，既是科学，又是艺术。伟大的企业家都致力于寻找这个动态平衡。

在发展初期，企业重在追求市场的快速扩张，常常忽视对组织制度和流程的建设，容易陷入混乱与无序的状态。为了实现可持续发展，企业会进行制度建设，营造有序的发展环境。但是，随着制度的不断建设，管理的过度化又会带来新的问题：层级复杂、效率与公平的冲突、市场部门与机关的冲突等。

华为在引入西方各国先进的管理经验和制度后，变得越来越秩序化，越来越讲究流程，但与此同时，也难免出现组织僵化的大企业通病。就如同人一样，年轻的时候生机勃勃，到中年就变得更理性了，而理性的另一面就是世故，缺乏激情，不敢决策，不敢冒险，到老了的时候可能就变得很惰怠，缺乏动力与活力。

任正非认为，企业同所有事物一样，熵增的存在及其引发的结果最终会使其走向死亡。组织的所有努力都是为了延缓它的死亡，使它在存活期间能够更健康，并使这个健康状态更持久。激情衰退、活力衰减的问题，在组织体系内会不断地滋生，要不断通过变革去消除它，但也别想着一劳永逸地解决它，它会不断地冒出来。任何组织概莫能外。

幻想企业没有矛盾、没有冲突，这本身就是一种乌托邦，是不可能的。没有矛盾、没有冲突，企业将走向僵化甚至死亡。所以，伟大的企业都会有意制造有序的张力，或者说通过自我"折腾"来激发组织的活力。

构建秩序与激发活力永远是矛盾的，任正非强调华为人要坚持自我批判，不断地进行管理变革："我们必须打破平衡，通过不平衡刺激发展，但我们也确实需要一些合理的平衡手段。"这样做的目的是通过不断地打破秩序、重建平衡的循环来有效防止大企业病的产生，从而实现企业持续的发展。

现代企业组织都是开放的社会技术系统，组织想要维持和发展，必须不断调整和完善自身的结构与功能，提高在多变背景下生存与发展的灵活性和适应能力。管理学大师彼得·德鲁克曾告诫企业，需要每隔 6～12 个月就打开企业的"天窗"，看一看外面的世界。华为多年来一直坚持组织的变革，提升组织的人力资源管理效能，以符合业务发展的需要，力求达到多产"粮食"和增强"土壤肥力"的目的。

2011 年华为推出了"云管端"战略，围绕 IT 和 ICT 融合坚定地往一体化方向发展。所谓"云"，就是基于云计算的企业数字化平台服务，主要对应企业业务；所谓"管"，就是连接云和端的数据通道，主要对应运营商业务；所谓"端"，就是用户手里的终端设备。

华为基于"云管端"一体化战略，开始了新一轮对华为组织结构的优化调整：打破传统的功能型组织结构，转为以项目为中心的强矩阵组织结构。华为内部强调，此次组织结构优化需重点做好集权和分权的平衡，在企业级的战略制定和信息发布上统一步调，在小的战术实施上分散实施、自主经营、分灶吃饭。以项目为中心的强矩阵组织结构有助于资源随业务的变化而动态匹配，促使组织更快速且准确地对市场变化做出响应。

如今的企业，为了适应复杂、不确定的外部环境，应对消费者瞬息万变的需求，抓住互联网与知识经济的发展机遇，就需要从过去金字塔式的、科层制的垂直组织结构逐渐向扁平化、网络化的组织结构转型，使组织变得更轻、更快、更简单、更灵活。

组织作为一个不断适应环境变化的有机生命体，要从静态向动态发展，与外部环境不断进行能量交互与置换。不断变革、创新并进化升级将成为一种常态和生存方式。

3.5.2 军种负责"炮火"，向资源平台与能力中心转型

在咨询工作中，经常有企业家问笔者："华为主张让听得到'炮声'的人来呼唤'炮火'，给一线以权力和资源，对结果负责。我们在实际工作中，已经充分向一线授权，但还是解决不了问题。到底是为什么？"

在实际工作中，我们也发现很多企业家对这个策略有很大误解。很多时候，企业家实行懒政，把本该自己肩负的管理责任也推卸出去了。因此，笔者经常反问企业家："您的总部的'炮火'（能力）建设得如何？在一线面临业务困难时，总部的资源和能力是否能够帮一线解决问题？"

总部职能部门最重要的职责是什么？就是建设能力！总部职能部门应该从单纯的管理和监控中心向资源平台和能力中心转型。"炮火"在哪里？当然应该在企业总部。

企业应该根据发展战略与市场需求情况，积极搭建资源平台，将内外部优质资源整合在一起，实现资源配置与客户需求满足间的最佳匹配，为客户提供更加优质的产品和服务，为企业赢得更多创造价值的机会，从而提升企业的核心竞争力。

华为作为一家全球化的企业，为了支持战略目标的实现和业务发展的需要，秉承开放、吸收全球智慧的理念，立足于世界不同国家的资源优势，在全球建立了几十个能力中心，吸引了全球顶级的专家和科学家。

华为轮值董事长胡厚崑表示："在资本、人才、物资和知识全球流动，信息高度发达的今天，'全球化公司'和'本地化公司'这两个过去被分离的概念逐渐统一起来。华为的商业实践要将二者结合在一起，整合全球最优资源，打造全球价值链，并帮助本地创造发挥出全球价值。"

华为在全球建立了众多专业能力中心：

（1）研发中心和研究所。主要吸纳当地优秀人才进行技术攻关和突破。例如，在印度设立软件工程研发中心，在法国设立美学研发中心，在俄罗斯设立数学研发中心等。至今，华为在海外已有近20个研发中心和研究所，其中主要的研发中心和研究所如表3-4所示。

表3-4 华为主要的海外研发中心和研究所

国家/地区	研发中心和研究所
俄罗斯	莫斯科数学研发中心
印度	班加罗尔软件工程研发中心
日本	材料研究所
法国	数学研究所、美学研发中心、家庭终端研发中心、无线标准研发中心
德国	柏林技术标准研究领域研发中心、慕尼黑研发中心、纽伦堡能源技术研发中心
意大利	米兰微波能力中心
瑞典	斯德哥尔摩研发中心、隆德终端领域研发中心
罗马尼亚	布加勒斯特研发中心
比利时	布鲁塞尔研发中心
美国	达拉斯研发中心、加州硅谷研发中心
波兰	华沙研发中心

（2）培训中心。华为在澳大利亚、美国、马来西亚、日本、印度、俄罗斯、德国等几十个国家和地区设立了培训中心，主要满足华为全球人才的培训需求，包括部分客户的培训需求等。

（3）财务中心。华为先后在新加坡、罗马尼亚、中国香港设立了财务中心，在英国设立了全球财务风险控制中心，以监管和防范华为全球业务的运营风险，确保公司财经业务规范、高效、低风险运行。

（4）HR共享中心。包括中国、马来西亚HR共享中心，主要职责是实现全球HR的共享和高效服务，处理包括人事、社保、薪酬等基础的HR业务。

（5）行政中心。为加强和高端商界的互动，华为在美国、法国及英国等商业领袖聚集国家或地区设立了本地董事会、咨询委员会或行政中心，目的是提高全球运营效率。

（6）供应链中心。包括匈牙利欧洲物流中心、巴西制造基地、波兰网络运营中心等。这些供应链中心的建立，极大地提高了华为的全球交付能力和服务水平。

建设能力中心的目的是吸纳当地人才或利用当地各种资源、环境优势，以满足全球业务高效发展的需要。

华为资源平台和能力中心的建设，不仅吸纳了全球的优秀、顶级人才，整合了全球资源，而且也更好地为 BG 和区域组织提供了优质、高效的支持服务，使它们更加聚焦于客户，支撑了华为的全球化战略和卓越运营。

3.5.3　业务军团，多兵种穿插作战，打破组织边界

军团模式是华为最高管理层结合华为在困难期的业务特点，在进行"以项目为中心"的运作和组织变革时，针对如何更好地结合业务与组织，提出的最新管理实践。

军团模式最早来自谷歌（Google）。2019 年，华为总裁办转发了一篇名为《Google 的秘密军团》的文章。这篇文章以通俗易懂的方式解读了谷歌的军团运作模式，并在华为内部引发了热议。在产品创新方面，2004 年拥有三万多名员工的微软却比不上只有 2000 多名员工的谷歌，主要是因为当时谷歌采用了一支奇兵——博士军团，将研究、开发、市场、用户等各个部门之间相互打通，战斗力极强。

在以 5G 通信为代表的 AI、大数据、云计算等各种新兴技术的驱动下，全球范围内各行各业正处在数字化转型与产业升级的浪潮中。华为在帮助客户进行数字化转型的实践中，发现客户的需求和华为的技术不能很好地匹配：要么是现有的技术满足不了客户的需要，要么是有些技术客户想用但没办法有效组合起来，形不成解决方案。在谷歌军团模式的启发下，华为尝试采用军团模式进行突破。

2021 年 10 月 29 日，华为在松山湖园区举行军团组建成立大会，煤矿军团、智慧公路军团、海关和港口军团、智能光伏军团和数据中心能源军团五大军团成立。这五大军团由华为创始人任正非直接领导，和华为三大业务运营商 BG、企业 BG、消费者 BG 属于同一级别。

任正非表示："我们采取军团化的改革，就是要缩短客户需求与解决方案、产品开发和维护之间的连接，打通传递过程使其快速简洁，减少传递中的物耗和损耗。"按照任正非对于军团组织的定义，军团组织能够"打破现有组织边界，快速集结资源，穿插作战，提升效率，做深做透一个领域，对商业成功负责，为公司多产'粮食'"。

华为以前的企业 BG 下涵盖了好几个行业业务部，每个行业业务部又横跨

了多个子行业，业务范围相对较大。当这些子行业越来越多、越来越复杂的时候，企业 BG 就很难深度聚焦到某一个子行业，从而无法围绕客户的需求痛点精准匹配产品和解决方案。

军团组织人员规模较小，通常在百人以下，但个个都是精兵强将。任正非曾说："天才少年就像泥鳅一样，能钻活华为的人才队伍。"而军团也有着钻活组织的能力。它甚至比泥鳅身子更长，通过横向拉通钻活华为庞大的组织。

如图 3-17 所示，军团的钻活能力在更大程度上促进了内部组织的横向拉通，比目前的 BG 等组织横向拉得更长，如军团可以拉通到基础研究，而 BG 不能；军团可以卖各个 BG 的产品，而 BG 不能卖其他 BG 的产品。

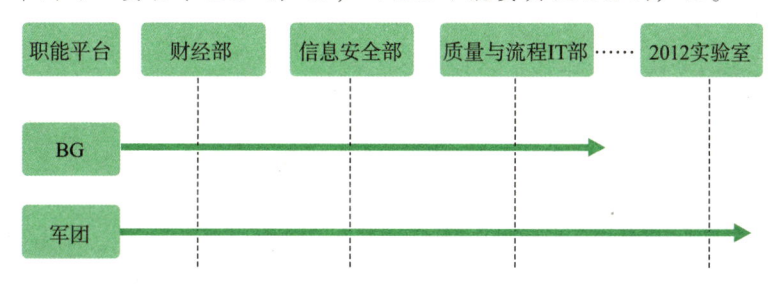

图 3-17 华为军团组织横向拉通

华为进行的军团化组织变革，就是要把以往的部门建制打散，围绕具体的业务场景以军团的形式重新构建组织。简单来讲就是把原来企业 BG、运营商 BG、云 BU 等核心部门的科学家、技术专家、产品专家、工程专家、销售专家、交付与服务专家等将才整合在以单个细分场景为单位的独立部门中，对诸如煤矿、光伏、公路、能源、海关等领域进行技术专攻，做深做透，为客户提供更为全面和专业的解决方案。

任正非在成立军团组织时，基于行业特点设计组织和运作架构，提出了"强代表处、小机关、大平台"的新作战模式。华为的各种资源更多地集中在代表处层面，很多的决策权也授予代表处，代表处是从收入到盈利再到战略目标落地的组织。而军团则作为野战军，面向代表处穿插作战。军团规模小却具备完整的营销服务能力，对内部资源进行横向和纵向的拉通，并通过向代表处赋能，支持代表处作战。

华为自 2021 年成立军团之后，已经逐步取得了一些成绩。

煤矿军团：携手合作伙伴发布了基于工业互联网架构、有开创性意义的全新智能矿山解决方案，涵盖华为矿鸿操作系统、矿山全光工业网、智能矿山融合 IP 工业网、矿山智慧园区、智能作业辅助系统等应用，煤矿军团已签下了多个项目订单。

华为智慧公路军团：2021 年 11 月 25 日，与江西省交通投资集团在南昌签署合作备忘录，双方将共同打造江西智慧高速路样板，推动江西省交通行业数字化转型升级。

海关和港口军团：2021 年 11 月 5 日，与山东省港口集团签署战略合作协议，双方将合力把山东港口打造成为具有高质量、高竞争力的世界级港口标杆。

智能光伏军团：2021 年 10 月 16 日，与山东电力建设第三工程有限公司签约沙特红海新城储能项目。该项目储能规模达 1300MWh，是迄今为止全球规模最大的储能项目，也是全球最大的离网储能项目。

华为数据中心能源军团：与迪拜水电局签约合作，负责承建中东和非洲最大的太阳能供电数据中心。按照规划，2022 年 5 月投入第一期数据中心项目的使用。数据中心园区整体规划面积超过 10 万平方米，将完全采用绿电驱动，是中东和非洲最大的低碳数据中心。

华为军团已慢慢在各行各业撕开口子，扩大市场空间。其中，作为最早成立的煤矿军团，已经将沉淀的方法论复制到其他矿山领域，实现了业务的迅速扩张。截至目前，华为已经相继成立了三批共 20 多个军团组织，覆盖了煤矿、公路、光伏、物流、港口、显示、健康、金融及 AI 等多个行业。

华为成立的军团分为两类：一类是行业军团，这类军团是囊括研发、营销、服务体系的完整组织，直接穿插到对应的代表处共同作战，面向一线客户；另一类是产业军团，也叫产品组合军团，产业军团偏向打造产品方案。这些方案既可以直接面对客户交付，也可以集成到各军团的行业解决方案里。军团的组建，正是华为为企业业务的重点领域和场景挖掘新的战略机会点，在自身能力范围内进行的一次自救性质的组织变革。

第 2 篇

战区篇

以客户为中心，多产"健康粮食"

第 4 章　双轮驱动：创新 + 客户，均衡价值牵引

身处极速变化的 ICT 产业，华为从小到大、从大到强、从国际化到全球化的转变，就是由研发创新和客户市场驱动的。

坚持客户导向，并始终坚持以创新来持续建设华为的能力，即满足客户需求的技术创新，积极响应世界科学进步的不懈探索，并坚持在 ICT 的战略主航道不偏航，是华为能够不断发展和进步的源泉。

创新是为了更好地服务客户，创造价值；客户是价值的导向，可以更好地引导创新，最终也是为了更好地创造价值。

双轮驱动的本质，就是从创新和客户两个既矛盾又统一的方面，来体现如何更好、更快地创造价值。

任何想向华为学习和借鉴管理经验，或者对 SDBE 领先模型感兴趣的企业家，都可以从双轮驱动的机制中有所悟、有所得。

4.1　创新驱动，持续构筑企业强大的"护城河"

对于一个国家和民族而言，创新是发展进步的灵魂和不竭动力；对于一个企业而言，创新是寻找新的生机和出路的必要条件，是企业的立身之本、活力之源。

创新的本质就是企业勇于突破自身的局限，在有限的条件下创造出更多适应市场需求的新体制、新举措、新产品或新方案，为企业铸造牢固的基础，在激烈的市场竞争中，赢得新的增长点。

4.1.1　创新有风险，但不创新才是最大的风险

1912 年，著名经济学家约瑟夫·熊彼特就在他的代表作《经济发展理论》中，开创性地提出了"经济发展理论和创新思想"。在他看来，所谓"创新"，就是"建立一种新的生产函数，把一种从来没有的关于生产要素和生产条件的新组合引入生产体系"。这个概念包括五种情况：生产一种新的产品，采用一种新的生产方法，开辟一个新的市场，获取或控制原材料或半制成品的一种新的供应来源，实现任何一种工业的新的组织。

约瑟夫·熊彼特提出的概念让我们认识到创新的机会其实存在于企业产品

诞生的全流程中。不要一提到创新就想到颠覆、改变世界或者做出一个全新的爆款产品，大多数创新都是不知名的创新，却很有用。如果能有重大创新当然是好事，但与此同时，我们更应该不断寻求各业务流程中渐进而持续的创新机会。

在科技迅速发展的时代，企业需要通过创新来保持业务增长。

管理学中有个理论叫"第二曲线"。任何一个业务品类，它的发展形态都是一条S形状的曲线。企业为了把主营业务越做越好，需要进行渐进式创新（也叫连续性创新）。当一个业务品类刚开始出现的时候，投入是高于产出的，但连续性创新不可能无限持续下去。随着突破点的出现，该业务品类经过一段时间的快速增长达到增长极限后就开始呈下滑趋势，直至这个品类消失，整个过程呈现出一个S形的曲线，这是企业的"第一曲线"。

企业要保持持续的业务增长，就必须开辟第二曲线，也就是新的业务增长方向。由于第一曲线和第二曲线不在同一条曲线上，中间就不是连续的，所以第二曲线的创新也称为非连续性创新，如图4-1所示。

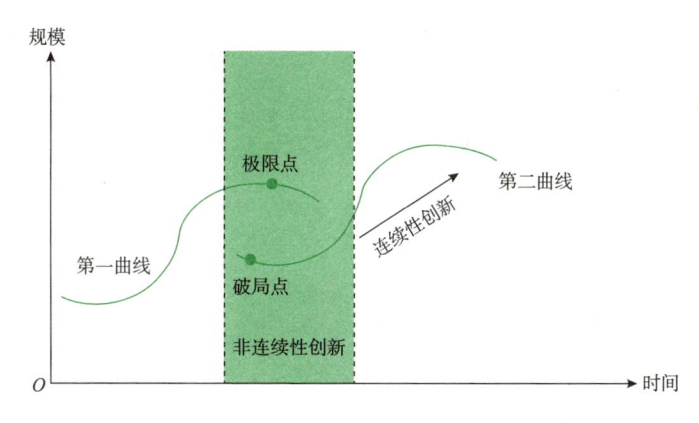

图4-1 第一曲线和第二曲线

比如，字节跳动的第一曲线是新闻领域的今日头条，第二曲线是短视频领域的抖音。再比如，微软的第一曲线是电脑操作系统和软件，第二曲线是企业级云计算服务。

企业要想基业长青，就必须坚持创新，一方面尽量延长第一曲线的生命，另一方面随时准备启动第二曲线，以抓住新兴的市场机会。

尽管任正非本人并不擅长技术研发，可是在研发投入、技术战略布局上，绝对是一位有远见卓识的顶尖企业家。他认为，人类社会正处在一个转折时期，未来二三十年内将变成智能社会。智能社会将是信息大爆炸的社会，这个时期将充满巨大的机会，但因为信息洪流来得太猛了，那些没有方向、没有实力的奋斗是不能产生价值的。以强危机感著称的华为需要在信息洪流中打造一艘面向不确定性的诺亚方舟，构建未来 10～20 年的生存能力，使华为成为未来少数可以活下来的企业之一。

任正非提到的诺亚方舟就是于 2011 年成立的"2012 实验室"，该实验室专注于 ICT 领域前沿技术，进行面对未来不确定性的探索。

【案例】华为 2012 实验室

2012 实验室是华为研究机构的总称，是任正非受到电影《2012》的启发，于 2011 年创建的。它以基础科学研究为主，专注于 ICT 领域前沿技术，进行面对未来不确定性的探索。

2012 实验室是华为的"创新特区"，是华为的创新、研究、平台开发的责任主体，是华为探索未来方向的主战部队，也是华为整体研发能力提升的责任者。它既代表华为未来的核心竞争力，也代表华为自身的基础研究水平。

2012 实验室是一个超级庞大的组织，设有六个二级部门，分别为中央研究院、中央硬件工程院、中央软件院、中央媒体技术院、研发能力中心、可信理论技术与工程实验室。

2012 实验室旗下还有很多以世界知名科学家或数学家命名的实验室，如香农实验室、高斯实验室、谢尔德实验室、瓦特实验室、欧拉实验室、图灵实验室等。华为还在世界各地，包括中国、美国、日本、俄罗斯、法国、德国、瑞典、印度等国家建立了近 20 个研发中心和研究所，如图 4-2 所示。

2012 实验室成立后也取得了许多惊艳全球的硬核研究成果，截至 2021 年年底，华为的有效专利数量已经超过 10 万个。

自 2015 年起，华为定期举办"十大发明"（Top Ten Inventions）的评选活动，迄今已进行了四届（2015 年、2016 年、2019 年、2021 年）。其中很多发明都引领了产业的方向，比如超级快充、全光交叉、5G 超级上行、达·芬奇架构、融合存储系统、全焦拍照、灵活以太等。

2019 年，经过多年技术攻坚，华为推出了惊艳全球的鸿蒙系统，这是一款多终端、分布式操作系统，可以在智能电视、智能手表、智能音箱、智能手机、智能家居等所有的智能终端上使用，是未来物联网（Internet of Things, IoT）时代的最佳选择。鸿蒙 OS+HMS 生态是华为在系统软件领域的超级"大招"，只要做好了这两块，华为就会成为硬件领域和软件领域的"双王者"。

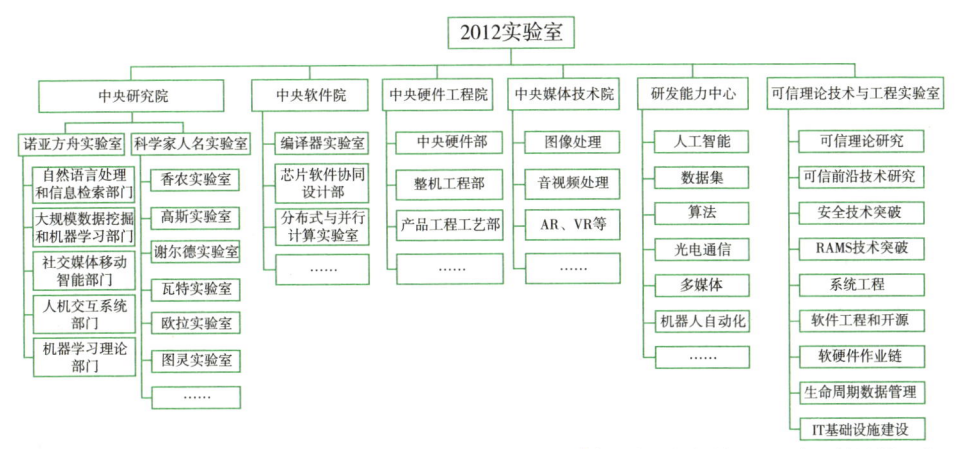

```
                            ┌─────────────┐
                            │ 2012实验室  │
                            └─────────────┘
```

图 4-2　华为 2012 实验室结构图

- 按地域划分，在世界范围内还有近20个研发中心和研究所，其所在地包括美国、日本、俄罗斯、法国、德国、瑞典、印度、意大利、罗马尼亚、比利时和波兰等国家。

很多企业从发展之初只有一个产品、一种商业模式或者管理方式，后来始终没有发展或确立创新机制。这样的企业可能会有一定的规模，但长期发展肯定会受限。

持续的创新促使华为从一个弱小的民营企业快速地成长、扩张，成为全球通信行业的领先者。

创新，有风险；不创新，很危险。企业正确的做法应该是：在把控风险的情况下进行适度的创新，持续加强企业的核心能力建设。

4.1.2　以创新打造核心竞争力，应对市场不确定性

华为发布的 2021 年年度报告称，华为全球销售收入为 6368 亿元，同比下降近 28%，但净利润却同比增长 75.9%，达到了 1137 亿元。按华为首席财务官孟晚舟的说法："我们的规模变小了，但我们的盈利能力和现金流获取能力都在增强，企业应对不确定性的能力在不断提升。"

而这都与华为始终坚持在研发领域通过高投入打造核心竞争力密不可分。自 2018 年开始，华为尝试在技术路线、供应链、底层理论上加大研发投入以对抗来自外部的各种压力。

华为轮值董事长郭平表示："未来我们的生存和发展要依靠研发领域的强力投资，华为正在增强基础技术和前沿科学方面的突破和研究。面向未来，我们还会保持压强式的研发投入，华为的问题不是节衣缩食能够解决的，而是要

进行系统架构的优化、软件性能的提升和理论的探索。同时通过解决技术和工艺的难题，构建一条高速、可信、可靠的供应链。"

2021年，华为研发投入达到了1427亿元，占全年收入的22.4%，创历史新高，十年累计投入的研发费用超过8450亿元，如图4-3所示。

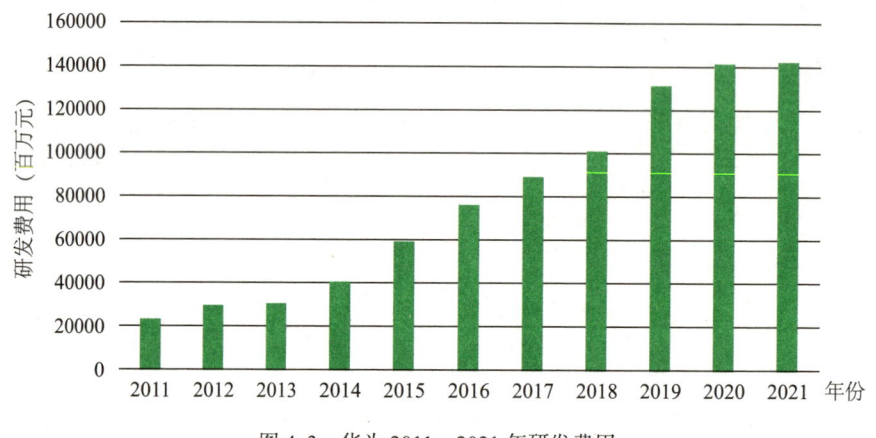

图4-3 华为2011—2021年研发费用

坚持研发的高投入，让华为在技术研发领域取得累累硕果，在SDH光传输、接入网、智能网、信令网、电信级Internet接入服务器、112测试头等领域开始处于世界领先地位，密集波分复用（Dense Wavelength Division Multiplexing，DWDM）、C&C08 iNET综合网络平台、路由器、移动通信等系列产品挤入世界先进行列。

拿专利技术来说，华为已经连续多年取得国际专利申请量前几名。根据欧洲专利局公布的《2021年专利指数报告》，华为以3544项专利申请量排名第一，超越三星、LG、爱立信、西门子等，如图4-4所示。

这些专利有助于华为在科技行业取得更大的优势，保持华为全球化的竞争活力。因为专利代表技术积累，会带来知识产权保护，从而建立起更加牢固的技术壁垒，这样将帮助华为迈向更遥远的未来，以及开拓更广阔的市场边界。

2002年，华为曾受到西方企业密集发起的专利进攻，说华为侵犯了某些专利。这使华为领导层意识到，要想走出中国，在全球尤其是在发达国家市场获得立足之地、取得成功，就必须坚守知识产权的底线。为此，华为提出了"08战略"，就是在2008年前用五年时间构建自己的知识产权体系。

单位：个

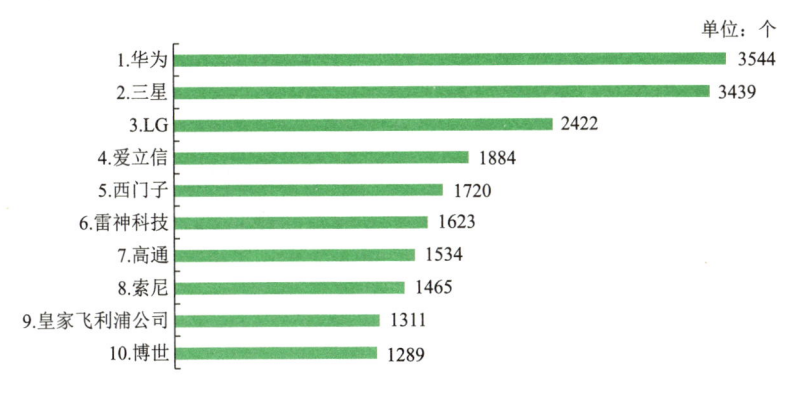

企业	专利数
1.华为	3544
2.三星	3439
3.LG	2422
4.爱立信	1884
5.西门子	1720
6.雷神科技	1623
7.高通	1534
8.索尼	1465
9.皇家飞利浦公司	1311
10.博世	1289

图 4-4　2021 年欧洲专利申请量排名前十的企业

到了 2008 年年初，华为形成了由核心专利和无数普通专利构成的专利体系，终于具备了和竞争对手平等谈判的基础。比如，美国、英国等国家虽然放弃了华为的 5G 设备，但因为华为持有大量的 5G 专利，对 5G 标准的制定有关键话语权，所以就算它们不选择华为的设备，也必须缴纳 5G 专利费。有产业关键专利在手，华为将具备很大的竞争优势，从而获得大量订单并赚取专利收入。

华为在芯片、5G、操作系统、云服务等领域的不断突破和技术创新，也让其扛起了中国科技大旗，带领中国科技企业打破西方科技城墙的一座座技术堡垒，闯下属于中国科技的一片天地。

4.2　客户和技术双轮驱动，不可偏废

华为是一家对技术创新有持续追求的企业，任正非在一次讲话中提到："我们把'以客户为中心'讲多了以后，可能会从一个极端走向另一个极端，会忽略'以技术为中心'的超前战略。将来，'以技术为中心'和'以客户为中心'之间的关系像是拧麻花一样，一方面'以客户为中心'做产品，一方面'以技术为中心'做未来架构性的平台，加大前瞻性、战略性投入，构筑华为面向未来的技术优势。"

4.2.1　把握创新风险，坚持客户导向，提升研发效率

任正非曾经说过："需求就是命令。我们要真正认识到客户需求导向是企业生存发展的一条非常正确的道路。"但是，"以客户为中心"并非简单地听客户说什么就是什么，而是要通过与客户深入交流，找到客户真正的痛点和需

求，打中客户需求的靶心。

很多时候，客户告知的可能是要求，它是一种确定的产品需求，有明确的产品功能、性能、尺寸等；但有的时候，客户告知的可能只是潜在需求，比如，客户需要一个行业最先进的电感器，但先进到什么程度，客户自己也不知道，只知道要比原来更好；还有时候，客户提出的是痛点需求，就是客户不得不去解决的问题，是一种被动需求，比如，根据环保要求，客户必须要解决的污水排放问题就是痛点需求。

所以针对客户提出的需求，企业要进行正确的分析、理解和有效的管理。华为在实施 IPD 变革之前，因为缺乏管理客户需求的方法，一直把注意力放在客户提出的需求上而没有进一步分析客户潜在的或者未来的需求，导致在早期开发了大量看上去不同但是实际上又非常相似的产品，并且客户紧急的需求也耗费了研发部门大量的时间和精力。而在实施 IPD 变革之后，通过对客户需求的管理，华为对于"以客户为中心"的理解也发生了变化，即更加强调产品开发过程，更加关注客户共性的需求和未来的需求，并使产品符合未来市场的发展方向。

由于需求比较难以描述和识别，过去需求分析大多依赖基于经验的主观判断，华为在引入 IPD 时使用了一种客户需求分析模型 $APPEALS 进行分析。

【案例】客户需求分析模型 $APPEALS

华为在引入 IPD 时，也从 IBM 引进了客户需求分析模型 $APPEALS 来理解客户需求。

$APPEALS 把需求分成八个维度：价值、可获得性、包装、功能性、易用性、保证程度、生命周期成本和社会接受程度。

（1）维度一：价值（$）

客户愿为其寻找的价值付出的购买价格及商务条款。比如，客户希望供应商帮助提高产品的外在品质感，这样营销的效率会更高。从本质上看，客户并不是让产品的成本更低，而是希望设计方案更有传播性，这样就能提高产品的营销效率。

（2）维度二：可获得性（Availability）

客户是否能便捷地获得你的产品或服务，包括渠道、到货周期、信息沟通等。比如，在外卖没有出现时，餐饮店的位置很重要。因为位置好而得到很大的曝光量和人流量，这是典型的解决了可获得性的需求。

（3）维度三：包装（Packaging）

包装既包含产品的外表包装，也包含软件的可视化的美观感。它是客户的非功能需求之一，但作用有时是决定性的。

（4）维度四：功能性（Performance and function）

产品或服务能提供的功能或效用。比如，餐饮的口感、味道，食材的健康程度，包括上菜的速度和服务是否周到等。

（5）维度五：易用性（Easy of use）

方便客户使用或维护。比如，SaaS软件系统的易用性非常重要，要简单易用，充分考虑用户体验。

（6）维度六：保证程度（Assurance）

保证分前保证和后保证。前保证是通过过去的实际表现提供的可靠性保证。比如，餐饮企业之前没出现过食品安全的事故等。后保证是一旦出现了问题，能够提供的补救措施或给予的赔偿。

（7）维度七：生命周期成本（Life cycle cost）

产品从购买到报废或停止使用所支出的所有费用，不仅包括可以使用的时间成本，也包括使用的能源消耗成本、维护成本、升级或二次开发成本。

（8）维度八：社会接受程度（Social acceptance）

其他人如何看待这个产品，包括品牌、口碑、法律关系、社会责任、环保安全等。

$APPEALS需求分析模型不仅可以用来理解客户需求，使企业知道需求要解决的最核心的问题在哪里，还可以让企业对产品及市场上的竞品进行评估，分析优势和劣势，从而确定策略，最终完成满足客户需求的交付，甚至超出客户的预期。

华为通过对客户需求的分析，将客户需求分为长期、中期和短期需求，将研发人员的主要时间和精力从紧急需求、定制产品开发中解放出来，重点关注和探索客户的共性需求和长期需求，更好地积累核心技术能力，平台化、系列化地研发产品，使得产品和服务更加结构化且面向未来，和企业的长期战略保持一致，从而实现客户需求和研发效率的合理平衡。

华为根据对未来的需求分析，还将技术开发和产品开发合理地分割开来，在每年制定的未来五年战略规划及下一年度的经营计划和年度预算中，分别体现产品路线图和技术路线图。产品路线图主要描述企业产品和服务的长期方向和发展战略，它影响企业产品开发项目的立项和执行过程。技术路线图则主要描述企业的技术路线，它指明了行业未来发展的关键技术，指导了华为对于技术研发的投资并明确了下一代产品的关键技术。通过对下一代技术的研发投入，使得华为能够在技术范式交替时期取得先发优势，获得持续的竞争力。

4.2.2 注重基础性和前沿创新，兼顾研发广度和深度

在创新路径的选择上，发达国家通常先从基础性研究做起，再做工程开发。但追赶型企业的通常路径是对已有技术进行直接利用、组合和集成，即把开发放在首位，通过快速学习、模仿、反求工程、人才引进等多种途径，直接进入工程开发环节，并通过低成本优势，降低新技术应用成本，进入低端市场，提高效能。

华为在其成长过程中，创新战略也经历了几个阶段，如图 4-5 所示。

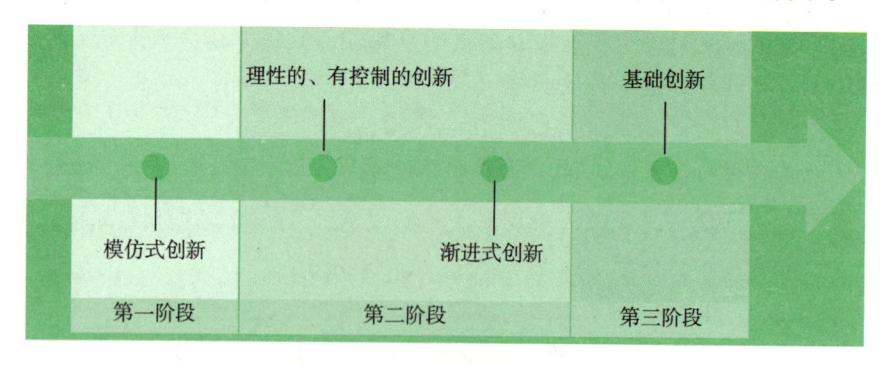

图 4-5 华为创新战略的发展阶段

第一阶段主要是模仿式创新。早期在资源匮乏的情况下，为了活下来，华为主要通过快速学习、跟进领先企业的技术标准和产品特性，先从低端产品入手，采取的是"农村包围城市"的做法。这种创新方式成本较低，风险较小。

在第二阶段，华为在积累了一定资源的基础上聚焦主航道，推进理性的、有控制的创新和渐进式创新。华为内部达成的共识是：企业是一个营利性组织，企业的经营活动都应该指向商业成功，实现成本和质量的均衡。华为不要纯科学家，而是提倡华为人做工程商人，将创新和研发产品与市场需求紧密对接，通过持续改善和升级，渐进式地提升产品的技术含量，不做超前和过度创新。产品的开发，就是要为客户创造价值，为企业创造价值，所以一定是为创造价值服务的。为此，华为甚至在 2003 年将研发部门从之前的成本费用中心调整成为利润中心，使其与业务充分结合，对利润、成本和收益负责，考核标准就是多、快、好、省。

在这一阶段，将企业创新和研发紧紧地与客户需求、市场需要和资金管理连接在一起，从而降低了失败的风险，提高了市场回报，确保了企业活下来并获得可持续发展的能力。

在第三阶段，华为的国际竞争力日渐增强，同量级的竞争对手开始减少，华为开始进入"无人区"，成为领导者。追赶模式下的渐进式创新已无法适应发展的需要，于是华为开始加大对更前沿的基础性、颠覆性技术的研发投入。2015年，任正非在华为务虚会上讲话时指出，华为的创新仍然要聚焦主航道，以渐进式创新为主，允许小部分力量从事颠覆式创新（也称激进式创新），探索性地"胡说八道"，想怎么颠覆都可以，但是要有边界。渐进式创新可以不断地从颠覆式创新中吸收能量，直到将来颠覆式创新长成大树苗，也可以反向吸收渐进式创新的能量。

华为在这个阶段成立了2012实验室，旨在引入全球优秀人才并投入重金从事基础研究。为此，华为在全球招收偏门或在自然科学领域能够跨界的人才，给他们一定的自由度并采用宽松的激励机制，同时与全球顶级研究机构深度合作。任正非提出："华为不仅'以客户为中心'研究合适的产品与服务，还要面对未来技术趋势加大投入，对平台核心加强投入，占领战略制高点，不惜在芯片、平台软件等前沿技术领域冒较大风险，在最核心领域更要不惜代价，不怕牺牲。因此，要理解、珍惜常人难以理解的奇才，从技术进步逐步走向理论突破。"

也正是因为华为有2012实验室专门做技术储备，在面临技术打压时，华为才能够屹立不倒。面对美国的制裁，在关键时刻，2012实验室总能提供相应的"备胎"计划，从而使华为得以力挽狂澜，从容应对。

在美国商务部将华为列入"制裁实体清单"后，2019年5月，华为海思在致员工的信中宣布，其曾经打造的"备胎"，一夜之间全部转"正"。

在硬件被压制、没有芯片、供货难、手机市场急剧萎缩的困局下，2021年6月，华为第一个国产手机操作系统鸿蒙系统正式发布，借助系统的体验引导老用户升级，同时开拓新市场。鸿蒙是华为打磨已久的"备胎"，在此关键时刻发布，为华为手机注入了强劲的新鲜血液。如今，已经有上亿名用户升级了鸿蒙2.0系统，该系统已成为当之无愧的全球第三大手机操作系统。

面对未来信息社会的数字化发展趋势，2021年9月，华为又推出了"欧拉计划"，定位于数字基础设施和生态建设，覆盖了服务器、通信和操作系统多个领域的软硬件融合。华为将为行业提供软硬件服务，立足于解决数字基础设施问题，比如基站、通信设备、服务器等，进而建立庞大的数字化生态体系。

2012实验室作为华为的研究基地，其不仅代表着国内顶级的研究水平，同时在全球也有着巨大影响力。华为致力于工程数学、物理算法等工程科学的创新，在基础研究上也在下更多功夫。正如任正非所说，未来二三十年，人类社会将演变成一个智能社会，其深度和广度现在还想象不到，因此华为需要进行基础理论研究，以此为突破口，用基础理论创新打破"无人区"的困惑。

4.2.3 不盲目创新，延伸现有优势，鲜花长在牛粪上

创新可以分为渐进式创新和颠覆式创新两种类型，前者是在给定解决方案框架内的提高，即把已经做的事做得更好；后者是框架的变化，即做之前没有做过的事。二者的主要区别在于把创新视为对以前认可的做法的不断改进，还是认为创新就是新的、独特的、非连续性的。

颠覆式创新具有显著的分化潜力，一直是创新研究关注的焦点，但是事实上，成功的颠覆式创新是罕见的，大多数的尝试都是失败的。苹果开发了多点触控系统及其相关手势来控制手持式设备界面系统和台式机桌面系统，其创意在人们与产品的交互方式方面实现了重大的转变。这看起来是一项伟大的颠覆式创新，但是实际上多点触控系统在实验室中早已存在了20多年，手势控制也有很长的历史，其他几家手机企业也比苹果更早在市场上推出了使用多点触控的产品。

渐进式创新虽然没有颠覆式创新那样激动人心，但却可以通过对产品的细小改变来提高产品的性能，降低产品成本，增强产品的合意性。

2010年，任正非在谈到华为云平台的创新工作时强调："华为长期坚持的战略，是基于'鲜花插在牛粪上'战略，从不离开传统去盲目创新，而是基于原有的存在去开放、去创新。鲜花长好后，又成为新的牛粪，我们永远基于存在的基础去创新。在云平台建设过程中，我们一直强调'鲜花插在牛粪上'，绑定电信运营商去创新，否则我们的云就不能生存。"

华为的"鲜花插在牛粪上"战略不是从零到一的原始创新，实质上主要是渐进式创新，即把企业积累和沉淀下来的组织智慧，作为未来创新的土壤，然后在这片土壤上，依托现有的核心优势去创新。这种渐进式创新要求不轻易打破现有的管理节奏，不能影响管理经验的积累。

任正非在1998年提出建立"小改进，大奖励；大建议，只鼓励"制度，认为企业在发展早期缺乏管理经验，发展又十分迅速，应该通过"小改进"积累管理技巧，坚持"小改进"，使身边的工作不断地优化、规范化、合理化，不能在"大建议"和"大战略"上摇摆不定。通过提倡"小改进"，华为的产

品质量、成本、工作效率均得到了持续的优化与提升。

随着科技的发展，计算机、互联网和通信技术几乎融入了所有产业，行业边界越来越模糊，所有企业都会面临跨界竞争的问题。做通信产品出身的华为发现，通信设备里面最核心的部分是芯片，很多新技术、新业务的实现和承载都需要芯片。基于华为在芯片设计开发方面的技术积累和优势，华为的业务触角从运营商拓展到企业网，后来又拓展到手机终端，甚至还进入了智能电动汽车领域，但其实都没有脱离其核心能力圈，没有偏离IT行业这个主航道，这些都是顺理成章的选择。

华为能在手机终端业务方面取得巨大成功，就是将华为在30多年的通信行业上积累起来的芯片等硬件优势，以及在网络运营、场景实验、信号优化方面的资源优势发挥到了极致。

同时，华为进军了智能电动汽车领域，并迅速成为汽车行业的焦点，在市场中引起了热烈反响。智能电动汽车考验的是数据支撑算法和硬件双向优化的能力，而华为在芯片设计、算法提升及系统开发和软件适配等方面进行的技术积累，使其进入智能电动汽车领域水到渠成。

【案例】华为进军智能电动汽车领域

继小鹏、蔚来、理想等造车新势力后，百度、阿里巴巴、小米、华为、滴滴等巨头也前仆后继地涌入智能电动汽车领域。

华为的消费者业务曾经是华为的第一大收入来源，也是华为的主要增长引擎。从2014年至2019年，华为的消费者业务营收占比从26.1%快速提升至54.4%。但在美国的制裁下，这条路被硬生生地斩断了，面对芯片断供的困境，华为手机业务受到严重打击，进而导致整体收入下降，为此华为不得不寻求手机之外的第二增长曲线。

根据IDC公布的数据，2020年汽车行业的产值规模大约是手机行业的10倍，并且汽车行业的增速也比手机更稳定。在"新四化"的背景下，汽车在机械方面的属性相对弱化，智能化成为各大车企竞争的焦点。华为虽不擅长机械制造，但是华为将过去30多年积累的ICT工程和技术优势延伸到智能电动汽车领域可谓是水到渠成。

此外，智能电动汽车的大脑——汽车芯片对制程要求比手机芯片要低很多，它并不需要最先进的制程工艺，采用28nm工艺就绰绰有余，华为在国内可以找到合适的芯片代工厂，不大容易被"卡脖子"。

2021年，极狐阿尔法S华为Hi版电动汽车正式亮相，该车搭载了华为的激光雷达、毫米波雷达、麒麟990A座舱芯片等诸多硬件。一同亮相的还有搭载了华为的 DriveONE 三合一电驱动系统和 HUAWEI HiCar 智能互联系统的赛力斯 SF5 电动汽车。

事实上，华为在智能汽车领域的布局并非临时起意。早在 2013 年，华为就开始布局智能电动汽车领域，中间也一直跟各大车企有合作，如表 4-1 所示。只是从 2019 年开始，华为面对美国的制裁，在智能电动汽车领域的布局明显提速。

表 4-1 华为布局智能电动汽车领域历史事件梳理

时间	事件
2013 年	提出了车载通信模块 ME909T，进军车联网
2014 年	在 2012 实验室设立车联网实验室 先后与东风、长安、一汽签订合作协议，共同开发车联网 联合东风研发无人驾驶汽车
2015 年	接连拿到奥迪、奔驰的车载通信模块订单
2016 年	牵头成立"5G 汽车联盟"
2017 年	与北汽新能源签署战略合作协议
2018 年	与长安共同建立联合创新中心 与东风合作打造智能网联汽车 与上海博泰签署战略合作协议 与北汽新能源合作打造智能新车型
2019 年	与四维图新开展合作，探索智能出行 正式成立智能汽车解决方案业务部 通过欧洲汽车行业车载终端的 TISAX 认证 获得导航电子地图制作甲级测绘资质
2020 年	华为 MC 智能驾驶计算平台通过 ISO 26262 功能安全管理认证 首次发布了智能汽车解决方案品牌 HI

资料来源：锦缎研究院根据公开资料整理。

经过多年的酝酿，华为已经成功开发了 30 多款智能电动汽车的关键产品和配套系统，包括车载操作系统、车载芯片、激光雷达、智慧屏、智能车云、三电系统等，并且所有这些部件都通过了车规级认证和可信认证。用华为自己的话说，就是一辆智能电动汽车除了底盘、轮子、外壳和座椅，剩下的都是华为所能提供的技术，如图 4-6 所示。

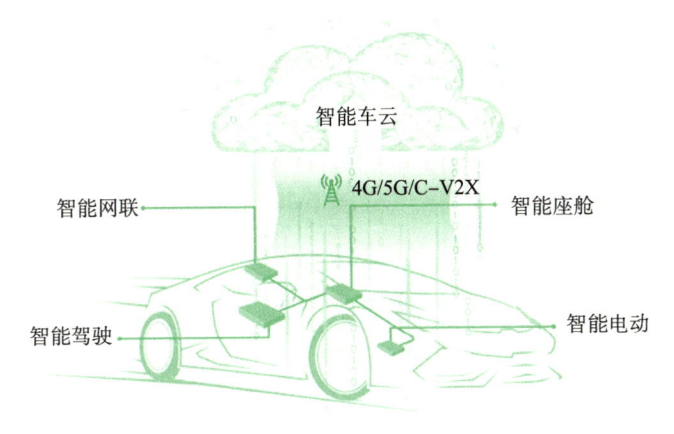

图 4-6　华为智能电动汽车解决方案 BU 的五大部分

（资料来源：华为官网）

正是因为华为始终坚持"鲜花插在牛粪上"的战略，在继承的基础上充分发挥自己的优势，一步一个脚印地稳扎稳打、逐步改进，通过渐进式创新抓住一个个机会点，才取得了令人瞩目的成就。

4.3　聚集主航道，有所为而有所不为

从华为的经验来看，企业应该在其主航道的业务上发挥主观能动性和创造性，不能过于盲目创新，否则精力和资源就会分散，导致"摊大饼式"的低效发展。

因此，无论企业遭遇怎样的困境，或者取得多大的成果，都不应该被困难艰险吓倒，或者不为鲜花掌声所诱惑，应坚持聚焦主航道不动摇，不在非战略机会点上消耗战略竞争力量。

正如任正非所强调的那样，企业赢得市场竞争成功的最有力武器是将所有的精力集中在一个点上，即聚焦主航道，这样往往能够取得更大的成就。

先在一个很窄的作业面上用"针尖"战略取得世界领先，在一个领域中打穿打透，否则决不鸣金收兵，决不多元化；在一个领域走到"无人区"之后，再谋求发展到相关领域并且取得领先，这是华为能够持续成功的关键之一，也是 SDBE 领先模型的秘诀之所在。

4.3.1　坚守主业，坚持"针尖"战略，聚焦领先

管理大师彼得·德鲁克说："任何一家企业在任何时期都需要计划性地放

弃策略，尤其是在动荡时期。对于每一种产品、服务、流程或活动，管理者需要每隔几年自问一个问题：如果我们没有身在企业中，我们是否仍然会制造这种产品、提供这类服务、执行这个流程或参与这项活动？"

因此，我们经常讲，企业管理层要及时准确地判断企业能否跟得上时代的步伐。如果答案是否定的，那么管理者就应该果断地做出放弃的决策。

SDBE领先模型认为，战略的本质就是聚焦。只有略了、舍了，才会有战略集中度。战略的本质是通过聚焦产生强大的力量，这样企业才会有竞争力。

无论是个人还是企业，精力和能力终究是有限的，而对于一家能力有限的企业，决定聚焦什么、放弃什么，这比什么都重要。唯有学会聚焦，学会发力于一点，才能爆发出最强的力量。华为表示，虽然聚焦不一定能引领潮流，但发散肯定不行。只要能够聚焦力量，就有希望做到不可替代。

30多年来，华为始终坚持做一件事，那就是专注于ICT领域。华为的成长过程，正逢中国房地产市场的爆发期，国内很多做实业的企业家都去做房地产生意，赚得盆满钵满。面对巨大诱惑，华为从未动摇过，始终坚守在自己的主航道上。

2012年，任正非在三亚终端战略务虚会上的讲话中说："什么叫主航道？世界上每个东西都有正态分布，我们只做正态分布中间那一段，别的不做，很赚钱我们也不做。我们就在主航道、主潮流上走，有流量就有胜利的机会。"

2014年，华为轮值CEO徐直军在一次讲话中相对具体地阐述了究竟什么是主航道："用'水系'来描述我们的管道战略，水流流过的地方，即信息流流过的地方，就是我们的主航道。具体来讲就是我们的数据中心解决方案、移动宽带、固定宽带、骨干网，以及我们的智能终端、家庭终端和IoT的通信模块，这些领域就是我们聚焦的'主航道'，其他领域都不属于我们的'主航道'。"

可见，华为是将大数据流量的管道体系作为企业的主航道。基于管道的目标定位，面向运营商、消费者、企业/行业三类客户，华为分别成立了运营商BG、消费者BG、企业BG，针对性地铺设管道体系，为三类不同的客户提供ICT解决方案。其中，运营商BG聚焦的是端到端大管道架构，将解决方案设计的目标设定为"高带宽、多业务、零等待的客户体验"；企业BG聚焦的是企业和行业所需要的ICT基础设施，只做ICT基础设施产品提供商，而细分领域的应用软件由合作伙伴来做应用开发与系统集成；消费者BG只聚焦在能够产生流量的网络终端，不做跟流量无关的终端。

这些管道是紧密相通、相互促进的，它们在技术上更是垂直整合的。比如，IT 在企业中使用的是服务器，在运营商网络中使用的是专用设备；无线技术在消费者中使用的是手机，在运营商网络中使用的是基站。总体上说，华为技术的系统整合与针对性共享，使得华为在服务各类客户群体时，都能够提供更优质、更有竞争力的产品解决方案。

华为一直坚持研发在企业的战略性地位，始终致力于通信技术的研发，持续提升自己的核心竞争力。华为把自己有限的资源集中在一个狭窄的领域里，坚持在大平台上持久地大规模投入，通过"压强原则"形成局部的资源配置的强大优势，形成聚焦，实现突破。

在创业初期，华为就坚持将每年销售收入的 10% 以上投入到研发中。2021 年，华为研发费用高达 1427 亿元，约占全年收入的 22.4%。截至 2021 年，近十年累计投入的研发费用超过 8450 亿元。

通过坚持聚焦主航道，华为在技术创新和市场拓展方面都取得了不错的成绩，进一步强化了华为作为行业领先的 ICT 解决方案供应商的地位。

2021 年 3 月华为发布的《创新和知识产权白皮书（2020）》显示，截至 2020 年年底，华为在全球共持有有效授权专利 4 万余族（超 10 万件），90% 以上专利为发明专利。在知识产权方面，华为的"核保护伞"（即知识产权）覆盖了世界所有的地区和华为所有的产品，进入任何市场已无障碍。

持续的创新投入使得华为成为全球最大的专利持有企业之一，其各个业务线的替代方案都已基本成熟。也正因如此，华为面对美国的制裁时才能有底气。

4.3.2 确定性领域：压强式投入、饱和攻击

企业的存在，就是为了给客户创造价值；创新就是通过新的方式和载体，更好地为客户创造价值，或者创造新的价值。

从这个角度看，创新不是简单地创造出一个新产品，或者创造出一项新技术。对于企业这个商业组织来说，为客户创造新的价值，自己获得相应的回报，形成闭环，这才是真正的创新。

从 2011 年开始，华为进行了一次比较大的组织变革，把研究（Research）和开发（Development）在组织上进行了划分，并遵循不同的考核导向。开发带来的创新是确定的、可预见的，注重实现客户价值；研究带来的创新是不确定的、无法预见的，更注重开拓。这样的区分，使得华为一方面在继承的基础上创新，实现客户价值；另一方面又能不断发明专利，积累科技竞争力。

针对确定性领域，要实行压强式投入，进行饱和攻击。就是把自己所有的力量聚焦到一个点上，要么不做，要做就要做成。

任正非说："不收窄作用面，压强就不会增大。必须集中力量于一点，在针尖大小的领域里耕耘，所以称其为'针尖'战略。如果扩展到火柴头或木棒横截面那么大的作用面，都绝不可能实现这种超越。"

在总结华为如何实现技术领先时，任正非说："过去的30年，我们从几十人对准一个'城墙口'冲锋，到几百人、几千人、几万人，再到近20万人，始终都对准同一个'城墙口'冲锋，攻打这个'城墙口'的'炮弹'已经增加到每年150亿～200亿美元，全世界很少有上市公司敢于像我们这样对同一个'城墙口'进行投入，要相信我们领导行业的能力。我们有的研究已经在单点上实现突破、领先世界了，要继续在单点突破的基础上进行同方向上的多点突破，并逐步横向拉通，在未来三五年内，我们是有信心保持竞争力的。"

华为曾经做过一个巨幅广告，如图4-7所示，场景很具冲击力：在刚果河边生活的瓦格尼亚人，手持巨大尖锐的木篮，站在巨浪翻滚的激流中捕鱼，水流越急意味着捕获的鱼有可能越大，但是同时水流越急越可能致命。要想捕到大鱼又不被河水冲走，瓦格尼亚人必须非常专注，必须站在恰当的地点，以恰当的角度用恰当的力量，才有可能捕捞到大鱼。

图4-7 瓦格尼亚人捕鱼

这幅广告的寓意是，华为的今天正如同在刚果河捕鱼一样，站到了业务发展的洪流中。虽然机会很多，但是华为坚持高度聚焦的战略理念，聚焦于大数据洪流中的战略机会，不在非战略机会点上消耗战略竞争力量。于是，华为在图片的旁边配了"不在非战略市场消耗战略竞争力量"这句话。

据说，这也是任正非特别喜欢的一张照片，是他偶然在飞机航空杂志上看到的，华为费了很大周折才找到拍摄照片的摄影师并买下照片的版权。

如果均匀用力，则不能产生大的压强，企业不容易脱颖而出。华为强调，要敢于在"战略机会点"上聚集力量，不在"非战略机会点"上消耗力量。不要盲目做大、铺开，要聚焦在少量有价值的客户上，在少量有竞争力的产品上形成突破。

1993年，任正非的美国之行让他更加确定了先进技术对于企业的重要性。当时，华为集中了所有的资源进行程控交换机技术的研发。为了表明对这次研发的态度，任正非立下了研发不成功就跳楼的誓言。在任正非的激励下，全体员工众志成城地在研发战场中拼搏。在倾尽一切资源、集中所有力量的战斗中，华为最终成功研发出了C&C08程控交换机。这款产品的问世，使华为成功地超越了国内的竞争对手，拉近了与国外竞争对手间的距离。也让华为人意识到只有先进的技术才能让企业走得更远。

紧接着，华为进行了光传输设备的研发。华为将程控交换机赚取的利润全部投入光传输设备的研发中，当产品推向市场并获得认可后，又将光传输设备赚取的利润投入数据通信和无线产品的研发中。在华为多年的发展过程中，一直坚持投入大量资金等资源进行技术研发。

华为坚持对研发的大力投入，也是它保持战略耐性的最好体现，这一举措也让华为在新技术、新领域取得了很大的突破。

作为一个在技术曾经落后的国家发展起来的民营企业，通过对研发和技术的高强度投入，30多年来，华为已经成功地打入了全球100多个国家和地区的市场，其服务的运营商客户已经超过了300家。华为赫然成为继思科、爱立信、阿尔卡特朗讯和诺基亚西门子[①]之后的全球顶级电信设备商，未来甚至会在ICT领域继续书写传奇。

4.3.3 非确定性领域：先开一枪，后放一炮

华为曾经作为追随者，因为前面的道路已经被领先者蹚出来了，所以方向的选择不再是首要问题。追随者关键是要沿着领先者前进的方向聚焦自己有限的资源，迅速缩短与领先者间的差距。

但是，如今的华为已经走在了行业发展的前列，作为行业的领导者，没有了可以追随的目标，必须自己去探路，承担起在不确定性中探索未来方向的

[①] 法国的阿尔卡特与美国的朗讯科技于2006年12月合并为阿尔卡特朗讯，成为一家跨国公司；芬兰的诺基亚与德国的西门子于2006年6月将两家的电信设备业务合并，成立了诺基亚西门子。

责任。

落后时的追随是相对容易的，因为方向、路径和风险都是较为清晰的。而在未知领域保持领先则是相对困难的，因为一切都要靠自己去摸索。

彼得·德鲁克在《创新与企业家精神》一书中指出：经济活动的本质在于以现在的资源实现对未来的期望，这伴随着不确定性和风险。企业的核心任务之一就是降低风险。进行不确定性管理，有助于识别企业未来发展面临的各种关键不确定性和颠覆性风险，提前做好布局和应对，支撑企业战略目标的达成。

华为把创新研究从研发的组织体系中分离出来，采取不同的考核导向、不同的管理方式和模式，就是希望向不确定性领域进行积极探索。

华为在不确定性领域的探索采取的是多路径、多梯次、多场景的布局，而不是采取赌一个方向、赌一个路径的做法。因为存在不确定性，很难在信息不足的情况下准确判断未来产业技术的正确方向。绝大多数高科技型初创公司最终都失败了，只有极少数获得了成功，所以不能用赌未来方向的方式从事研究与开发。

任正非说："对于产业趋势，不能只赌一种机会，那是小公司资金不够的做法。我们是大公司，有足够的资金支持，要敢于投资，在研究与创新阶段可从多个进攻路径、以多种技术方案多梯次地向目标进攻。在'主航道'里用多种方式'划船'，不是多元化投资，不背离主航道。现在的世界变化太快，别赌博，只赌一条路的公司都很难成功。因为一旦战略方向错误，损失就是巨大的。我们做战略决策的时候，不能把宝押在一个地方。"

战略方向的错误，会给企业造成巨大的损失。通用电气曾经对其某个事业部做过一项数据统计，一个产品从设计阶段到批试阶段，再到量产阶段，所投入的成本呈现增长趋势，批试阶段成本是设计阶段成本的四倍，而量产阶段成本则更高，是设计阶段成本的16倍。因为量产阶段有生产线，有关键物料的采购，有营销推广，有服务体系建设等。如果在预研阶段能够证明此路不通，就会避免后续的大规模投入。而且后面大规模的盲目投入，不仅损失了资源，还造成了时间的浪费。

华为在创新方面宽容失败，给创新以充分的空间。因为研究项目不成功，至少能证明此路不通，这本身也具有商业价值，可以避免未来在这个方向上的大规模投入而造成不必要的损失。所以，在研究上加大投入，特别是在面临未来不确定性的情况下，实际上是一种规避风险的方式。

任正非认为：对于前沿科学，研发实行先"开一枪""让子弹飞一会儿"，看到线索再"打一炮"，这样的决定只需要小范围研究讨论即可。如果攻"城墙口"需要投入"范弗里特弹药量"（意指不计成本地投入大量的弹药进行密集轰炸），则由高层集体决策。

2022年3月底华为发布的《2021年年度经营报告》显示，华为2021年实现销售收入6368亿元，净利润同比大增75.9%，达1137亿元，经营现金流大幅度增长至597亿元，资产负债率降低到57.8%的水平。这些数据显示华为整体经营稳健、符合预期，在美国一系列"封杀"和打压下，华为不仅没有被压垮，反而用事实证明了其应对不确定性的能力已经有了大幅度提升。

4.4 多方联动，以多种方式推动创新管理

创新是有雄心的企业的第一动力。

企业要保持持续的竞争力，保证创新的价值和效果，防范与创新相生相伴的风险，就要将创新提到战略高度。

一般的做法包括建立跨部门的创新团队，加强跨部门的协作，并保持开放包容的心态以积极吸收行业经验与成果。

4.4.1 用战略专题研究的方式把握研发创新中的重大焦点问题

只要是创新，就会存在风险，就有失败的可能性，否则就不能称之为创新。SDBE领先模型主张创新手段不能过于激烈，而应该谨慎地步步为营，先试点再推广。开始时，用少量资金、少量人手在较小范围内针对小规模的市场开展创新，船小好调头，也有利于日后进行必要的调整。因此，在组织内进行大规模推广之前，最好在小范围进行测算或试点，取得一定的经验后再推广，取得迭代经验后再优化改进。通过试点和深入市场的实验探索，从广泛的资源中筛选过滤，谨慎地进行投资和处理资源，以应对行业和市场的变化。

在市场竞争越来越激烈的今天，企业只有把资源集中在最具有竞争力的领域，才能拥有更强的竞争优势。如果过度分散自身的资源和精力，在多个不擅长的市场中竞争，即使企业的整体实力很强大，要想在所有的市场上取得竞争胜利也是相当困难的。只有在战略规划和执行上有明确的战略控制点，在客户、技术、产品、服务的某一方面远远领先对手，或综合实力远在对手之上的企业，才能在市场上立于不败之地。

企业应充分结合自身优势，并抓住外部市场机会，才能达成战略意图。也就是说，企业应把握市场切入时机，将企业的核心资源投在业务的关键创新点

（战略控制点）上，"不在非战略机会点上消耗战略竞争力量"。企业应该为打造更强大的战略控制点而创新，而不仅仅是在现有业务逻辑的延长线上创新。

根据 SDBE 领先模型的实践，我们建议企业达到一定规模之后，就需要将创新管理融入战略管理体系，具体做法就是把研发创新中的重大焦点问题纳入战略专题进行专项研究。

【案例】华为战略专题管理

每个组织所处的内外部环境都充满了不确定性的问题、机会和风险，而战略规划和年度经营计划都是讨论确定性的事情。所以在战略规划过程中，华为将关键战略专题提出来并做深度研究。

战略专题是指对企业及各 BG、SBG、区域、功能领域的业务及未来发展有重要影响的问题，包括业务增长、盈利、竞争、新技术、新产业机会、客户关系、质量运作、人才等重大战略性问题。

战略专题分为两种类型，即确定性的战略专题和不确定性的战略专题。

确定性的战略专题主要是指影响战略方向和执行的重大战略专题。比如，如何打造昇腾的生态？如何建 HMS 手机终端的生态？欧洲战略如何开展？车联网和智能电动汽车领域如何进入？

不确定性的战略专题是为了把对企业发展可能造成影响的不确定性的问题研究清楚，将不确定性的问题变成确定性的问题，从而规避大的风险。比如，要不要进入汽车行业？数字化转型的节奏是什么？运营商的未来是什么？

将这些问题梳理出来之后，就形成了战略专题管理的清单，交由管理团队排序。排序完成之后，分为两条路径，一条是由业务部门去回答，另一条就是由战略部门针对每个战略专题成立战略专题项目组，华为内部叫"Deep dive（深入探索）项目组"。对于具有不确定性的关键战略专题或有待进一步破解的确定性的战略专题，按照项目进展情况召集战略务虚会，如图 4-8 所示。

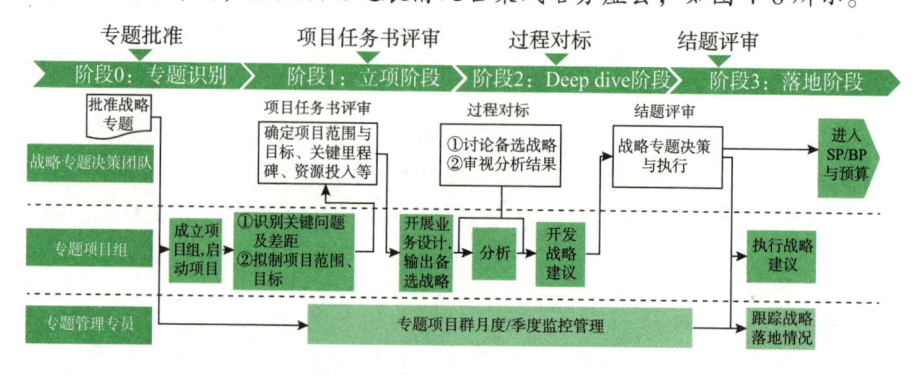

图 4-8 华为战略专题管理流程

如果战略专题经过务虚会讨论后搞清楚了，则将确定性的部分输入下一轮的战略规划中，通过业务设计加以实现；没有研究清楚的继续移交项目组研讨，并滚动成为下一年度战略专题的输入；没有必要推进的战略专题就停止。

战略专题研究要把未来的趋势、对企业的影响及企业怎样应对分析清楚，在通常情况下，各 BG、BU 的战略规划部每月会对战略专题进行管理，董事会战略发展委员会（Strategic Development Council，SDC）则会审查每季度战略专题的达成情况。

通过明确的战略专题创新，企业可将其作为战略规划（Strategy Plan，SP）和年度经营计划（Business Plan，BP）的依据和输入。

华为的 SP 又称中长期发展计划，时间跨度为从下一年度开始的 5 年时间。SP 围绕的主题是中长期资源分配的方向和重点，包括业务的战略与规划，以及组织、人才、流程及管理体系的变革战略与规划。

BP 的时间跨度为下一个财政年度。各部门的 BP 包含过去一年部门的总体运营情况及未来一年部门的目标、财务预算、产品策略、区域销售策略、客户拓展策略、服务策略、品牌策略、交付策略等内容，是跨度为一年的作战方案。

一个企业的资源是有限的，制定战略的目的就是要在众多方向中进行取舍，创新计划只有进入战略规划阶段，才可以视为从务虚阶段进入务实阶段，才能够通过预算的资源配置功能获得必要的资源保障，从而真正实施落地。

华为基于一套有效的战略管理方法和实践，能够及时抓住战略机会点，进而构筑自己的战略控制点，并建立核心竞争力。比如，正是因为华为早已将芯片、摄像等高价值的核心技术作为手机业务的战略控制点，并提前布局，所以在被美国列入"制裁实体名单"时，才能从容地将"保密柜"里的所有后备芯片全部转正，正式启动"备胎计划"，继续创造佳绩。

4.4.2 建立跨部门团队，把握创新方向，提升创新效率

华为在发展初期，产品种类不多，员工相互熟悉，沟通和协调顺畅。此时，华为的产品开发是按照功能型组织的做法进行的，即由研发人员确定产品规格并开发出样品，然后测试人员熟悉产品并在小批量试制后进行测试，发现问题返回研发部门解决，测试通过后由制造人员准备生产工艺，采购人员订购物料后批量生产，然后发货。但是随着华为员工人数的增加和产品越来越复

杂，开发活动越来越多，活动之间的关联度也越来越高，传统的接力棒式的串行开发模式往往导致开发周期过长，产品因不能及时上市而失去竞争力。

华为在引进 IPD 开发模式后，让跨部门团队来负责产品开发，改变了功能型组织的运作。开发团队不再局限于研发部门，而是汇集开发、测试、制造、市场、销售、技术服务、财务、供应、采购、质量等功能部门代表及所属领域的专业智慧和资源，通过项目管理的方法对产品开发进行端到端的协同管理，共同对项目成功负责。

这种跨部门团队并行协作的开发模式，从产品设计前期就对可靠性、可生产性、可销售性、可服务性等方面进行了综合考虑，减少了因为存在这些方面的问题而引起的返工，同时也使得并行工程得以实施，缩短了开发的周期。

华为跨部门开发团队是矩阵型组织，打通了跨部门协作的障碍。

【案例】华为重量级团队

华为的重量级团队是指团队成员能充分代表本职能部门，并贡献自己及所属领域的专业智慧，团队负责人和成员共同拥有达成团队目标的权利和义务。重量级团队的运作对从商业机会投资到商业变现的全过程负责，而不仅仅是对产品开发负责。为了避免矩阵型双重领导出现协同低效的问题，重量级团队负责人拥有大于职能部门经理的权力，对组员具有主要的考核权力。

为了保证研发投资的有效性和质量，重量级团队分成两类：

一类是管理团队，即投资评审委员会（Investment Review Board，IRB）与集成项目管理团队（Integrated Project Management Team，IPMT），其是企业级、产品线级的重量级管理团队。这类团队成员分别由企业、产品线相关部门（包括产品与解决方案体系、BG 或 BU 或产品线的营销、产品服务、制造、采购、供应、质量、运营、财经、人力资源等部门）的负责人组成。

另一类是执行团队，即产品开发团队（Product Development Team，PDT），其是跨部门（包括研发、营销、销售、技术服务、财经、供应、采购、质量等部门）的重量级执行团队。

跨部门重量级团队的运作是团队负责人领导下的集体决策管理模式，能有效降低个人的决策失误，提高决策质量。个人的决策通常受到个人的能力和远见的限制。研发投资风险很大，一个产品的投资决策需要评估市场、环境、技术产业趋势、客户需求和竞争等多维信息，需要商业洞察、专业分析、集思广益、群策群力。集体决策可以科学、全面、有效地提高决策的总体质量和综合效率，也便于协调各方及时行动，提高执行效率。

华为 IPD 开发模式运行成功的关键因素之一，就是 PDT 采用重量级团队的模式来保证开发的效率和成功。PDT对产品开发的整个过程负责，从项目立项、开发到将产品推向市场。PDT的目标是完成产品开发项目任务书的要求，确保产品在市场上取得成功。

【案例】华为PDT开发模式

PDT由PDT经理、核心组、扩展组三个层次构成，如图4-9所示。核心组成员分别来自不同的职能部门，如研发、市场、财经、采购、用户服务、制造等部门，每个部门只有一个代表。扩展组由各职能部门的成员组成，成员人数和参与领域根据开发对象和工作任务来确定。PDT核心组和扩展组的成员在PDT经理的领导下管理各自负责的工作，共同对项目成功负责。PDT经理对PDT成员具有考核的权力，在考核周期内，各产品开发团队经理（Leader of PDT，LPDT）将核心组成员的考核意见汇总到职能部门经理处，由职能部门经理统一给出对项目成员的最终考核结果。

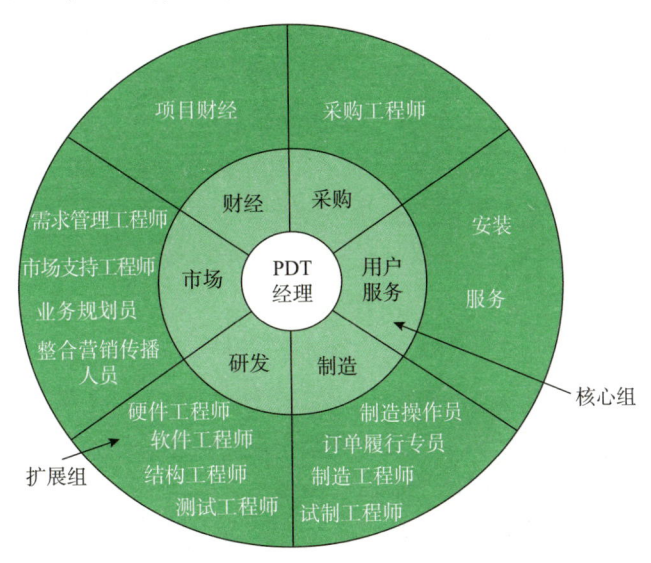

图4-9 华为PDT开发模式

华为的这种跨部门开发团队模式打破了部门墙，出了问题能快速沟通、协调和获得各领域专家的意见并快速决策，从而保证开发工作的顺利进行并取得成功。

4.4.3 开放包容，鼓励创新，一杯咖啡吸收宇宙能量

在信息化和全球化尚未普及的时代，进行技术创新的企业大多是依靠自身

积累的创新资源在企业内部设立研发部门来完成创新活动的，但是随着信息技术的发展和经济全球化的蔓延，全球化竞争日趋激烈，这催生了企业商业模式和创新模式的不断进化。如今很多大规模的创新都是通过生态集聚，由众多企业或组织共同完成的。

因此，众多大型国际企业开始考虑利用外部的创新资源开发产品，与大学、企业、科研院所之间开展紧密的合作，逐步形成创新网络，并选择种类较多的外部创新合作伙伴，进行创新成果的交换和共享，那些长期被搁置没有产生经济效益的成果，被出售给第三方或者吸引风投机构成立新的企业。这种开放式创新模式，能更好地帮助企业抓住新的商业机会、分摊风险，集中具有互补性的优势并最终实现较好的协同效果。

根据华为的实践经验，我们提倡采取的创新方式是，用"一杯咖啡吸收宇宙能量"，即开放式创新，既要内部开放，又要对外开放、广泛进行合作，吸收世界范围内的最新管理经验和技术研究成果，虚心向国内外优秀企业学习，在独立自主的基础上，开放合作地发展领先的核心技术体系。

在内部，华为采取先规范、后放开的方式促进员工思想的开放与活跃，让员工的聪明才智得到发挥。比如，通过构建"罗马广场"和"心声社区"，让大家畅所欲言、"胡说八道"；通过营造容许失败的文化，对在失败项目中的人才予以重新分配和任用；通过"炸开"封闭的组织和人才金字塔，充分发挥群体的智慧；通过建设有竞争力的软硬件平台、工程工艺能力和技术管理体系，打造"百年教堂"的平台基础。在外部，华为以全球视野在世界各国布局海外研发中心和研究所，引进海外人才，另外还与全球30多家运营商建立了联合创新中心……内部开放是前提和基础，没有内部的开放心态、开放机制，对外开放毫无意义，也难以产生应有的价值。

华为从一家做海外产品代理的小企业，发展到能与世界顶级电信巨头同台角逐的水平，得益于其独特的发展模式：高度重视开放式创新，即肯定和承认他人的优秀智力成果，承认与西方企业的差距，并勇于在他人优秀成果的基础上开展持续的创新。华为始终保持开放的态度与世界各国的优秀企业加强合作，与竞争对手进行交流，并在标准和产业政策上与它们形成战略伙伴关系，不做国际孤儿。

任正非在谈及对外合作时说："我们要与产业链构建战略合作关系，实现共赢发展。比如，我们在终端上，要捆绑世界上最优秀的技术。我们与徕卡的合作，能不能进一步打通？把数学研究所开发的算法提供给他们，形成战略伙伴关系。我们还要和世界上最好的音响厂家捆绑。华为不可能独霸天下，更不要成为国际孤儿，要与世界上优秀的企业合作。我们要降低研究、预研的门槛，因为这些都是不确定的，应让科学家多一些自主决策，当然要控制在边界内。在产品开发上，我们要聚焦在高技术含量的、困难的领域，这点小企业难以做到。别做低技术门槛的东西，否则容易诱发内部创业。与公认的优秀模块合作，我们就拥有了世界。"

随着各行各业的产业链正在被重构，跨界合作成为趋势。华为持续推进生态系统的构筑，与 ICT 产业链上下游合作伙伴持续开展联合创新，推动产业链成熟。

【案例】华为的三角联盟

华为在为市场提供终端产品及系统时，一直都以积极、开放、合作的态度与国内外运营商、服务供应商（Service Provider，SP）、内容供应商（Content Provider，CP）及其他合作伙伴共同发展。华为基于前期构建技术联盟所得到的技术积累，在价值链合作方面提出了三角联盟的构想，建立了运营商联盟、CP、SP、应用供应商（Application Provider，AP）之间的商业联盟，业务交付平台（Service Delivery Platform，SDP）厂商与 CP、SP、AP 之间的技术联盟，运营商和 SDP 厂商之间的 MDS 联盟。华为在运营商和商业联盟之间作为商业领导者出现，如图 4-10 所示。华为的研发伙伴中既有大客户（如沃达丰），也有上游供应商（如英特尔），还有纯粹的技术公司（如 Broad Soft 和 Sylantro System），更有间接的竞争对手（如摩托罗拉、西门子）。华为还与西门子成立了合资公司，专注于 TD-SCDMA 的研发、生产、销售和服务。另外，华为还和电讯盈科（PCCW）、Sunday、韩国电信公司（Korea Telecom）等 30 多家运营商开展了广泛的合作。

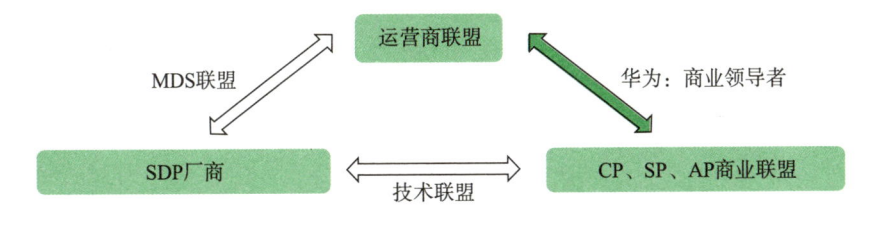

图 4-10 华为的三角联盟

华为还通过专利许可谈判，与通信行业几乎所有主要的知识产权拥有者，如爱立信、诺基亚、西门子、北电、阿尔卡特、高通等企业达成知识产权交叉许可协议，实现技术的共享与共创。例如，前几年华为推出的无线产品，需求和技术灵感都不是源自华为的独创，而是诞生于和沃达丰等知名运营商的合作过程中。

华为的开放思想就是：既可以利用其他企业的创新成果，又会将自己的专利成果与这些企业分享，这是一种基于企业实力建立起来的和谐商业环境。

任正非在一次内部会议上说："心胸有多宽，天下就有多大。在这个时代，如果说我们的系统能够做到很好的开放，让别人在我们的系统上面做很多内容、做很多东西，我们就建立了一个大家共赢的体系。众人拾柴火焰高，要记住这句话。"

第 5 章　研发创新：把握风险，保障商业成功

在早期，华为的产品研发曾经脱离客户的需求，产品研发的出发点往往是"我能做什么"，而不是"客户要什么"，因此研发效率低下。企业花了很多人力物力研发出来的产品，虽然有可能技术上先进、功能上强大，但并不是客户真正需要的，也就无法为企业带来更高的收入，从而导致成本浪费。

在学习了西方的先进管理经验后，华为以客户需求为导向，确定了新的产品概念，建设了完善的研发管理体系，从而获得了成功。

任何企业，不管提供的是产品还是服务，都需要有研发创新体系，它是企业价值创造的载体。本章将介绍华为 30 多年形成的研发创新理念和 IPD 的关键实践，期望给读者以思想的碰撞和实践的启示。

5.1　坚持"以客户为中心"导向，确保做正确的事

SDBE 领先模型认为，技术和产品只是为了满足客户需求的手段与工具，为客户创造价值才是企业一切活动的起点和终点。

创新不是企业的主要使命，创造价值才是！

创新型企业成功率很低，而且"死"得很快！

企业的创新、技术、服务和产品研发，一定要对准客户需求。要在企业发展的道路上做工程商人，而不要只在纯粹的产品技术发展的道路上"孤芳自赏"。

5.1.1　产品发展的路标是客户需求导向

创新是企业持续发展的动力，但是我们应该坚决反对刻意为了创新而创新，为了标新立异而创新。

SDBE 领先模型认为，创新应该"以客户为中心"，为客户解决问题，为客户创造价值，帮助客户获得商业成功，这样的创新才能满足客户的需求，对企业才真正有价值。企业要活下去，靠的是为客户提供满足其所需的产品和服务，从而获得合理的回报。对此，我们可以从贝尔实验室的辉煌与衰败中得到启发。

【案例】贝尔实验室的辉煌与衰败

位于美国新泽西州茉莉山的贝尔实验室曾经是世界上最伟大的实验室。它是晶体管、激光器、太阳能电池、发光二极管、数字交换机、通信卫星、电子数字计算机、C语言、UNIX操作系统、蜂窝移动通信设备、长途电视传送、仿真语言、有声电影、立体声录音及通信网等许多重大发明的诞生地。

据统计,贝尔实验室一共获得八项诺贝尔奖(其中七项物理学奖,一项化学奖)。截至2012年,贝尔实验室共有有效专利29 190项,发表论文400多篇,许多重大发明对世界经济发展起到了关键性作用。可以说,人类迈向文明的每一步都与贝尔实验室息息相关,它的发展也是一个传奇的历程。

1925年,美国电报电话公司(AT&T)收购了西方电子公司的研究部门,成立了"贝尔电话实验室公司"(简称"贝尔实验室")。在建立之初,贝尔实验室便致力于数学、物理学、材料科学、计算机编程、电信技术等各方面的研究。也就是说,它的重点在于基础理论研究。

1996年,贝尔实验室及AT&T的设备制造部门脱离AT&T成立了朗讯科技(Lucent Technologies),AT&T保留了少数研究人员并组建了其研究机构——AT&T实验室。

2006年,法国阿尔卡特收购朗讯科技组建了跨国公司阿尔卡特朗讯,原属朗讯科技的贝尔实验室也一并合并到了阿尔卡特朗讯。

2008年8月,由于阿尔卡特朗讯连续六个季度亏损(自阿尔卡特收购朗讯科技以来从未盈利),市值蒸发了62%,阿尔卡特朗讯不得不出售已有46年历史的贝尔实验室大楼,至高无上的科研殿堂最终沦为按平方米估价的商业楼盘。

2015年,诺基亚收购了阿尔卡特朗讯,保留了贝尔实验室。如今的贝尔实验室基本上只是一个小研究机构,早已没有了往日的荣耀。

从贝尔实验室的发展历史来看,它具有非常辉煌的技术创新成就,却倒在了移动通信爆发的前夜。贝尔实验室日渐式微、走向衰弱的一个非常重要的原因,就是与市场脱节,误判市场形势,从而错失了网络革命和无线通信的发展机遇。

贝尔实验室与无线通信市场失之交臂,说明发明创造并不直接等同于价值增值,而是要注重技术推动与市场拉动相结合,促进成果转化及产业化,以适应瞬息万变的市场竞争。

大多数企业在创业初期都十分重视客户需求,客户需要什么就赶快做什么,这帮助很多中小企业走过了初始的发展时期。

随着企业在相关领域相继取得市场成功并不断发展壮大，企业有可能出现骄傲自满的情绪，听不进客户的意见，或者想把自己的意志强加给客户。

结果，很多企业尤其是一些所谓的创新型企业，不以客户需求为驱动，而是自以为是地开发一些产品，最终却不被客户或市场所接受。

很长时间内，华为中的很多人有技术或创新情结，他们闭门造车，研发了大量在市场上并不受欢迎的产品。有些产品被淘汰了，有些产品则走了弯路，华为为此付出了不少代价。

【案例】华为 NGN 第一代产品 iNet 的失利

2001 年，华为拿出新一代综合交换机 iNet 时，相关部门劈头盖脸地指出"华为根本不懂新一代电信网络"，不允许华为的产品入网。

究其原因，隐患早已埋下。在 2000 年，受当时互联网和 IP 业务的影响，下一代电信网络的发展有两种演进策略：基于电信的实时高可靠性传输技术的异步传输模式（Asynchronous Transfer Mode，ATM）和基于互联网的简单传输技术的互联网协议（Internet Protocol，IP）。

核心网研发团队在 C&C08 交换机 128 模块的成功和惯性思维模式的影响下，坚持认为前一个策略才是客户真正需要的，而后者只是 IT 厂商的玩具。在整个开发过程中，研发团队没有及时了解客户的需求，还不断批判软交换的演进方案，甚至在与客户交流时也是如此，导致客户彻底失望。

由于偏离客户需求、盲目自信，产品没有被客户接受，两年的巨额投入打了水漂，研发团队也面临被解散的局面。就在整个研发团队彷徨和绝望时，华为重新调整了战略方向，选择 IP 技术，重做平台。研发团队从解散的边缘重新组建，成立了新的软交换平台团队。

"要想正名，唯有胜利。"一切从头开始，团队成员们更加全力以赴。2003 年，软交换平台渐渐成型，在关键技术和性能竞争力上大幅度超越了友商并最终得到了相关部门的认可。

下一代网络（Next Generation Network，NGN）的第一代产品 iNet 在市场上的失利，促使华为在 2003 年正式提出"产品发展的路标是客户需求导向"的指导思想，要求创新和产品开发立足于客户需求，并坚持客户需求导向，构建和完善 IPD 创新机制。之后华为重新调整了 NGN 的方向，采取了客户普遍接受的软交换技术，并将软交换技术复制到移动核心网领域，使华为在核心网领域做到了全球第一。

今天的华为实施的是"技术创新 + 客户需求"双轮驱动，即把握业务发展的方向，构建产业竞争力与控制力，强调基础研究、技术创新也要"以市场为导向"和"以客户为中心"。

5.1.2 从"以技术为中心"到"以客户为中心"

任正非曾以波音777客机研发的例子说明什么是客户需求导向。波音在设计777客机时，不是自己去设计，而是把各大航空公司的采购主管纳入产品开发团队中，由各采购主管讨论下一代飞机的样子，如有多少个座位、有什么设施，然后将他们的想法体现在设计中。

华为认为，这就是在寻找产品路标，就是以客户需求为导向。

华为在发展过程中曾走了不少弯路。20世纪90年代后期，在渡过初创期的困难后，华为一度迷失方向、开始膨胀，认为自己可以引导客户的发展方向。在某些设备的销售过程中，销售代表们不断展示自己的技术优势，反复说服运营商，却对运营商的需求充耳不闻。结果运营商认为华为太傲慢，直接把华为踢出局，连一次试验的机会都没给。当时，华为偏离客户需求、以自我为中心，两年的心血和投入打了水漂，失去了赖以生存的客户，其研发团队也面临被解散的局面。

事后，在任正非的带领下，华为内部开展了自我批判活动，强调研发要以客户需求为导向。在这次失败之后，任正非指出：客观上说，技术是一个重要的手段但不是唯一手段，更重要的手段是满足客户需求。当今的客户需求是由多个环节、多种技术组成的。从这个角度讲，大家要慢慢认识到，技术很重要，但不能盲目崇拜技术。

关于技术与需求之间如何取舍，任正非做了形象的比喻："我有一次问大家肚子饿时最需要什么，他们说需要吃饭。我问吃什么饭？他们说大米饭。我说，把你关在一个屋子里，给你吃比大米高级得多的用珍珠、黄金做的饭，你要不要？肯定不要，因为你需要的是真正的大米饭。从这里，大家就可以看出先进的技术与客户需求之间的矛盾了。客户需要吃大米饭，我们就只能给大米饭，给他们珍珠、黄金是没用的。所以我们认为，要研究新技术，但是不能技术唯上，而是要研究客户需求，根据客户需求来做产品，技术只是工具。"

吸取多次惨痛的教训之后，华为开始坚持以客户需求为导向做产品研发。

2011年年底，华为决定做自有品牌手机。面对竞争激烈的手机市场，华为这个"后来者"深刻意识到，产品竞争力是第一要素。华为手机不仅要有极致创新的高品质，还要有高标准的用户体验。手机市场变化快，要取得成功，必须以客户为中心，深入理解消费者的显性或隐性需求，用最好的技术和解决方案满足甚至超越消费者的需求，打造良好的端到端的消费者体验，包括产品体验、购买体验和服务体验，一项都不能少。

为了让团队时刻关注消费者端到端的体验，华为开展了"站店"活动。所有管理者和一定级别的技术专家，每年必须到销售和服务一线做促销员或者服务维修工程师，直接服务于消费者。2014年，华为引入了NPS（Net Promoter Score，净推荐值）指标牵引大家关注客户体验，找到客户反映的Top问题（指首要问题）。华为还专门建立了一套VOC（Voice Of Customer，客户之声）系统，将客户的意见和建议纳入IT平台，指引各项工作的改进。

为了更加贴近消费者，华为成立了面向客户的组织，包括客户调研团队和区域产品中心，让手机的设计更贴近当地消费者的使用习惯和体验；为了让自拍效果更佳，华为成立了专门的自拍体验小组，测评手机的自拍功能；华为还组建了"抢红包""高铁不掉线"等几十个专项工作组，持续改进功能，满足消费者不断提升的期望。[①]

华为手机业务的成功，正是以客户需求为导向研发产品的体现。埋头苦干，不理四周，做出的"好东西"，基本上都在仓库里"睡大觉"，难以走向市场。

任正非强调："企业发展的目的是为客户服务，所以产品的技术导向应该是充分满足客户需求。"

在从"以技术为中心"向"以客户为中心"转变的过程中，华为的实践和相关经验教训可以给读者大量的启示。当"客户导向"这个方向迷失时，再多的努力也将成空。

5.1.3 反对孤芳自赏，要做工程商人

早期，为实现从"以技术为中心"向"以客户为中心"的转变，任正非要求研发体系的人不仅要做工程师，还要做工程商人，多一些商人的味道。他说："客户要什么，我们就赶快做什么。"

任正非强调："紧紧抓住产品的商品化，一切评价体系都要以商品化为导向，要建立商品意识，从设计开始，就要根据价值规律构建技术、质量、成本和服务的优势。"所谓做工程商人，就是指不追求纯粹的技术，而是在谋求产品的利润最大化的基础上做产品。这样的自我认知和自我批评，在华为内部也始终没有停止过。

某项目经理在华为内刊上撰文说，华为一直都在做专家的培养工作，内部

---

① 《余承东给我打电话："何刚，你来做手机吧"》（华为心声社区，2018）。

评选的专家越来越多，但从客户的感受来看，华为的专家却越来越少。

比如，现在一线都在踏踏实实地做网络巡检整改等预防工作，最怕发生网络事故。一旦出现事故，我们固定的打法就是研发、二线、一线建立 War Room（作战室），然后采集数据、专家攻关，有时候时间眨眼间就过去了。而客户的期望是，立即恢复业务，将最终客户的负面感知降到最低，后续再分析改进。再如，客户需要一个新的解决方案，而我们的专家却往往拿出一个公版的大而全的方案，这就好比客户想要一条船，能过河就行，而我们设计出来的却是航空母舰。

针对华为内部这种远离客户实际需要的工程师思维，任正非提出了尖锐的批评："我们要真正理解客户需求，要积极地服务市场，特别要反对'孤芳自赏'。"

任正非希望华为内部培养更多能够实现商业转化的工程商人。他讲了一个关于小盒子的故事："什么是小盒子？日本的数码相机就是小盒子，它把全世界都打败了。这个小盒子看起来没有最新的技术，但真的没有技术吗？技术不是理论，不是功能，而是包括工艺、材料等多学科知识的综合技术。我们华为也需要能做这种小盒子的工程商人，而不是仅能做出功能的科学家。"任正非极力鼓励那些能简单地把功能做好的工程商人，激励做小盒子的人拿高工资、做总监，鼓励"以客户为中心"的理念在研发中不断强化和落地。

工程商人思维让华为工程师们在实践中不断成长。成长起来的工程商人也成为华为开疆拓土、持续发展的中坚力量。然而，不同的时期也有不同的指导思想。2018 年，任正非在部分欧洲研发中心、研究所座谈会上的讲话中指出："今天我们已经渡过饥荒时期了，在某些领域也走到行业前头了。长远一点儿看，我们不仅需要工程商人、职员、操作类员工，也需要科学家，而且还需要思想家。"到今天，华为既需要工程商人，也需要科学家，但不是人人都被要求做工程商人。

5.2　IPD 流程保证研发成功，从偶然走向必然

在面对资金雄厚、技术先进的国际巨头的竞争时，为了能持续稳定地推出高质量的产品，将过去的偶然成功变成必然，1999 年，华为向 IBM 学习，导入了 IPD 及其管理方法，并根据自己的实践对其不断优化和发展，最终形成了有华为特色的 IPD 整套方法论和可操作体系。

5.2.1 IPD 的历史与发展

华为的自主研发开始于1991年，其早期所有的研发项目都由制造部负责。随着时间的推移，研发的技术复杂度日益增加，研发过程中问题频出。1993年，华为成立了数字机组，开始以一种全新的组织结构来管理研发项目。

为了优化研发管理，华为在1995年成立了中央研究部（简称中研部），将企业所有的研发力量汇聚起来，整合成一个大规模的研发团队。接着又成立了中试部，以确保产品质量，加速产品研发成果的成熟化。1996年，华为成立了战略规划办公室，负责企业整体产品战略的研究和输出，为中研部的产品开发指明方向。1998年年底，华为成立了预研部，作为中研部下的一个细分部门，主要负责前瞻性技术的研发。从此，华为逐渐形成了企业的研发管理系统。

随着华为的快速扩张，其原有研发管理系统已无法跟上整体规模化发展的步伐，主要表现如下：

第一，串行研发导致开发周期很长，产品研发被动地响应市场需求且缺乏整体规划，导致维护成本偏高，影响客户的满意度。

第二，研发部门重视技术与功能的开发，对产品的可靠性与稳定性重视不足，产品研发人员闭门造车，脱离客户需求，研发浪费十分严重。

第三，产品交付质量不稳定，频发的产品投诉冲击了研发节奏，影响了产品利润。

第四，产品研发严重依赖个人英雄主义，成功难以复制。

第五，流程不顺畅，缺乏跨部门的结构化且端到端的流程，运作过程割裂，内耗严重。1997年，华为研发费用浪费率和产品开发周期是业界最佳水平的两倍以上。华为的销售额虽然连年增长，但产品的毛利率却逐年下降，人均效益只有思科、IBM 等企业的 1/6～1/3。

此时，华为领导层意识到急需一场变革来改变企业的研发模式与方法，从而缩短产品研发周期，提高产品研发效率，改善客户对研发产品的满意度。1997年，任正非带领华为一行人来到美国，考察了休斯、思科、贝尔实验室、IBM 等企业，了解它们的管理方法，寻求突破研发瓶颈的方法。其中，IBM 的经历让华为一行人印象深刻：在1992年前后，IBM 也遇到了研发效率低下的问题，但其凭借 IPD 变革把处于低谷时期的组织成功激活。于是华为就决定拜 IBM 为师，开始实施 IPD 变革。

1999年2月，华为正式邀请 IBM 帮助自己实施 IPD 变革。

IBM 顾问带领华为项目组人员成立了变革沟通小组，通过各种渠道进行宣传和培训，用近一年的时间帮助华为各领域主管及骨干充分理解变革，明确未来 IPD 变革的方向。

华为从不同的产品线中选择了四个试点 PDT，由顾问按照 IPD 的方法引导四个 PDT 进行 IPD 变革。

IPD 变革下的组织结构与华为过去的组织结构完全不同。在 IPD 的跨部门矩阵中，资源线都来自研发部以外的部门，如市场部、生产部、客户服务部等，企业各个部门都要参与研发，甚至要由市场部人员担任产品经理。

变革初期，员工对 IPD 变革的效果抱着怀疑的态度，担心 IPD 将整个研发流程复杂化。尤其是研发人员，不仅需要与其他部门的人员反复开会，还要编写很多资料和文档，工作量大大增加，都无法集中精力搞研发了。但是，经过试点试验，IPD 的成效初步显现，产品变得越来越稳定，版本管理混乱的问题得到了解决，客户在使用产品的过程中也不再频繁投诉了。

在 IBM 顾问的带动下，华为的 IPD 变革开始向整个研发系统推广。

2001 年，华为推出了 IPD 流程 1.0 版本，在 30% 新启动的产品研发项目中全面推行 IPD，在 70% 新启动的产品研发项目中部分推行 IPD。

2002 年，华为又推出了 IPD 流程 2.0 版本，此时，支撑 IPD 流程的相关人事制度、财务制度和绩效考核制度等都已建立，而且从高层领导到基层产品开发管理者都对 IPD 流程有了比较清晰、深入的认识。至此，华为已经具备了全面推行 IPD 的客观条件。

到 2003 年，经过五年的努力，华为 IPD 流程已经全线贯通，华为的 IPD 流程也升级到了 3.0 版本。华为的 IPD 流程根据业务发展需要，对角色、活动、模板、支撑流程、工具等坚持不懈地进行了优化，使其与周边流程的衔接更加顺畅。华为 IPD 流程也从 2003 年的 3.0 版本一直升级到目前的 8.0 版本。未来，华为 IPD 流程的优化仍然不会止步。

在坚决推行 IPD 变革后，华为的研发能力显著提升：产品研发周期从 2003 年的 84 周缩减至 2007 年的 54.5 周，零偏差（偏差率低于 5%）的项目比例超过了 90%，客户满意度从 2001 年的 79 分持续上升到了 2007 年的 95 分，产品故障率也从 2001 年的 17% 降到了 2007 年的 0.01%。华为的研发实现了由"以技术为中心"转向"以客户为中心"，从而能快速为客户提供高性价比又满足客户需求的产品，支撑着华为赢得了一次又一次市场竞争的胜利。

5.2.2 IPD 基本理念与应用

IPD 管理体系的核心在于"产品研发是基于市场的创新，是一种投资行为"。因此，华为形成了由市场、研发、生产、客户服务、财经、采购等部门人员组成的贯穿整个产品业务流程的 IPD 管理模式，即从市场需求到产品战略、产品规划、技术规划、产品开发，再到产品上市、退市的产品全生命周期的管理过程。

华为的 IPD 管理体系由三个流程构成，分别是市场管理流程、需求管理流程和 IPD 流程。

1. 市场管理流程

市场管理流程的目的是保证工作方向的正确性，是 IPD 管理体系的上游流程。市场管理流程包括理解市场、细分市场、组合分析、制订商业计划、融合与优化商业计划，以及管理商业计划并评估绩效六个主要模块。市场管理流程通过对市场和细分市场的分析，制定细分市场的策略，形成商业计划，并把商业计划落实到日常工作当中。

市场管理流程输出的商业计划包括未来 3～5 年的战略规划和未来一年的经营计划，这些是华为产品管理团队工作的基础。

2. 需求管理流程

需求管理是华为产品和解决方案管理工作的重中之重，因为产品发展路标是以客户需求为导向的。

需求管理关注客户需求并监控实现过程，需求管理流程包含收集、分析、分发、实现、验证五个阶段，对需求进行端到端的闭环管理，以保证需求管理的完整性。

在需求收集阶段，企业的各个职能部门，尤其是和客户有接触的职能部门，如市场部、销售部、各地办事处、研发部门、技术服务部门、供应链部门，以及各个规划、开发团队就像需求感知的"神经末梢"一样，收集外部客户和内部各部门的需求，然后由系统工程师负责进行需求整合和分析。

在需求分析阶段，系统工程师对需求收集环节得到的需求信息进行加工处理，目的是"去粗取精，去伪存真"。

通过需求收集和需求分析，可能会产生三种需求，分别是产品包需求、中期需求和长期需求。产品包需求会马上纳入正在开发的版本，中期需求会纳入产品路标，长期需求会输入产品未来规划。

在需求分发阶段，经过分析的需求应恰当地分配到最佳的组织和流程中去处理，把客户最关注的需求分配到最合适的产品上。

需求实现和验证主要通过产品和技术的研发流程实现，在该阶段，要实现设计方案并进行测试和验证。开发团队将需求进一步分解成市场需求、产品包需求、设计需求，然后完成对产品包的实现与验证，向市场和客户交付完整的产品包，其中，验证过程贯穿整个研发流程。

3. IPD 流程

产品开发是基于 IPD 流程实现的。IPD 流程根据产品规划，依靠成熟的共享组件，快速、高质量、高效率地完成产品开发与上市。IPD 流程包含概念、计划、开发、验证、发布、生命周期管理六个阶段，如图 5-1 所示。

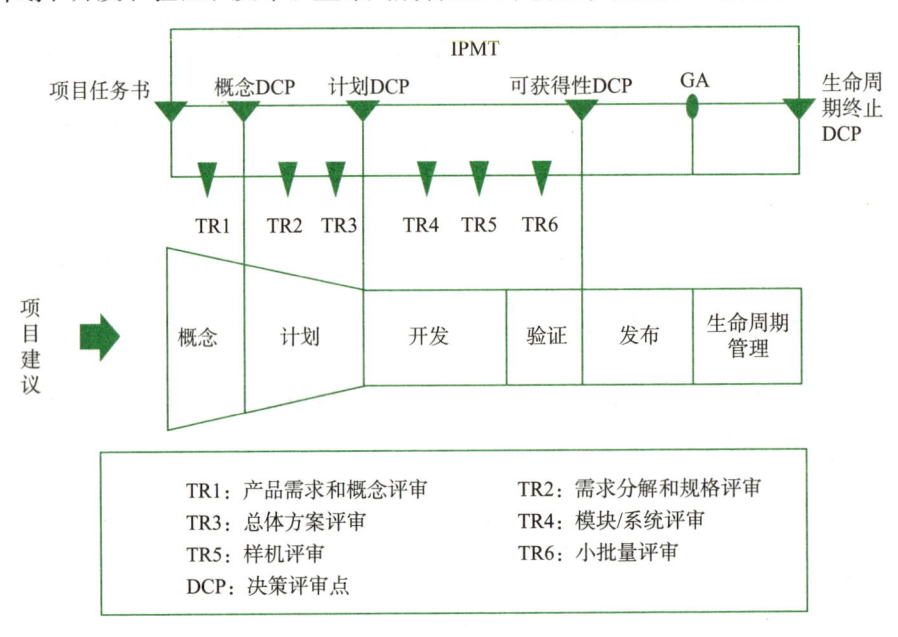

```
IPMT
项目任务书    概念DCP    计划DCP    可获得性DCP    GA    生命周期终止DCP
              TR1  TR2  TR3    TR4  TR5    TR6
项目建议  →  概念  计划   开发   验证   发布   生命周期管理

TR1：产品需求和概念评审      TR2：需求分解和规格评审
TR3：总体方案评审            TR4：模块/系统评审
TR5：样机评审                TR6：小批量评审
DCP：决策评审点
```

图 5-1 IPD 流程

概念阶段主要是想清楚要开发什么样的产品，组成 PDT，获得 IPMT 的批准。计划阶段则全面考虑组织、实践、资源、财力等因素，形成一个总体、详细且有比较高准确性的业务计划，然后由 PDT 提交 IPMT 评审。若评审通过就进入开发阶段，PDT 负责管理从计划评审点到将产品推向市场的整个研发过程，PDT 的成员负责落实部门的支持。在开发阶段，由各部门全力配合产品按计划研发。在验证阶段，要验证研发的产品是否满足开始时的设计需求。在发布阶段，产品将正式对外发布并能进行大批量销售了。任何产品都不会一直生产下去，产品在开发完成后便进入了生命周期管理阶段。企业会根据产品与服务的市场情况，决定它们是否继续进行销售，以确保产品适时退出市场。

在 IPD 流程的每一个阶段，都有明确的目标。同时，为了保证产品的质量，IPD 流程在不同阶段还设置了评审点，包括技术评审点（TR）和决策评审点（DCP），以保证产品满足客户需求。

综上所述，华为的 IPD 流程结构层次清晰、运作清晰。研发项目团队基于这个通用化的流程，就能快速进行产品研发，并把产品及时推向市场，大大提升产品的市场竞争力。

5.2.3　IPMS 流程架构与应用

华为的 IPD 确保了产品的开发和上市，为了将产品卖好，华为则通过其卓越的终端产品上市营销操盘利器——IPMS（Integrated Product Marketing & Sales，集成产品营销与销售）流程来发挥重要作用。

华为 IPMS 流程由 IPD 流程衍生而来，其作为面向消费者业务、个人业务（To C）的主干业务流，聚焦产品上市前端与销售各环节，围绕单款产品，规范从产品的市场机会点生成到生命周期结束的全流程市场整体操盘管理。

IPMS 虽然衍生自 IPD，但与 IPD 还是有所区别的。

【案例】IPD 与 IPMS 的区别

IPD 与 IPMS 的区别主要集中在以下四个方面，如图 5-2 所示。

IPD		IPMS
产品开发管理	聚焦领域	上市操盘管理（GTM）
PDT	运作团队	PCT
全生命周期，全领域端到端管理	管理范围	全生命周期，聚焦与销售相关的领域
产品质量、开发效率、投资收益	考核标准	以商业成功为最终目标

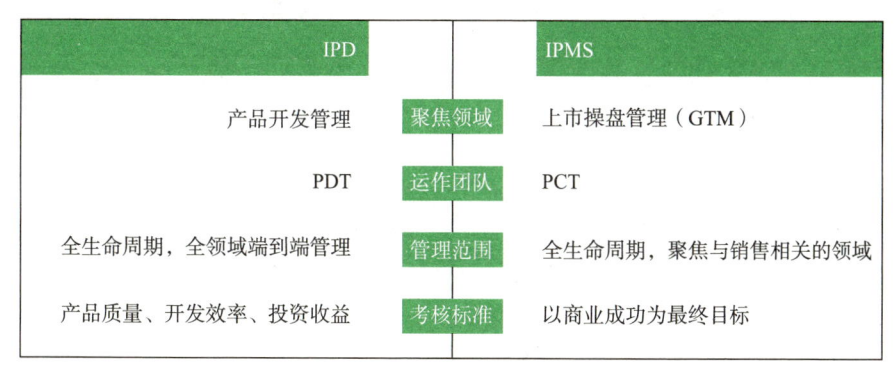

图 5-2　IPD 与 IPMS 的区别

聚焦领域：IPD 是一个产品开发管理的流程，而 IPMS 是一个上市操盘管理（Go To Market，GTM）的流程。

运作团队：IPD 基于 PDT 运作，而 IPMS 的核心团队为 PCT（Product Commercial Team，产品市场团队）。

管理范围：IPD、IPMS 都是端到端的全生命周期管理流程，不同的是，IPD 管理范围更广，因为它覆盖所有领域，其中产品上市领域是它的一个子领域，而 IPMS 聚焦与销售相关的前端所有领域。

考核标准：IPD 不仅考核商业成功，还考核产品质量、开发效率、投资收益，而 IPMS 的考核标准只有商业成功。

华为在引入 IPMS 前，在执行产品上市操盘的过程中面临着一系列问题。一方面，产品上市操盘需要对跨部门所有领域进行管理，在此过程中信息来源复杂，常常不能及时同步到位，造成研发与销售部门的脱节，加上各部门的本位主义，使得部门相互间的协调出现很大的困难。另一方面，产品上市覆盖从规划到退市的全生命周期，操盘时间跨度长，对人员管理的技能要求和项目管理的要求很高，对人的依赖性很大，而且如果遇到人员的变动和更替，文档的交接也会带来很大的困难。

通过 IPMS 流程可以在研发与销售之间进行有效拉通，从而解决以上问题。因为 IPMS 流程设计的逻辑就是，从销售人员的视角去解读 IPD 各节点的产品准备，完成相应的上市准备动作，并进一步规范化、流程化，最终形成 IPMS 流程。

【案例】IPMS 与 IPD 的互锁

IPMS 流程分为五步，即立项、概念、计划、行动、验收。

IPMS 各流程节点都有对应的 IPD 流程关键节点，通过这些节点，开发进度与产品上市进度在流程上实现了互锁，如图 5-3 所示。

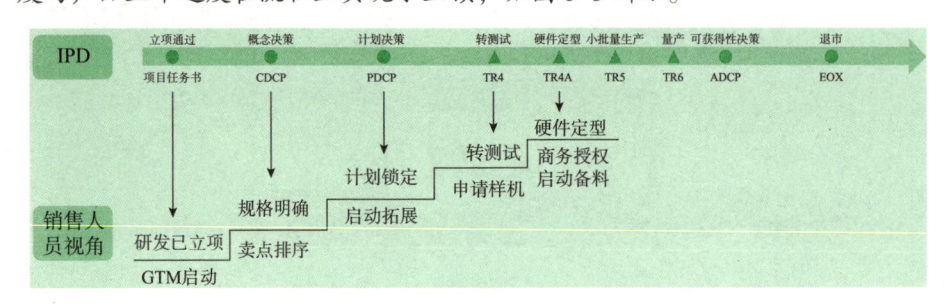

图 5-3　IPMS 与 IPD 的流程互锁

第一步：立项——"决定要做"，对应 IPD 的项目任务书立项。项目任务书立项就是要做项目了，投资委员会给人、给钱开始做。

第二步：概念——"决定做成什么样"，对应 IPD 的概念决策评审点（CDCP）。

第三步：计划——"决定何时做完"，就是定好计划，对应 IPD 的计划决策评审点（PDCP）。

第四步：行动——"开始做"，PDCP 之后，IPD 就到了正式开发阶段。当然，开发阶段分成几个子步骤，包括纯开发、转测试、小批量生产。

第五步：验收——"做完验收"，相当于IPD的最后一步——可获得性决策评审点（ADCP）。

从一名销售人员的角度来审视IPD流程，在各个步骤对应的行动如下。

第一步：项目任务书立项通过。这意味着决定要做产品，要投入开发。这时候销售人员知道要做这个产品了，将来要负责售卖，因此要尽早介入，成立产品销售团队，也就是PCT。

第二步：概念决策评审点。在这个阶段产品的规格将会定下来，这样就可以确定产品的卖点和卖点排序了。此时，零售、营销部门就可以行动起来做卖点包装、零售物料设计、营销物料设计，其对应着IPMS里面的GR1点。

第三步：IPD进入计划决策阶段。对IPD来说这是计划明确的时间，即计划定下来了，并已经向IPMS团队做了承诺。这时候销售会做两件事：首先，可以给客户承诺，并和客户一起去启动新产品拓展；其次，知道了新产品的上市时间，就可以确定老产品的退市计划。这是一个非常重要的阶段，叫启动市场拓展阶段，其对应着IPMS里面的GR2点。

第四步：IPD从计划阶段进入开发阶段。开发阶段其实分成几个子阶段：纯开发、转测试、小批量生产。里边有一个TR4点，是纯开发转测试的关键点。在这个关键点，软件、硬件版本都有了，销售人员可以考虑申请样机跟客户去进行市场拓展，其对应着IPMS里面的GR3点。

第五步：到达IPD里面非常关键的点——TR4后，产品的硬件定型了，也就是说所有的器件全部定下来了，因此成本也就确定了。销售人员此时就可以提供商务报价，并跟客户确定价格，然后启动备料、下单签合同了。这个阶段非常重要，对应着IPMS里面的GR4点，即上市阶段。

从华为的经验看，IPMS流程要成功运行，需要有三个方面的保障：组织保障、流程保障和业务保障，华为将其实践总结为"2会、3点、4马车"，如图5-4所示。

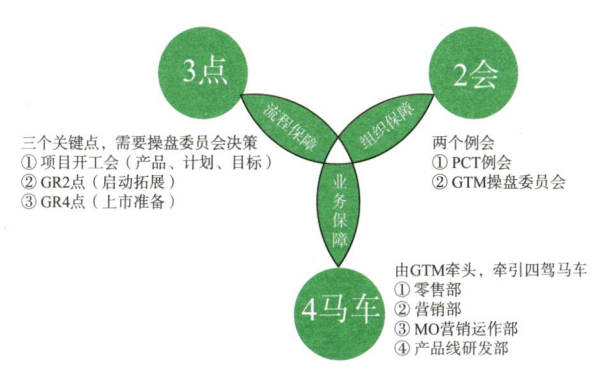

图5-4　IPMS流程运行的三个方面的保障

1. 组织保障有两个例会：PCT 例会和 GTM 操盘委员会

PCT 例会是 IPMS 团队中最基本的运作组织，参会人员是 PCT 的核心成员，主要解决信息同步的问题和决策的问题，能够快速高效地达成一致意见，并形成决策和结论，同时了解周边部门的关键进展。

GTM 操盘委员会的参会人员是销售部、产品线、营销三大体系的负责人。他们通过 GTM 操盘委员会进行汇报，并对一些关键进展、决策点进行评议和决策。

2. 流程保障中有三个关键点需操盘委员会进行决策

这三个关键点分别为项目开工会（产品、计划、目标）、GR2 点（启动拓展）、GR4 点（上市准备）。

3. 业务保障是指四个关键部门

由 GTM 牵头的四个关键部门，即零售部、营销部、MO 营销运作部、产品线研发部。在整个 IPMS 流程的运作过程中，以上四个部门需投入到 IPMS 流程中的每个环节，其他部门如财经、服务、交付则按需投入即可。

通过会议平台，企业解决了跨部门难以协调、信息同步困难及研发计划与一线需求脱节的问题。根据 IPMS 流程，企业要在开工以后组建 PCT，团队成员包括各个领域的代表。PCT 有责任保证项目的成功，并在项目成功后获得相应的奖励。IPMS 流程将各部门的权、责、利统一，可以解决本位主义问题。针对生命周期管理会遇到的端到端时间太长、对人的依赖性太强的问题，企业可以通过流程化明确每个节点的工作内容，把对人的依赖变成对流程的依赖。

从 IPMS 流程的运作机制中可以看到，该流程可以有效解决产品上市操盘过程中的种种问题，助力产品成功推向市场并取得商业成功。

第6章 销售管理：竞争制胜，实现机会闭环

销售管理是企业生存的保障，也是促进企业发展和进步的重要因素。

企业在本质上都是盈利导向的。没有盈利，不在市场上打败竞争对手、获取订单，就不可能保障企业的持续发展。

打造一支充满血性的销售团队，构筑牢固的客户关系，建立适当的销售组织管理模式及运作流程，就可以有效提升客户满意度，为企业多产"粮食"。

6.1 销售定位：打造攻无不克、战无不胜的铁军

很多企业家问笔者："华为是怎样打造销售铁军的？"

其实，其核心就是要激发销售团队的血性与活力，建立以结果为导向、以战略任务为中心的矩阵型管理模式。

具体来说，就是加强各部门的协调与配合，同时对一线充分授权，让客户的需求能够得到及时的响应。只有在单兵作战能力稳步提升的前提下发挥战区和军种的协同力量，才有可能通过组织的力量，打造无坚不摧的销售军团。

6.1.1 以客户为中心构建矩阵型销售组织

在企业经营中，经常出现部门间各自为政的问题，造成了各部门或团队之间的冲突，这就要求企业实现一体化管理，将各部门或团队的"箭头"都指向一个方向，那就是客户，企业的各部门或团队应该在内部围绕"以客户为中心"提供一个综合性解决方案。

30多年来，华为在内部不断向员工反复传递"以客户为中心"的价值主张，并建立了一系列"以客户为中心"的管理体系。任正非强调："我们要以为客户提供有效服务作为我们工作的方向，作为价值评价的标尺。"

在这样的价值主张引领下，华为员工充满斗志，奋战在世界各地，甚至是蛮荒、战乱、疾病肆虐的地区。

坚守"以客户为中心"的价值主张，是华为持续发展的主要原因。如何理

解"以客户为中心"？

一是为客户服务是华为存在的唯一理由，客户需求是华为发展的原动力。企业要做到可持续发展，归根结底要满足客户需求。任正非指出："只有帮助客户实现他们的利益，华为才能在利益链条上找到自己的位置。只有真正了解客户的需求，了解客户的压力和挑战，并为其提升竞争力提供满意的服务，客户才能与你长期共同成长和合作，你才能活得更久。所以需要聚焦客户关注的挑战和压力，提供有竞争力的通信解决方案和服务。"

二是"以客户为中心"就是要帮助客户取得商业成功。2015年，华为在EMT决议中强调："商业活动的基本规律是等价交换，华为为客户提供及时、准确、优质的服务，同时获取相应的合理回报。我们赚了客户的钱，就要努力为客户服务，进一步提高服务质量，客户就不会抛弃我们。"成就客户才能成就自己是华为一切经营活动的行为准绳。

超乎寻常的"以客户为中心"的模式必然要求有能够快速响应客户、服务客户的组织，华为经过十多年的奋斗，形成了一个矩阵型销售组织。

华为的矩阵型销售组织由区域市场部、各产品线、产品行销部组成。区域市场部由各系统部组成的客户线、技术工程部和市场财经部组成；各产品线是一条龙式的，由各产品的研发、市场、中试、生产、财经、技术服务等部门组成；产品行销部主要由各产品的技术专家、营销策划人员组成。华为的矩阵型销售组织形成的过程，是一个不断适应战略和环境变化，从原有平衡到不平衡，再到新的平衡的动态演进过程。

【案例】华为客户经理和行销经理的矩阵型结构

客户经理和行销经理在华为的矩阵型结构中实现了密切的配合。

按区域分布的客户经理，其主要职责是要建立与维护客户关系、安排接触点、传播产品信息，以及对已经销售的产品做好服务、让顾客满意，主要负责相对成熟的产品的销售。

行销经理的主要职责是制造并传播信息、传播产品价值，主要承担新产品的销售任务。因为新产品的推销费工夫，见效慢，加之产品不成熟、不稳定，所以这是一个逐步推进延展的过程。当销售新产品时，华为首先把人员集中在总部，只派少量人员到前线，借助客户经理提供的平台和客户关系去拓展市场。只有在新产品在很多区域完成了突破之后，为了扩大战果，产品行销部才会派遣大量人员到各个区域展开饱和攻击。在新产品拓展成为成熟产品后，规模销售的责任就转移到了各个区域的客户经理身上，尽量保持以单纯的界面去面对客户。

为了让客户线和产品线更好地整合，避免冲突和矛盾，华为还采取了一些特殊的办法。比如用虚拟销售额的办法来鼓励新产品销售，比如卖100万元的新产品就相当于完成了500万元的销售任务，以此来平衡新产品销售难度较大的问题。另外，为了促进设备销售部门和服务业务部门的配合，避免推诿，华为采取了"双算"的方法，鼓励双方的业务人员密切合作完成彼此的销售任务。

这种矩阵型营销结构让华为在资源的配置和运用上更加灵活，不仅避免了资源浪费、战斗力懈怠的情况，而且在扩大战果时，也不会因为资源投入不够而贻误战机。

矩阵型组织结构打破了传统的以权力为中心的思想，树立了"以任务为中心"的思想，这种分权的、民主的、合作的管理模式，为华为树立"以客户为中心"的理念作出了巨大贡献。矩阵型组织结构虽然不是华为的原创，但是在华为却得到了精妙的运用和发展，其复制到了华为绝大部分部门，并通过大矩阵里嵌套小矩阵的结构，覆盖了大部分的工作岗位，形成了一张巨大的矩阵网。在瞬息万变、竞争激烈、技术迭代日新月异的信息行业，在机会的牵引下，形成这张网的平衡不断被打破，又不断被重建，但也让华为始终保持一种动态的灵活性，实现了业务的快速增长。

6.1.2 赋予销售作战决策权，发现机会，抓住机会

华为矩阵型组织结构在不断细化分配资源的过程中，充分调动资源，切实贯彻分权分责。矩阵型组织结构把业务管理划分成很多的小网眼，这些小网眼就是一个个权力中心，拼起来就像一张大渔网。在捕鱼时靠网眼，而不是靠网绳，忽视一个网眼，鱼就可能钻出去。

为了避免"鱼死网破"的情况，就要加强网眼的建设，即对业务部门的权力结构进行设计。因为业务部门在最前线，最了解情况，承担了"捕鱼"的责任，所以就应该赋予其调动和利用一切资源的权力，特别是当出现一条一个网眼挂不住的"大鱼"时，要能够充分调动各项资源，把许多的网眼组成网团，从而将"大鱼"紧紧地包围起来。

所以华为提出要让听得见"炮声"的人来呼唤"炮火"，向一线充分授权，让了解市场的人来行使权力。任正非在销服体系奋斗颁奖大会的讲话中说：

"谁来呼唤'炮火'？应该让听得见'炮声'的人来决策。而现在我们恰好是反过来的。机关不了解前线，却拥有太多的权力与资源，为了控制运营的风险，自然而然地设置了许多流程控制点，而且不愿意授权。过多的流程控制点会降低运行效率，增加运作成本，滋生官僚主义及教条主义。"

在现实的业务场景中,情况瞬息万变,需要一线销售人员随机应变来说服客户,销售人员说的话必须有分量,所以销售人员要有主动决策权。否则,客户会感到自己不受重视,就不愿浪费时间与一线人员交流。特别是当销售人员在市场上经常要与国际性大企业的销售人员竞争时,如果没有主动决策权,事事要向上级请示,订单可能早已被他人抢走。华为拥有高效的执行力,也是因为懂得充分放权,让最了解客户的一线人员去决策,确定方案后立即执行,让客户的需求能在第一时间得到响应。

【案例】华为五级决策模型

为了向一线作战单元提供更快速全面的一站式服务,华为建立了五级决策模型。根据项目的具体情况,由不同层级的人员做出决策:可以由企业 CEO 任组长,进行集体决策;可以以片区总裁、地区总裁、系统部部长为组长进行决策;可以以代表处的代表为组长进行决策;根据项目的重要性与金额大小、商务条款的情况,可由高层主管来决策。总的原则是将决策的层级前移,让听得见"炮声"的人来指挥战斗,决策者与指标承担者合一,如图 6-1 所示。

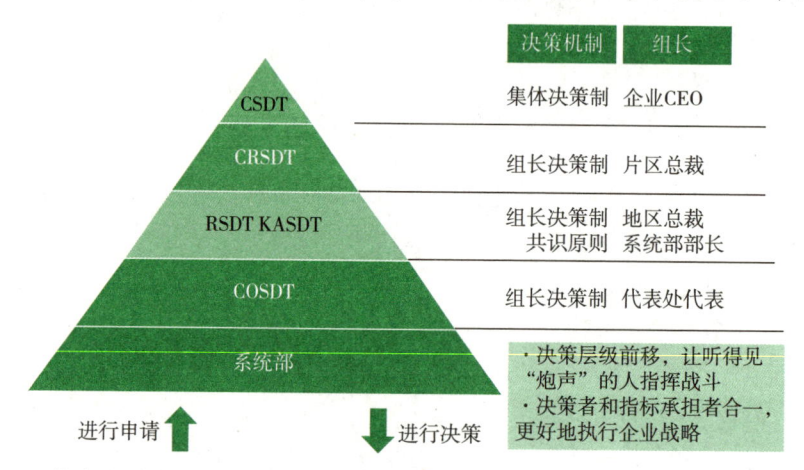

注:CSDT,指公司销售决策团队;CRSDT,指事业部销售决策团队;RSDT,指地区部销售决策团队;KASDT,指大 T 系统部销售决策团队;COSDT,指代表处销售决策团队。

图 6-1 华为五级决策模型

决策升级的标准主要参考合同金额、合同盈利的情况、合同现金流的情况、合同授信的额度和相关商法等,这些维度的各种因素都分成了不同的清晰的等级,据此来判断这个项目该由哪个层级来决策。

企业战略在区域落地的执行单位和经营单元是代表处,代表处可根据各类业务的发展状况和管理成熟度,参考标准模型灵活设置责任中心。任正非在"合同在代表处审结"工作汇报会上讲道："代表处成为作战中心、利润中心，对机会发现、合同生成、合同交付、合同服务等端到端全流程负责，对长期有效增长负责。代表处自主经营，基于经营目标承诺自主决策，以应对当地的不确定性。所以，代表处有报价权、预算分配权、资源与能力调配权，以及一定额度的单项目亏损权，但是产品定价权保留在集团。代表处与集团交易简单，流程在代表处集成并形成闭环，合同信息在代表处完成终结，同时实现数据的透明化和有效监管。"

在建立了完善的规则和流程后，只需按照规则与流程操作，一线就可以发挥自主性，根据市场分析自行决断，不再需要事事请示。正如任正非所说："已经有规定或者成为惯例的东西，不必请示，应快速让它通过，执行流程的人对事情负责，这就是对事负责制。事事请示，就是对人负责制，它是收敛的。"

华为通过向一线授权，使一线员工能够充分调动资源、集中资源为客户服务，以及时响应客户的需求，从而让华为各大业务在营销上取得了巨大的成功，展现出其强大的执行力。

6.2 客户沟通：构筑牢固的战略合作伙伴关系

企业要想取得稳步发展，必须对客户关系进行有效的管理，不断加强与客户的沟通交流，了解客户需求，并根据客户的显性和隐性的价值主张来开展市场营销工作，改进产品和服务，采取差异化、个性化的营销策略。

6.2.1 与客户进行多层次沟通，深刻理解客户需求

企业的一系列业务都是围绕客户需求展开的，客户的需求会随着时间与环境的变化而发生变化。为了准确掌握客户需求，就必须贴近客户，与客户密切地沟通互动，洞察客户最迫切的需求是什么。

作为市场营销人员，与客户打交道是最基本的工作。企业在培训中就要让员工知道该怎样与客户交流，并维持良好的客户关系。在与客户交流时应该以真心换真心，让客户吐露心声，能做到这一点，对客户的需求也就基本掌握了。

任正非鼓励华为人多与客户沟通，相互交流想法，探讨共同进步的方法，用心对待客户。他说：

"坚持与客户进行交流，听一听客户的心声，我们就能了解客户的好多想法。我们今天之所以有进步，就是客户教我们的嘛。不断地与客户进行沟通，

就是让客户不断帮助我们进步。如果嘴上讲 365 天都想着产品、想着市场,实际上连市场人员、客户的名字和电话号码都记不住,还有什么用?"

任正非鼓励员工多与客户聊天,培养对市场的灵敏嗅觉,并用郑宝用在华为工作时的例子来激励员工。郑宝用在华为之所以进步很快,就是因为他与客户交流多。华为的接入网、商业网、接入服务器等概念的提出,都和他经常与客户交流有密切关系。可以说正是因为与客户交流,才有了这些发明,实际上这些就是客户的发明。"很多知识、智慧都在客户手中,我们要多与客户打交道,乐于听取客户的意见。"

充分理解客户需求的关键是聚焦客户的痛点,针对痛点进行研究和分析,并以客户的痛点为切入点来打动客户。

痛点就是原有期望没得到满足而造成的心理落差。这种落差或者说不满在个体心智模式中会形成负面情绪,这种情绪不断发酵,会让个体感觉到"痛"。例如,期望的产品或服务和现实的产品或服务对比后产生的差距,会导致个体体现出一种"痛",这种差距或落差就是痛点。

我们要搞清楚客户的痛点在哪里,以及该怎样帮助客户解决痛点。抓住客户的痛点进行表达,才能打动客户,让客户认可我们。

【案例】客户需求痛点的四个层次

客户需求痛点可分为四个层次,如图 6-2 所示。不同的客户的痛点分属于不同的层次。销售人员及其他与客户接触的人需要了解客户痛点目前所处的层次,然后据此调整或采取不同的应对策略与方案。

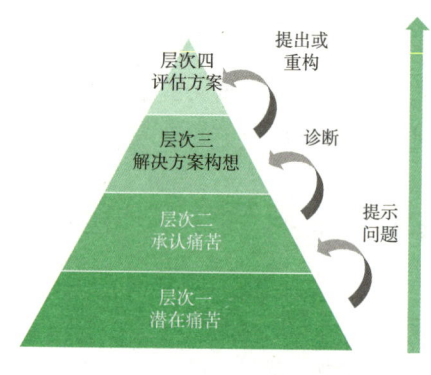

层次	客户	销售人员
层次四	客户充分认识到解决问题的必要性,成立项目小组,着手研究行动计划	评估项目,研究并制定竞争策略
层次三	客户承担起解决问题的责任,获得了解决方案的构想,进入行动前的阶段	如果已为客户提出了构想,则持续下去;如果未提出或由对手提出了构想,则要重塑构想
层次二	客户愿意讨论存在的问题,承认问题的存在,但是不知道如何解决	彻底诊断问题,为客户制定一个确信可行的解决方案
层次一	客户未察觉或过于掩盖,未积极设法寻找解决方案	帮助客户了解并承认存在的问题

金字塔图层次:
- 层次四 评估方案(提出或重构)
- 层次三 解决方案构想(诊断)
- 层次二 承认痛苦(提示问题)
- 层次一 潜在痛苦

图 6-2 客户需求痛点的四个层次

层次一:潜在痛苦。处在这个阶段的客户,其状态是没有发现问题,也没有积极设法解决问题。客户处在此需求痛点层次的两个主要原因是:未察觉或过于掩盖。未察觉是指他们尚未发现问题；过于掩盖则是指他们知道问题所在，但可能不相信有解决方案的存在，或者之前设法解决过但是没有结果。此层次的客户常常以解决方案过于昂贵、复杂或存在风险为借口而选择不购买，忍受着与问题共存的痛苦。

针对这个阶段，销售人员的关键行动是帮助客户了解并承认存在的问题，而不是推销产品或者服务。

层次二：承认痛苦。 在这个阶段，客户愿意讨论存在的问题、困难或不满，承认问题的存在，但不知该如何解决。此时客户会把问题讲出来，但不会采取任何行动，因为他们对于该做什么及如何开始并没有清楚的构想。

这时销售人员应该彻底诊断问题，并制定出一个客户确信可行的解决方案构想。

层次三：解决方案构想。 在这个阶段，客户承担起解决问题的责任，而且获得了解决方案的构想，开始进入行动前的阶段。

针对处于这个层次的客户，销售人员的关键行动分为两种：如果已为客户提出了构想，就要持续下去；如果未提出或由对手提出了构想，则要重塑构想。

层次四：评估方案。 处于这个阶段的客户，往往会主动寻找供应商，并评估供应商是否具备解决问题的能力。这个阶段的客户已经具有了构想，而且有了比较明确的需求清单，需要选择几家供应商来进行比较，从而获得更加有利的采购优势。

这时销售人员就需要在之前为客户提出构想的基础上，对项目进行全面评估，研究并制定相应的竞争策略。

销售过程的本身也是将客户的痛点逐渐向上引导的过程，具体表现在：在潜在痛苦层，销售人员的任务在于让客户察觉问题的存在；在承认痛苦层，销售人员的任务是证实客户的痛苦，并指引他们走向解决方案构想；在解决方案构想层和评估方案层，销售人员的做法是发展或重塑构想，让客户感到在使用了产品或服务之后，能够完全改变现状。

华为能在发达国家市场上取得突破，成为一家全球性的企业，在强手林立的通信行业撕开一条口子，占得一席之地，正是得益于其始终坚持了解客户的真正诉求，围绕客户的需求来做事，解决客户的担心和顾虑，提供最完善的解决方案，从而赢得了众多包括许多极为挑剔的客户的信任。

6.2.2 互信互助互利，建设立体式客户关系

企业与客户建立密切的关系，有助于双方建立信任感。销售工作很大程度

上取决于企业与客户的关系。

客户关系是助力企业实现目标的重要支撑，蓝血研究院曾刊发了《华为如何把客户关系转化为生产力》一文，文中指出：从业务表现上，客户关系可以带来四重收益。

第一，支撑企业盈利，避免让企业陷入痛苦的价格战中。如果有良好的客户关系，就能获得客户信任，让客户认可企业的价值。

第二，支持市场目标的达成。因为新产品、新区域的进入及市场份额的提升都需要客户关系铺垫。

第三，支撑企业在各种市场环境下实现业务的平稳增长。当行业环境好的时候，客户关系可以帮助企业抢更大的"蛋糕"；当行业环境不好时，客户关系可以成为企业的缓冲器，减少外部环境对企业的经营冲击。

第四，支持企业竞争目标的持续实现。在激烈的市场竞争中，客户关系可以支撑企业在竞争中脱颖而出。[1]

企业想要与客户建立深厚的友谊，就要建立全方位的客户关系。不仅要与客户的决策层建立好关系，而且与客户的中层、基层同样要建立深厚的友谊，将每一个层级的客户都关照到，确保万无一失，不留给竞争对手任何机会。华为在客户关系方面构建的是包含普遍客户关系、关键客户关系和组织客户关系的立体式客户关系，如图 6-3 所示。

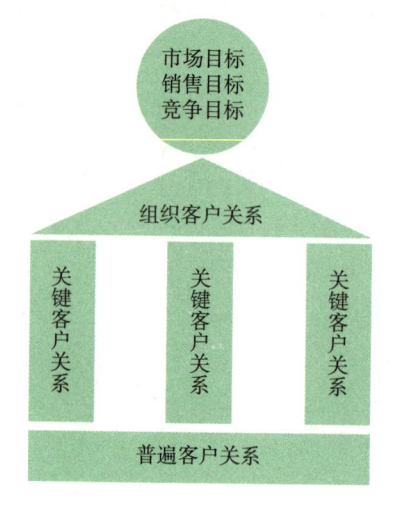

图 6-3　华为立体式客户关系

---

[1] 出自文章《华为如何把客户关系转化为生产力》。

1. 关键客户关系

关键客户就是在购买决策链中起关键作用的人，一个项目能否成功，关键客户的支持起着决定性的作用。因此，在进行客户服务时，要识别决策链中的关键客户，根据其需求提供针对性服务，以建立稳固的关键客户关系。

【案例】通过组织权力地图识别关键客户

常见的关键客户是对高层客户或业务决策者有影响的人，比如股东、相关利益集团、家人、好友等，同时不能忽略企业的明日之星和决策领导的助理，比如总经理助理、董事长助理等。

对关键客户，企业可以通过组织权力地图来进行分析。组织权力地图是比组织结构图更好用的分析客户关系的工具，组织结构图是静态的，组织权力地图是动态的。企业可以对客户的组织结构图上的每一个重要岗位从两个方面进行评估：一是岗位的角色，其包含五种，分别是批准者（Approver，简称A）、决策者（Decision Maker，简称D）、决策支持者（Decision Supporter，简称S）、评估者（Evaluator，简称E），影响者（Influencer，简称I）。二是客户对企业的态度，其可以从六个维度和五个层级来进行综合评分。六个维度分别是接受认可度、活动参与度、项目支持度、信息传递度、日常业务指导度和竞争态度。五个层级则分为反对、未接触或完全中立、支持不排他、支持并排他、教练，这五个层级分别对应-1分到3分。企业需要梳理在过去一年中，客户在六个维度上的表现，然后根据客户的态度进行打分。

将以上两个方面的评估、评分情况标注在组织权力地图上，就可以更加直观地识别出哪些岗位是关键客户，从而有针对性地建立客户关系了，如图6-4所示。

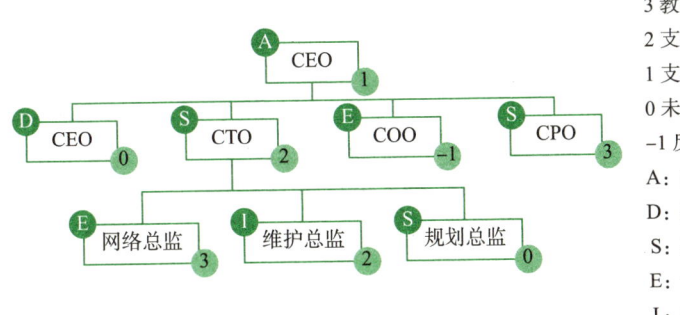

图6-4　组织权力地图

在实践中，亲密度和支持度是衡量关键客户关系的重要维度。建立关键客户关系要做好两项工作：一是要通过日常关系的维护，保持与客户的亲密度，通过日积月累的投入赢得客户的信任；二是要帮助客户解决问题，让客户认可企业的价值，提升客户对企业的支持度。

2. 普遍客户关系

普遍客户关系指基层客户关系。华为非常重视普遍客户关系，对于如何构建普遍客户关系，任正非指出："不要认为对方仅是局方的运维工程师就不做客户关系维护、不介绍产品，这也是一票呀！"在华为，客户无论大小，都会得到应有的尊重，在处理客户关系时，华为对各客户都一视同仁。

普遍客户关系有两种含义：一是在客户的组织中普遍存在的比较容易接触的关系，例如，助理、秘书、门卫、司机、普通工作人员、普通干部等都属于这类关系中的人员。二是企业为了和客户长期合作，就要和客户的各个部门进行广泛、普遍的全面接触，不能只认识某一部分人、某一个部门的人。

对于项目运作来说，普遍客户关系是很重要的，这类关系中的人员实际掌握很多有价值的信息。

【案例】通过秘书了解信息，创造见面机会

华为的客户经理张××计划拜访一位重要的客户，但是他上门了好几次，始终与这位客户见不上面。不过张××却通过几次的联系，与这位客户的秘书逐步建立了良好的关系，并获得了对方的好感。有一次，这位客户准备乘飞机去美国，张××通过其秘书了解了这一情况，并且准确地掌握了该客户的航班号及座位信息，于是他赶紧自己也买了一张机票，还把座位选在客户旁边，创造了与客户的见面机会，成功打开了突破口。

建立普遍客户关系意味着要和客户组织建立广泛的连接，尽可能多地和客户内部人员接触，认识尽可能多的人。

3. 组织客户关系

组织客户关系是指企业与企业之间建立的战略合作伙伴关系，是高层级的客户关系。组织客户关系是决定企业能否长期存活的关键，是保障企业长远发展的关键因素之一。华为将客户分为S、A、B、C四类，其中S类客户为战略客户，A类客户为伙伴型客户。组织客户关系构建的目标就是要争取与S类、A类客户建立战略合作伙伴关系。

组织客户关系的拓展方式包括建立联合创新中心、高层带队互访、签署战略合作协议等。

比如，华为在 2021 年和北汽、长安等几家汽车企业签署了战略合作协议，与对方就产品、品牌等进行深入合作，推动双方之间的组织关系建设。

建立联合创新中心也是构建组织客户关系的有效手段。在与客户的联合创新中，华为可以更加了解客户的商业诉求。

根据华为官网发布的消息，2020 年 11 月 1 日，山西交通科学研究院集团有限公司（以下简称山西交科集团）与华为在太原举行了联合创新实验室的揭牌仪式。

山西交科集团在成立之初，就致力于发展智慧交通，努力打造国内一流的科技型、实力型、智能型现代化交通企业。这与华为的发展理念、技术优势高度契合。

华为企业 BG 总裁彭中阳在揭牌仪式的致辞中表示："华为以构建万物互联的智能世界为愿景，多个部门都在智慧高速领域持续深耕。华为非常荣幸能与山西交科集团在智慧交通领域开展深度合作，华为将始终围绕需求，以交通问题为导向，以国家政策为引领，以创新技术为驱动，使能山西智慧道路数字化。我们希望通过'云、网、边、端'的创新架构，提供'感、联、算、控'的全面能力，最终达到'人、车、路、云'的互信协同，使能智慧高速，支撑车路协同、车队编组及未来自动驾驶。华为将与山西交科集团在高速 IoT、云计算、大数据分析等领域开展联合创新，共同推进山西交通运输行业高质量发展。"

未来，华为与山西交科集团将在智慧交通、智能装备、信息化等多领域密切合作。此次创立的"山西交科—华为联合创新实验室"将依托山西交科集团在人才、平台及市场等方面的资源，结合华为的技术和创新优势，打通研发、产业和市场链条，实现双方共赢。

普遍客户关系和关键客户关系对于运作项目是必需的，而建设组织客户关系对于企业而言意义重大，是企业长远发展的基础。建设客户关系必须摆正客户关系的位置，要帮助客户做出成绩，这样的客户关系才会越用越厚，取得双赢。否则，仅靠关系起步，靠关系生存，不思进取，不改进产品和服务质量，关系就会越做越薄，企业很难获得长远的发展。

关于立体式客户关系构建，德石羿团队根据咨询公司的成熟理念和华为的实践，总结了一整套的理念、流程、方法和工具，限于篇幅，这里不展开叙述。

6.2.3 聚焦高价值客户，集中优质资源打造标杆客户

任何一个企业的资源都不是无限的，华为也是一个能力和资源有限的企业。华为强调战略资源不应该消耗在非战略机会点上，必须把有限的资源投入到产生价值的客户上，重点满足客户一部分有价值的需求。价值客户不仅指规模大的客户，成长快的客户也是价值客户。

任正非曾说："只有我们活下来，才能为客户服务；只有优质客户多给我们一些利益，我们才有能力多配置一些资源，提供优质服务。这是一个共同利益问题。假如一些客户创造了很低端的价值，我们还把优质的资源往它身上靠的话，就是浪费，这对优质客户不公平。所以说优质的资源要向优质的客户倾斜，但是并不是说要忽略不优质客户，不是这个道理，一定要有一个分类。"

华为通过归纳和总结，建立了一个模型来管理客户关系，把被动的日常工作变成主动的管理和规划。

【案例】华为的客户生命周期价值模型

不是所有的客户都具备相同的价值，为了让企业能够专注于那些可以带来最大未来利益的客户，实现更好的运营，企业可以运用客户生命周期价值（Customer Lifetime Value，CLV）模型对客户进行识别。

应用 CLV 模型，可以进行两种客户价值分析，将企业的最佳客户与放弃客户进行区分，如图 6-5 所示。

	目前利润低	目前利润高
未来利润高	必须投资客户	最佳客户
未来利润低	放弃客户	保留客户

a

	目前利润低	目前利润高
投入成本高	最不获利客户	可获利客户
投入成本低	可获利客户	最具获利能力客户

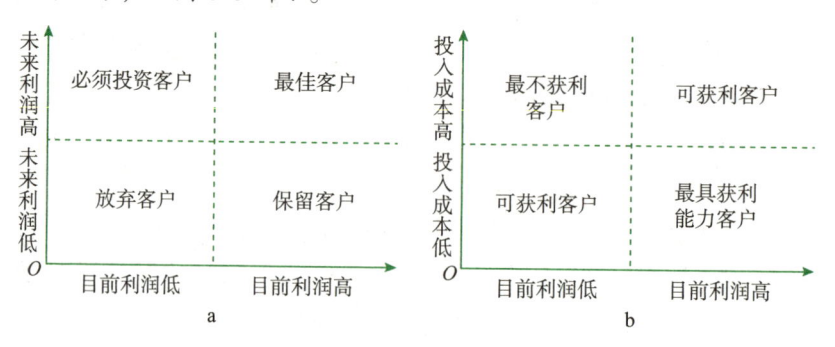

b

图 6-5 客户价值分析

在图 6-5a 中，横轴是客户带来的目前利润，纵轴是未来利润，反映客户未来能否带来持续的利润。如果客户带来的目前利润高，未来利润也高，则属于最佳客户；反之，如果客户带来的目前利润低，未来利润也低，则属于放弃客户。

图 6-5b 的横轴也是客户带来的目前利润，纵轴则是需要在客户身上投入的成本。如果客户带来的目前利润高，而投入成本又低，则属于最具获利能力客户；如果客户带来的目前利润低，投入成本高，则属于最不获利客户。

除了可以运用 CLV 模型，我们还可以对客户的市场价值包括销售额、市场规模、市场潜力、市场份额、竞争地位、竞争战略、交付和产品能力等方面进行综合评价，以确定客户的类别和价值。

在对客户进行价值分级、分类之后，就需要分别匹配资源和确定服务标准，并制定不同的客户策略。客户策略既包括对客户整体的定位，也包括对客户里面处于组织结构上不同位置的客户的定位。

【案例】华为通过预算管理解决资源配置

在华为，财务预算是解决资源配置问题的重要管理工具。华为 To B 业务的全球大客户有 570 多个，其中核心客户有 370 多个，对每个客户投入的金额是多少，每个客户的市场份额是多少，每个客户的预计市场份额是多少，华为都要进行统计核算。华为在运营商这一侧的整个预算做得非常精细，基本上可以精细到客户维度。如果预算收入来自客户，那么资源也可以配置到客户上，包括为每个客户配置多少名产品经理、多少名客户经理、多少名交付经理，以及对客户需求的响应和管理。这就是说，预算来源于客户、来源于项目，相应的资源也配置到客户。

华为将优质资源向优质客户倾斜的主要方式是增加对客户层面的投入。比如，华为拿出一定比例的超额利润，回馈那些贡献利润的战略客户、最佳客户。经常采用的形式是华为与客户共建联合实验室，由华为负担所有费用。这样，客户就可以得到更多的赋能，华为相较竞争对手在客户所处的领域就会取得更多的竞争优势，从而在下一波新技术的商用过程中抢占先机。此外，华为有时也向客户提供优惠券，客户可以凭优惠券在以后的订货中抵扣相应的金额。

尽管在很多人看来，"将优质资源向优质客户倾斜"有时候会显得很"势利"，但站在客户的立场上来说，客户让企业多赚了钱，企业自然要提供更好的服务，这是符合商业规则的，是真正的"以客户为中心"。

6.3 组织保障：华为销售铁三角

华为销售铁三角是"以客户为中心"的思想在 To B 市场领域、在客户界面的集中体现，通过将客户经理、解决方案专家、交付专家组成铁三角，华为形成了对高价值客户的端到端的卓越服务能力。

通过铁三角组织的运作机制，华为将不确定性的市场转化为确定性的销售项目、流程与规则，实现了销售额从几十亿元到几百亿元再到几千亿元的增长。

根据笔者的研究，可以看到在同等量级的企业中，华为铁三角的效率一骑绝尘。

6.3.1 华为铁三角模式的由来和演进

华为最初在产品种类单一的情况下，面向市场的人员只有销售员一种，其既负责销售产品，又负责做方案和配置，同时还要负责安装和维护，可以说是一专多能。

后来，随着设备种类和数量越来越多，华为便产生了设备销售与安装的分工，前者负责销售，后者负责安装、维护和故障处理。

再后来，华为销售的设备越来越复杂，如C&C08数字程控交换机，它的技术复杂度很高，只有专业人士才能讲清楚这款设备。于是产生了新的分工，一部分人专注于合同谈判和联络客户，称为客户经理，客户有任何需求，比如技术或服务问题都可以找客户经理，客户经理会将客户需求带回华为，并协调资源进行处理，同时对处理结果负责；另一部分人专注于给客户讲解产品和技术，称为产品行销经理，其专注在某一类产品上，与后端的产品线一一对应，这样既可以获得最大的技术支持，又能把客户需求反馈给相应的产品线。

这种分工结构对于做好单产品的销售和服务是合适的，但是一旦面临多产品乃至整个网络的合作，就会出现很多问题。因为产品行销经理分布在不同的产品域，他们之间互不隶属，他们只懂自己相关的领域，而且他们只关注自己负责的产品的利益，当需要产品做组合销售时，各产品行销经理往往会因为销售额的划分等问题产生分歧和矛盾，造成内耗。

积累的问题在华为苏丹代表处的一次失败的投标中集中显现，进而引发华为对组织优化方案的思考，最终找到了一种面向客户的以项目为核心的新的作战模式——铁三角模式。

【案例】从苏丹的投标失利中摸索出铁三角模式

2006年6月，苏丹电信获得毛里塔尼亚的电信运营牌照，准备在那里投资建设移动通信网。华为是其中收到投标邀请的两家供应商之一。

当时，华为的竞争对手采用的是太阳能和小油机电来共同发电的"光油站点",而华为采用的是大油机电。很显然,竞争对手的方案运营效率更高、成本更低。

客户在与华为客户经理沟通时已经明确提出过这一要求,但这一要求并没有被很好地传达给产品设计和交付团队。因为前期客户经理先单独与客户沟通,再和产品经理、交付经理沟通,所以造成了信息的遗漏。

销售团队在项目运作中也明显暴露出组织架构与客户端的需求不匹配。客户经理不懂产品,产品经理不懂交付,交付经理不涉及客户界面,每个人只关注自己的"一亩三分地"。销售团队因为缺乏统一协调的整体解决方案,所以不能做到很好地满足客户需求。

在客户召开的网络分析会上,华为参会的七八个员工都会单独向客户解释自己所负责领域的问题,以至于客户直白地表示:"我们要的不是一张交钥匙工程的网,不是一张核心网,更不是一张数通网,而是一张能够立即运营的电信网。"

投标失败后,华为苏丹代表处痛定思痛,决定调整销售团队和销售模式,做实客户界面。2006年年底,苏丹代表处任命饶晓波、王锷、王海清三人组成客户系统部的核心管理团队,分别负责客户关系、交付、产品与解决方案,首次把销售力、交付力、产品力拧成一股绳,面对客户实现接口归一化,做到无论是产品介绍、销售还是交付,都能统一标准,通过协同力真正满足客户需求。

该团队在磨砺三年之后,在2009年终于获得了苏丹运营商的全国G网最大的项目。他们在给华为高层领导汇报的时候写下了这样一句话:"三人同心,其利断金,就叫'铁三角'吧!"

从此,"铁三角"开始从苏丹代表处流传开来,"铁三角"的运作机制也越来越明晰。

苏丹代表处建立的铁三角模式被证明在业务上的应用效果非常好。之后,华为在全公司推广和完善了这一模式,使其日益成熟和系统化,成为华为在世界各地攻城略地的核心竞争力。

根据任正非自己的研究,组建销售铁三角的目的就是发现机会、抓住机会,将作战规划前移,呼唤组织力量,实现目标。

6.3.2 铁三角的角色配合,协同作战

华为的销售铁三角模式充分展现出销售是一场跨部门、跨领域的协同作战,绝不是某个关键角色的独角戏,需要兼具个体进攻性和团队协同性两个特性。

【案例】华为铁三角体系的角色组成

华为铁三角体系由客户经理、解决方案专家、交付专家三个角色组成,如图 6-6 所示。

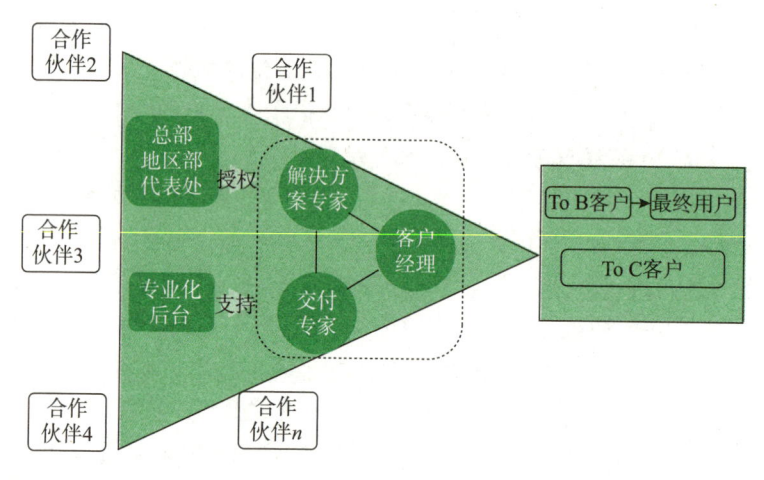

图 6-6　华为铁三角体系

第一个角色是客户经理(Account Responsible,AR),主要负责客户关系、业务需求管理、商务谈判、合同与回款。客户经理应该保持与客户的密切接触和联系,时刻了解客户的需求。

第二个角色是解决方案专家(Solution Responsible,SR),主要负责产品需求管理、产品与方案设计、报价与投标、技术问题解决。其作为一个项目的战略分析者和策划者,负责分析市场和客户的方方面面及拉通各方面的资源,以求尽可能提高项目成功率。解决方案专家是产品格局的构造者、品牌的传播者及盈利的守护者。

第三个角色是交付专家(Fulfill Responsible,FR),主要负责从订单、制造、物流、安装到交付验收的项目管理。交付专家要全程参与项目从立项到合同签订的过程,全面了解项目的前因后果,并且发表自己的专业意见。

客户经理、解决方案专家和交付专家三个角色共同构筑了一个三角形的攻坚团队,彼此支持、密切配合,通过极其迅速的响应机制,能够在最短时间内端到端地及时响应客户需求,为客户提供全面的解决方案,将销售工作最需要的进攻性与协同性融于一体。

任正非在谈到铁三角时说道:

"我们系统部的铁三角,其目的就是发现机会、抓住机会,将作战规划前移,呼唤组织力量,将目标完成。系统部里的三角关系并不是一个三权分立的制约体系，而是紧紧抱在一起生死与共、聚焦客户需求的共同作战单元。它的目的只有一个：满足客户需求，成就客户的理想。"

可见，铁三角的三角关系并非三权分立的制约体系，而是紧密结合在一起的聚焦客户需求的共同作战单元。它打破了传统"楚河汉界"的部门壁垒，实现了组织内部及时高效的交互沟通，增强了组织整体对市场的敏感性和对客户需求的快速响应能力；同时，作为聚焦客户需求、紧贴市场的最小作战单元，它具有充分的自主性，有利于不同部门间的协同配合，以及团队成员创新积极性的提升。

为了支持项目铁三角的运行，华为引入了项目制授权，赋予项目铁三角极大的组织和资源权限，即增强一线决策权重，实现决策前移，让听得见"炮声"的人来呼唤"炮火"，保证能快速响应客户需求，以应对市场竞争。同时，华为还建立了强大的专业化后台，为铁三角提供超越前台有限资源（能力）的共享资源（能力）。

以项目为单位组建的华为铁三角模式具有灵活机动的特点，它以客户为中心，协同客户关系、产品与解决方案、交付与服务等部门，通过以客户经理、解决方案专家及交付专家为核心组建项目运作团队，能更加全面地满足客户需求，做厚做宽客户关系，实现与客户双赢的目的。

6.3.3 铁三角的配套机制能激发活力

要充分发挥铁三角的战斗力，除了在组织上进行调整，还需要运用合理的管理机制，才能让三个角色完美配合，形成合力，拧成一股绳。

1. 协同的文化导向

人在一起只是团伙，心在一起才是团队。铁三角模式的变革主要是对销售团队的组织方式和运作模式进行了调整，要让这种模式的效用真正发挥，还需要对销售人员的认知进行重塑。在传统运作模式下，销售人员习惯单兵作战，并不擅长与他人进行有效的协同，为此需要在企业文化中加入协同价值导向，建立团队协同作战的思维模式。

为了使客户经理、解决方案专家、交付专家三个关键角色在项目运作中负责的工作各有偏重，为了保证他们不会在具体的工作中忽略协同一致的核心逻辑，还需要找到一个共同的参照物，这个参照物就是"以客户为中心"的价值导向。三个角色都应牢记这一价值观，坚持用这种价值观来主导自己的行为模式，从而形成合力。

2. 清晰的业务流程

铁三角需要依托实际的业务流程。在业务运作过程中，存在很多不确定性和变化的可能，需要铁三角在遵守流程和制度的基础上，发挥一定的灵活性，以应对客户需求和千变万化的市场。

华为的铁三角正是通过 LTC 流程打通了从发现销售线索到捕捉机会点，再到完成交付与回款的全过程，推进了销售业务高效开展，有效提升了项目成功率。LTC 流程建立了一个很重要的数字化系统，可以迅速地将信息传到总部、地区部，并且快速、精准地呼唤"炮火"，同时总部也能对具体问题进行精准"打击"、精准地组织解决方案和交付。

3. 敏捷的组织设计

在传统的金字塔组织下，职能部门、总部部门对下采取的是以管控为主的方式，但在铁三角模式中则转化成赋能和支撑的模式，它们变成了前后之间的拉动关系，铁三角向后拉动呼唤"炮火"，形成拉力，拉动的哪根绳子松了，这根绳子连接的部门就可以砍掉。

建立铁三角并不是一个战术级的组织变化，其背后还有系统铁三角、整个地区部后台铁三角，企业业务开展的各领域、各环节都存在铁三角。有了中台、后台做支撑和匹配资源，最前端的项目化的铁三角就能对准客户流程与客户需求不断灵活重组，量身定制方案，形成高效的敏捷组织。同时，又能保持战略上的聚焦和一致性，做到"力出一孔"，共同为客户服务、项目成功、创造客户端到端的价值等负责。

4. 赋能式授权机制

当组织从管控模式转化成赋能、支撑的模式时，就意味着权力的重新分配，组织将权力赋予一线，让听得见"炮声"的前线能呼唤"炮火"。这样就能释放整个组织的活力，减轻后台的管理和管控的力度，从而使他们更有精力和时间去做他们应该做的"炮弹"，把"炮弹"做得更好、更强，将提高竞争力的赋能做得更好。

铁三角的本质就是将组织的权力赋予一线，驱动整个企业以客户为中心来进行组织管理，以快速满足客户的需求来驱动企业的规则制定，完成客户和企业之间的交易、约定，真正为客户创造价值。

5. 共同的考核标准

铁三角中的三个角色之所以能成为一个整体、统一思考、互相协同，离不开合理的考核与激励制度。

三者有着共同的 KPI，考核标准基本一致，都是以财务指标为主的，这符合华为一直倡导的"以结果为导向"的价值观。有了共同的考核标准，铁三角自然会在共同完成统一目标的前提下考虑如何进行自己的工作，保证团队上下一心，合力攻坚。

华为在一线铁三角销售团队的奖金分配上，坚持不搞"销售提成制"，而是实行基于目标达成率的"奖金包分配模式"，用奖金包将他们的利益捆绑在一起。这样，三个人的核心任务自然就变成了帮助客户、成功创造客户价值，同时共同分享收益，使团队走向共赢，实现共同目标。

6.4 流程保障：LTC 流程拉通铁三角运作

业务的开展需要流程的支撑，华为经过多年的变革与探索，建立了 LTC 流程来提升作战能力。依托 LTC 流程，铁三角可以推动销售业务的效率提高，提升项目成功率，同时带动中台和后台的资源来服务客户，为客户创造最大的价值。

6.4.1 LTC 流程变革与发展

早期的华为，其营销体系流程不完备，没有拉通端到端，项目运作效率较低下，质量较差，具体表现在："部门墙"厚重，各行其是，权责利不清晰、不统一；销售部门销售预测不准确，出现大量急单，且顾前不顾后，过度承诺，导致后期项目无法按合同交付；财经部门对项目参与不够，没有基于项目的四算（概算、预算、核算、决算）来安排资金；交付部门被动接受合同，未参与销售，造成交付能力较差、质量较低……这些问题制约了华为的进一步发展，于是华为管理层决心以 LTC 流程来变革所有 To B 领域的销售业务，再造销售流程。

【案例】华为 LTC 流程变革历程

华为于 2008 年正式启动 LTC 流程变革，为此聚集了一批最懂业务、实战经验最丰富的人才组建 LTC 项目团队。因为 LTC 项目涉及企业正在运行中的所有销售业务，就像在高速公路上给奔跑着的车换轮胎，所以 LTC 流程变革极具挑战性。为了不影响企业业务，华为谨慎地采取了分阶段的方式展开变革。

第一步是做问题调研。面向全球一线业务人员做问卷调查及面谈，归纳总结出销售方面最为棘手的、急需解决的问题。

第二步是方案规划设计。华为团队与埃森哲顾问专家组不断探讨，针对收集而来的各种问题，进行梳理。经过无数轮的碰撞甚至争吵，最终制定出可实行的细化方案。

第三步是 IT 开发阶段。用 IT 来承载、固化流程，让所有的关键任务活动都在 IT 系统里跑起来。承载 LTC 流程的主 IT 系统 iSales 于 2011 年 4 月开始大力推行，于 2012 年 6 月在全球完成上线。

第四步是试点优化。为了确保 LTC 流程变革方案经过全面的检验后再推行，华为选定了业务场景最复杂、业务规模也基本上是海外最大的印度尼西亚代表处作为 LTC 流程变革的试点。

第五步是扩大试点范围。2014 年，在德国、俄罗斯、尼日利亚代表处进行了 LTC 流程变革，完成了四个样板点的推行。

第六步是小面积推行，继续优化流程。

第七步是流程成熟后，大面积推广。

第八步是不断收集问题反馈并进行优化，发布给全球各区域使用。

通过稳打稳扎、务实推行，华为不断优化了"以客户为中心"的 LTC 流程，实现了财务、客户满意度、绩效三项指标的全面提升。

LTC 流程承载了物流和资金流，其变革是华为最重要的变革之一，任正非给予了高度重视。2015 年 3 月，华为 CEO 任正非在变革战略预备队进展汇报会上的讲话中提到："未来 3～5 年，我们一定要抓 LTC 流程变革的落地。如果 LTC 流程变革不落地，精兵就是一句空话。我们现在的流程太长，组织层级太复杂。一线呼唤'炮火'，能呼得动吗？流程与组织还是要简单、协调、配合。华为当前最大的问题就是合同根本不准确，场景分类都没有。万一蒙错了，公司就要承担几千万元、几亿元的损失。"

LTC 流程变革的核心思想就是"以客户为中心"，聚焦企业核心业务，贯穿业务全流程，构建"从客户中来，到客户中去"的端到端的企业业务运营系统，实现"多打粮食多产出"的业务运营目标。

华为通过 LTC 流程变革，打造了一个从市场、线索、销售、研发、项目、交付、回款到服务的闭环平台型生态运营系统，拉通了不同部门各自产出的数据"孤岛"，从销售线索管理系统到订单软件、配置价格报价（Configure Price Quote，CPQ）工具、发票/收款系统，再到全功能的客户关系管理，销售团队可以快速捕捉销售渠道中的机会，以提高内部流程的效率。

6.4.2　LTC 架构与设计

华为 LTC 流程打通了从发现销售线索、管理机会点到合同签订、合同执行、回款，再到合同关闭的全过程，如图 6-7 所示。

LTC 流程包括三个部分，即管理销售线索、管理机会点和管理合同执行。

图 6-7　LTC 流程与铁三角

1. 管理销售线索

传统的销售流程从获取招标信息开始，企业只能被动地从招标书上理解客户需求。LTC 流程将营销工作前置，从管理销售线索开始。

销售线索是待验证的机会点，处于客户产生机会的最前端，一般来自客户需求、客户痛点、客户技术需求清单和成功案例等。销售线索是客户对特定产品或服务的潜在购买意愿，往往反映在一些能够创造交易机会的信息片段上。

为了生成有价值的线索，需要销售人员通过技术交流、企业考察、市场活动策划等一系列活动拉近与客户的距离，对客户进行引导，真正有价值的线索往往产生于招标之前。线索在经过验证后，需要进行合理的分发，让合适的人干适合的事，提高线索变成订单的转化率。

一般线索会是一个庞大的需求库，先前收集和生成的线索杂而不纯，真伪不分，需要有一个检验和培养的过程。华为对线索建立起了总部、地区部和代表处之间的分层管理体系，代表处负责短期线索培育，总部和地区部则负责对中长期、重大线索的培育，并根据不同要素，对线索项目进行分层分级管理。

2. 管理机会点

从企业产品战略到线索，再到机会点，是一个客户需求越来越清晰的过程，是一个从水下浮上水面的过程。

当线索具备了明确的预算和确定的时间时，才算真正转换为机会点。这时铁三角团队需要验证机会点，核实项目的意义、预算、决策链、采购时间、竞争对手情况和市场空间等细节信息。对于得到验证的机会点，各方角色要积极进行标前引导，建立有效的客户关系，传递企业的价值主张，制定能够解决客户痛点的方案，一个项目 80% 的成功概率就在于标前的引导工作。

一个项目除了要达到中标的目标（赢），还要保证企业有合理的利润（盈），这就需要签订一份高质量的合同。为此，华为在流程中设置了若干关键的控制点，比如在 ATB（投标决策）、ATC（签约决策）、ATAC（合同变更决策）中会严格执行专业的评审，以提示风险、修正错误，支撑各级销售决策团队提升合同质量。

3. 管理合同执行

合同签订并不意味着销售工作的结束，这时客户经理要牵头组织销售团队和交付团队进行合同交底，转移项目的信息和文档，对合同进行解读，澄清解决方案与风险，确保各方理解一致。

交付阶段由交付经理牵头统筹交付管理，具体内容包括：与各个部分的衔接，管理开票和回款，对合同的变更进行审核管理，对合同履行中出现的风险进行评估、应对，检查确认合同的履行结果，评价是否兑现了对客户的承诺，对合同的盈利情况进行结算。

LTC 流程追求的核心目标是让财务（利润、收入、现金流）更健康、客户更满意、工作（人效、从线索到回款的周期、销售与交付质量、资源利用率）更高效，构建客户与企业的统一界面，强化综合授权，支撑决策前移，使一线能更快地响应客户需求，拉通端到端销售流程，提升各部门协同作战水平。另外，LTC 流程还有个重要功能就是和财务系统打通，不管是四算（概算、预算、核算、决算），还是开票触发和合同管理，都在系统中一起集成，从单纯的"赢"到"赢单"与"盈利"并重。

华为在实践中探索和总结出的铁三角模式，让华为拥有了较强的销售能力。通过 LTC 流程变革，华为对销售能力进行了更全面的总结和升华，弥补了一些关键的缺失，提高了客户满意度，大大提升了作战能力并支撑了商业获得成功。

第 7 章　品牌营销：塑造形象，赢得格局及溢价

品牌是一个企业技术水平、管理水平、营销水平的综合体现。

随着经济全球化，现代商业竞争的舞台已经由全国扩展到了全球。面对一个个更为强大的竞争对手，企业只有积极实施品牌营销战略，在客户心目中占据一定的地位，建立一定的忠诚度、信任度、追随度，才可能在市场竞争中赢得溢价或构筑护城河，在激烈的竞争中游刃有余。

本章我们根据华为及自身团队的工作实践，介绍一些品牌营销方法。

7.1　品牌营销：突破空白市场的利器

对品牌而言，始终以客户为中心是营销中最重要和基础的部分，只有坚持向客户提供优质的产品和服务，为客户创造价值，才能在客户心中逐步建立起良好的口碑及形象。

但是，很多企业对于品牌营销存在很多的认知误区，甚至认为品牌就是知名度，就是要打广告。

SDBE 领先模型根据华为和全球标杆企业的实践，对品牌营销的一些特点进行了梳理。本章后续的品牌营销将围绕 To B 领域展开，To C 领域的品牌营销更多涉及广告传媒领域，这里不进行详述。

7.1.1　品牌要始终围绕客户，聚焦客户价值主张

品牌是企业或产品的识别标识，它象征着一种精神，代表着一种价值观念，体现着一种优异品质，是客户对企业的一种认知。

很多企业都提倡品牌营销要以客户为中心，但真正做到的企业并不多，其主要原因就在于企业没有完全理解"以客户为中心"的含义。

以客户为中心的品牌营销，就是要聚焦客户的价值主张，想客户所想，做客户想做，为客户创造价值。客户最想要的就是获取巨大的商业利益和成功，这也是客户愿意花钱购买企业产品和服务的原因。

企业生存需要利润，客户同样如此，否则客户就没有资金购买企业的产品。企业让客户获得成功，收获丰厚的利润，客户才会继续购买企业的产品，从而形成一个良性循环。所以在华为看来，品牌营销的重点就是要塑造客户对于华为产品和方案的持续购买欲望。

【案例】华为向印度 Supreme 公司提供桌面云解决方案

印度 Supreme 公司作为印度最大的塑料处理企业，是印度塑料业公认的领导厂商，每年会向印度市场提供品种最齐全的塑料产品。这家企业技术实力雄厚，产品和设备一流，年销售额超过 100 亿美元。庞大的业务网络，使印度 Supreme 公司在印度各地部署了 30 多个办事处，每个办事处的人员从几人到几十人不等，PC 设备和网络设备种类繁多，无法做到统一的管理和运维，难以管控。PC 数据管理和维护复杂、数据和信息不安全等都是印度 Supreme 公司急需解决的问题。

经过几番考察，印度 Supreme 公司最终选择了华为的解决方案。华为在对印度 Supreme 公司的办公场景进行实地调研和分析后，针对其需求和痛点，结合华为桌面云解决方案，采用集中式方案进行部署，使桌面云系统及所有服务器等相关硬件资源全部部署在总部数据中心，由总部数据中心统一集中管理运维，各分支机构用户通过 TC 等接入设备远程访问总部数据中心服务器硬件上的虚拟桌面，成功实现了资源的共享和弹性伸缩，降低了硬件资源需求。集中化的管理方式，也为分布在各地的办公人员设定了相应的权限和灵活的数据访问策略，使信息安全风险得到极大降低，运维成本也大大减少。

解决方案实施后，印度 Supreme 公司实现了高效率的统一管理，并保证了业务的连续性，实现了信息安全管理。数据损坏及信息泄露事件至今也没有发生过，这促进了印度 Supreme 公司的业务持续增长，华为的桌面云解决方案也在印度市场中获得认可。

因此，To B 领域的品牌营销工作，就是企业帮助客户实现商业成功的过程，是企业与客户相互建立信任，并最终确立长期合作伙伴关系的过程。

有些客户对自己的需求后知后觉，企业要利用自身优势，通过各种有效的品牌营销活动，引导客户转变观念。企业不仅要满足客户的现实需求，还要帮助客户发现自己的长远需求，为即将到来的市场变化和技术创新做好准备，从而赢得客户的信任和尊重。

【案例】华为提前引导，帮助客户实现转型

华为在与 K 省客户合作时，经过一段时间的接触，发现该客户的系统建设和维护工作界面较模糊。在网络建设的长期粗放式发展下，该客户网络积累了很多问题。华为认为随着该客户建设步伐的放缓，其网络建设向精细化转型迫在眉睫。

为了说服客户进行转型，华为首先想在观念上影响客户。针对客户对室内用户投诉的响应力度不够的问题，华为为客户规划了未来发展方向，并请华为专家组就新形势下的网规网优发展方向，向客户高层汇报，让客户看到网规网优在精细化转型中的价值。

此举成功打动了 K 省客户，其网络发展的聚焦点也从大面积的覆盖拼图转向了价值区的纵深覆盖。为了达成目标，华为利用专业分析工具，对客户深度覆盖的问题进行了识别，精准定位了深度覆盖的问题集中区域。光识别问题还不够，华为还得落实解决方案，而在深度覆盖的情形下，基站落地的难度倍增。为此，华为提出了多维覆盖方案，并利用小微设备的灵活配合，协助客户解决了难题，成功帮助客户实现了转型。

华为会从客户视角出发，多方面牵引客户看清未来趋势。主动转型是既成就客户也成就自己的双赢做法。2020 年 12 月 3 日，华为举办首届技术服务伙伴大会。会上，华为全球技术服务部总裁汤启兵指出："华为是数字化转型的先行者，应将我们在 ICT 领域积累的知识和经验开放给运营商和行业客户，与合作伙伴一起助力数字化转型，实现商业价值。"客户通过转型获得更好的发展，它们与华为之间的合作会越来越牢固，也会创造出更多的合作机会。

7.1.2　衡量企业品牌价值的核心要素是市场格局和美誉度

华为作为中国早期拓展海外市场的代表性企业，在海外接洽客户时，最大的困难来自海外客户对中国厂家的偏见。中国曾是技术和工艺落后的国家，海外高端客户对华为产品的印象更多的是价低质次。华为当时最重要的工作就是带重点客户到香港、深圳、上海，看看华为花重金建设的办公场所，以及生产、研发和供应链体系，向客户证明华为的实力。

任正非在华为内部动情地说，可能我们这一代就是要以毕生的努力换取与西方企业站在同一起跑线上，这个起跑线就是品牌印象。

任正非经常对华为人说，一定要在产品质量上把好关。只有严格控制产品质量，才会让客户在一次购买后，继续支持企业的品牌。若是产品质量不过关，就会让客户有被欺骗的感觉，这对销售十分不利，也无法吸引"回头客"。企业对客户一定要讲诚信，就像任正非说的：

"品牌的核心是诚信，是我们为客户提供的质量、服务与竞争力的提升。"

华为认为，企业在市场竞争中应以优质的产品和服务打动客户，低质量会让企业失去生存根基。任正非明确表示："华为长远的战略方针，是要通过不断地提高产品和服务质量，提高交付能力，来提高华为的市场竞争力。我们的价值观要从'低成本'走向'高质量'，要给客户提供高质量的服务和高品质的体验，高质量可能会提高成本，但是能够产出更多的价值。"

华为认为，采用低价策略无法保证持续提供高质量的器件和服务，用高质量的器件来制造产品，用高质量的服务来交付产品及改进管理，用高工资来维持人员的稳定。所以竞争最本质的核心应该是努力提高质量，而不是打价格战。

华为认为，责任心、品质、功能、服务等一切高品质、可以带来信任的东西代表的就是品牌，品牌体现在华为所有工作过程和关键结果中，是给客户传递的承诺。几乎每一个华为人在工作实践中，都会坚持凭借全过程的高品质，给客户带来高标准的体验，以换取高溢价和美誉度。

【案例】华为数据卡以质量取胜，打入日本市场

说起华为的终端产品，很多人会立马想到手机。事实上，华为最开始稳占全球市场份额第一的终端产品是数据卡。

最开始畅销全球的数据卡产品是E220。E220之所以能畅销全球，与其本身的高质量是分不开的。E220问世后，第一步突破的是欧洲市场，在欧洲市场热销后，数据卡团队将目标对准了日本市场。

一开始，华为数据卡团队信心满满，认为数据卡产品已经在欧洲所向披靡，征服日本市场应该不在话下。没想到，华为在日本卖的第一款数据卡就遭到了客户EMobile的投诉：产品有兼容性问题！

突如其来的客户投诉把数据卡团队整蒙了。在国内测试时，产品明明可以适配在任何电脑上，为什么到日本就不行了呢？经过大家一番探查，原来东芝在日本卖的便携机和在中国卖的不一样，即使是同一个型号，在软件上也有差异。

得知问题出在这里之后，华为研发团队三班倒，24小时不间断地工作，只为尽快解决问题。EMobile的研发主管也飞抵中国，和华为团队一起开会研讨解决方案。在近一个月的时间里，研发团队将数据卡质量问题的方方面面都彻底重新梳理了一次。有好几次，被折腾得疲惫不堪的团队成员都开始自我怀疑：我们是否还能坚持下去？是否还值得坚持下去？答案是肯定的：必须面对问题，坚持到底。

日本客户将日本市场上的所有便携机型号都安排了多轮测试，测试极其仔细，不放过任何一个细节问题。他们对质量的态度和测试方法对数据卡团队是一次彻彻底底的磨炼，也正是这一次"涅槃"，让产品和团队都得以"重生"。

一个月后，华为数据卡产品 E227 在日本市场上市。半年之后，E227 销量第一，份额远超 EMobile 另一家日本本土供应商的产品，产品质量数据也明显好于其他产品。第二年，华为成为 EMobile 数据卡唯一的供应商，发货量翻了三番，销售额超过 5 亿美元。华为也帮助 EMobile 在日本市场快速提升了份额。后来，Softbank、NTT Docomo、KDDI 都主动找到华为，希望购买相关的数据卡产品。

这一次的经历让华为数据卡研发团队深刻认识到，不重视质量对终端产品来说是死路一条。[①]

把客户利益放在首位，严把质量关，是赢得客户信赖的关键之一。要为客户创造长期价值，就必须保证产品质量，没有质量就不能占领市场。《华为基本法》中指出：我们的目标是以优异的产品、可靠的质量、优越的终生效能费用比和有效的服务，满足顾客日益增长的需要，质量是我们的自尊心。

在华为，企业研发、采购、制造、供应、交付等都以质量优先，在贴近客户真实需求的基础上踏踏实实在质量工作上下功夫，在不断学习中提升产品、服务质量，为客户提供高标准的体验，这些是华为赢得客户支持和信赖的重要原因，是华为稳定的市场格局和美誉度的关键因素，也是品牌的核心要素。

7.1.3　品牌就是集中资源，统一认知，突破市场

企业要想将产品销售出去，就要舍得投入，不管是人力、技术，还是品牌营销。华为在发展初期没有技术和市场优势的情况下，面对强大的国际性大企业和国内通信行业巨头时，就是靠不计成本的人力投入和团队力量一步步地积小胜为大胜，积累品牌名声，逐渐打开市场的。

【案例】华为集中"兵力"拓展国内外市场

1996 年，由当时的信息产业部、邮电部组织的全国交换机订货会在北京召开。在这次大型订货会上，全国各个省市电信系统的主要负责人会到场。因此，华为非常重视参加这次大会的机会。

当时，与华为一起参加此会的都是在行业内名气响当当的企业，如上海贝尔、青岛朗讯等。华为知道要想从这些"大象"手中抢走订单，就必须付出更多。所以，华为为了销售自主研发的 C&C08 万门局数字交换机，在几天时间内，从各个办事处和总部抽调了近 400 人的高素质队伍来参加这次大会，参加会议的队伍才 40 人，但华为派出了近 10 倍的人力来公关。这些人在几天里几

[①] 苏杰. 这款产品帮华为终端撑过了早期最难的那几年 [EB/OL]. 心声社区，2018.

乎整天都与各个省市的主要领导交流，确保这些省市的领导能对华为的产品有所认识，并了解华为的诚意。最终在"狼群"战术下，华为成功地从那些著名企业手中抢下了一些大额订单。

2010年，华为参加香港电信展，当时参加展览的有来自全世界50多个国家的电信行业相关人员，华为自然不会错过这些潜在的大客户。这是华为第一次在国际性大展上展示自己的实力，为了证明华为是有实力为这些客户服务的，华为邀请了参展国家的2000多名电信行业相关人员，往返安排头等舱或商务舱，住宿安排五星级宾馆，还安排了上千台笔记本电脑。这次参展让华为耗费近两亿港元，但也很好地展示了华为的实力，从而使华为得到了高额回报。就在这一年，华为开始在全球市场扩张，市场份额不断提升。

投入的人力和资源多，固然能够带来明显的品牌认知优势，但因为投入的人力来自不同的部门、承担不同的工作，如果不能进行有效的整合，不能以统一的品牌形象和价值呈现来面对客户，也可能会给客户带来困扰。

【案例】摩根公司统一界面，为客户提供解决方案

摩根公司（简称摩根）曾经向某客户推销和安装一款电子通信工具，以使该客户能够快速办理现金和证券业务。但一开始客户怨声载道，因为他们需要花费一个多月时间来安装此工具。为此，摩根高层组建了一个帮客户接入的改造团队。该团队成员来自技术服务、系统、客户管理、产品开发及客户关系管理等部门，并委任一名产品经理作为负责人。团队负责人和团队成员建立了一个责任矩阵，以明确成员的各自责任和流程步骤。与此同时，团队设计了安装流程图。随后，团队成员们群策群力地想出了很多大幅度缩短安装时间的办法。当团队以一致形象面对该客户提出解决方案后，完成一次安装只用了七天时间。该客户对示范安装非常满意。在接下来的几个月里，不论工程有多大，其安装所需的时间都不到半个月。摩根的改造团队围绕一个项目重新定位企业的经营业务，成员用各自熟练的专业技能协同满足客户需求，与华为的铁三角组织异曲同工。

需要指出的是，类似这样的团队不隶属于企业现有的任何一个部门。在一定程度上，这些团队可以是专门的、临时的或虚拟的，它们随客户需求变化而变化，能够随时增加人员或调配资源。

华为"马电"事件中一个重要的问题就是各项目独立交付，相关负责部门或团队都单独与客户联系，难免会对客户需求有遗漏或者被动响应。在事件的后续调查中，各方也各执一词，互相推诿。为实现客户接口归一化管理，华为在内部推广以项目为中心的铁三角团队。铁三角一致面向客户，提供综合性的

解决方案。

任正非说:"华为业务开展的各领域、各环节都会存在铁三角,三角只是形象说法,不要简单理解为三角,四角、五角甚至更多也是可能的,客户有什么需求,我们就有什么支持。"这种团队拥有特定能力和支撑资源,可以随时满足客户的需求。

因此,按华为的理念,在传统的 To B 领域,品牌营销要完全围绕高价值客户,通过市场突破和每个关键行为去改变客户对企业的认知。

品牌营销的效果要以既定客户或者市场的胜负结果,即市场格局、美誉度和溢价来衡量。

7.2 品牌创造价值,提升客户认知,增强议价能力

在现代社会,品牌已经成为企业的一种无形资产,是企业塑造形象、知名度和美誉度的基石。品牌所包含的文化、个性、品质等特征与客户在价值观上所产生的共鸣与认同,能为企业带来重要价值。

7.2.1 品牌是对质量的保证,对诚信的承诺

一个企业品牌形象的树立,需要能够为企业长期创造利润,也就是能够不断吸引消费者(客户),其中最重要的就是要把好质量关,这是企业维持长远发展的必备条件,也是企业成功树立品牌形象最为重要的因素之一。从当前的市场竞争形势来看,质量控制已成为现代企业获取有利竞争地位、走向成功的最重要因素之一。

一个没有品质和诚信的品牌,又怎么值得消费者信任呢?企业任何时候都不要想着欺骗消费者,而要认认真真做好产品,带给他们好的体验。对于企业来说,一个品牌的树立,也意味着企业诚信的承诺,华为树立品牌的过程也是树立诚信的过程。华为消费者业务 CEO 余承东就曾表示:"华为品牌的竞争力是一种长期持续的承诺。"

2014 年 8 月,华为一辆运送荣耀 3C 手机的货车在从深圳开往东莞的路上,由于天气炎热,出现轮胎起火,车内装载的货柜箱内部分货物着火。华为立即派人前往仓库对货物做质量检测。经过检查,发现距离火源较近的几箱包装纸皮已经出现炭化现象,部分手机包装胶套收缩。这部分手机从外表看完好无损,而且能正常使用。质量检测表明,这批手机的不良率仅为 1.4%,也就是

说大部分手机没有问题，再次进行可靠性测试后，仍然可以上市。

但是，由于这批手机经过高温烘烤和水淋，华为也无法保证消费者在使用几年后会不会出现问题，尤其是当时着火的温度已经超过手机电池规定能承受的极限。华为本着对消费者负责的态度，经过讨论后，一致认为有必要回收这批手机，绝不能让其流入市场。因此，在2015年5月，华为销毁了这批手机，数量高达1.3万台。

对于华为销毁手机一事，华为消费者业务CEO余承东在一次《焦点访谈》中谈及，一时间获得了众多消费者的称赞。能够一心一意为消费者着想，不让有半点瑕疵的产品流入市场，这本身就是对品牌形象的一次成功营销。

打响品牌需要宣传，更需要有质量作为保证，这是企业对消费者的承诺，也是企业对自身品牌的维护。随着人们生活水平的提高，对产品的品质要求也更高，价格不再是消费者考虑的唯一因素。最能赢得口碑，并且长期保持优势的往往是那些能够持续提高产品质量、满足消费者需求的企业。

7.2.2 品牌可以增加溢价，提升企业盈利水平

同样的产品，一个品牌能比竞争品牌卖出更高的价格，称为品牌的溢价能力。品牌的溢价能力是企业获得更高售价、更高利润率、更高盈利的有力武器。

在信息不对称的情况下，当面对市面上存在很多竞品，消费者难以抉择时，理性的选择就是通过品牌来进行购买决策，因为知名品牌可以提供一种承诺和保证，而如果选择不知名品牌，则可能会遇到质量问题。消费者买了商品后出现质量问题的概率不确定，"溢价"其实是消费者为确定性支付的保险金，以及为日后出问题支付的保险金。打造品牌成为溢价空间最大、估值最高的环节。

品牌是企业和消费者之间的信用契约，越是需要信用和认同的地方，品牌价值也越高，越容易实现品牌高溢价。所以品牌的经营必须建立在产品、服务质量良好的基础上，只有提高质量，才能发挥品牌作为信誉载体的作用。

【案例】华为自证实力突破市级电信局

华为早期由于技术积累和能力的限制，产品可靠性并不高，主要靠人海战术和免费更换故障设备的方式来应对电信网络的高可靠性要求。对于县电信局来说，对网络的稳定性要求低于大城市，大部分客户也被华为的精神感动，对华为的印象是：做事效率高，比较重信用，可以信赖。

华为也形成了最初的品牌理念：品牌就是一种承诺。

但是当华为的电信网络设备从县电信局开始往市级电信局方向拓展时，以往的方式就不起作用了，市级电信局对网络的稳定性及网络可扩容性的要求比县电信局高出很多，对华为的要求也是直接比照当时的"七国八制"的八家企业。

于是，华为只能通过和外资电信设备商比拼测试来自证实力，也让市级电信局看到了华为的决心。

其间最为著名的案例就是1998年中移动（当时还是中国电信）STP项目，华为的价格当时只有上海贝尔的一半，再加上一些国产的因素，中移动冒着非常大的风险给了华为一个平面，另一个平面给了上海贝尔。

当初在将一个平面给华为的时候，中移动有1/3的高层反对，甚至有高层说，投票给华为的人，以后就是中移动的罪人。但是半年之后，华为顶住当初中移动上上下下不信任的眼光，成功地交付了STP。

特别是在割接的当天，上海贝尔有五六个城市因为过载而宕机，华为单个平面承接了所有的信令，却没有发生一个中断的事故，使得当初不信任华为的中移动高层迅速改变了对华为的看法。

在二期招标的时候，华为的价格就达到了和上海贝尔一样的价格。

从上面的案例可以看出，华为通过自身的技术实力和实际的成绩证明了产品的可靠性，让客户认可并接受了华为的产品和品牌，也让客户在今后的合作中愿意以更高的价格为华为支付品牌的溢价。

品牌建设是一个由内而外的过程，企业需要以"以客户为中心"的理念来完善业务流程，提升市场反应能力。打造强势品牌的基础是练"内功"，其核心是优秀的组织结构和企业文化所带来的整体竞争力的提升。高科技企业的核心竞争力是技术，没有核心技术支撑，品牌就会空心化。华为十分重视自主核心技术研发，走出了一条"用制度带动文化和人向西漂移"的道路，从局部到整体、从制度管理到运营管理逐步"西化"，推动华为的国际化。

如今的华为已经成为中国的骄傲，华为的发展就是品牌成为名牌、名牌产生品牌溢价能力的过程。

华为早期在手机市场表现非常一般，但是依然坚持自主研发，销量开始慢慢上升，品牌影响力也越来越大。

现在华为手机产生的品牌溢价已经被市场、消费者接受，并且取得了良好的市场口碑，人们愿意花更多的钱去购买。因为华为有好的产品，比如自主研发的处理器和鸿蒙系统（HarmonyOS），这些都是其他国产品牌所提供不了的。在拍照方面，华为虽然没有自己的镜头，但是和徕卡合作研发的影像优化，对于手机拍照功能有着里程碑的意义。

这种溢价能力带来的品牌效益进一步推动了华为品牌价值的提升。

消费者愿意花高于成本几倍甚至几十倍的价格买他们认为值得的产品，这就是品牌溢价的魅力。

品牌价值决定品牌溢价，品牌价值伴随着品牌创立、发展而产生。品牌价值的建设是个长期的任务，在动态变化的过程中，品牌会给消费者留下不同的印象和认知，长时间积累的集合就是品牌溢价的来源。品牌溢价能力对提高企业的盈利能力，降低企业风险，掌控议价涨价话语权，保持可持续发展都起着十分重要的作用。

7.2.3 品牌为产品注入灵魂，展现企业价值观

现今社会品牌众多，大众不可能记住每一个品牌。品牌要脱颖而出，就需要用品牌价值观潜移默化地影响消费者，促进消费者的品牌价值认同，通过一个符合自身消费者人群画像的价值观去占领用户心智。

品牌已经从广而告之大众的时代进入了能够潜移默化别人的时代，品牌价值观的设定和传播起到非常重要的作用。乔布斯曾经在苹果的内部讲话中直言："我心中的营销就是在讲价值观。"

这种传播品牌价值观的营销方式，可以让用户在无形中接受品牌的文化，与品牌建立长期的连接效应，从而产生与传统商业广告相区别的明显优势。

【案例】可口可乐的可乐国际电话亭

可口可乐曾经做过一个活动，策划团队发现在迪拜有很多来自南亚的打工群体，为了赚钱养家，生活非常艰苦，对他们来说真正的快乐就是在忙碌之余能有一点时间跟家人保持联系。

但是在迪拜打电话非常贵，这些打工者无力支付电话费，所以可口可乐在瓶盖里面植入了芯片，做了一个可乐国际通话亭，这些打工者喝完可乐就可以拿着瓶盖跟他的家人通话一分钟。可口可乐通过这个公益项目使它的核心品牌理念得到了非常好的传达和表现，在社交网络上也取得了非常好的自发传播效应，成功地使品牌名声响彻世界。

所以说，做品牌营销一定要将价值观层面的内容由心而发地传递出来，深入到客户的精神层面，不管内容、形式如何变化，精神层面的东西是永远无法改变的。

品牌想要被客户认可，就必须有对于品牌价值观的认同。如今品牌正在变成一个开放的媒体平台，并以价值观产生号召力和影响力。

【案例】华为发布"芭蕾脚"广告

2015年1月4日,华为推出一则"芭蕾脚"平面广告(如图7-1所示):画面中一只脚穿着优雅的芭蕾舞鞋,显得光鲜亮丽;另一只脚却赤裸地立着,满是伤痕。优雅与不堪形成了鲜明的对比,给人强烈的视觉冲击。在这则平面广告中,显示的广告语是:我们的人生,痛,并快乐着。

图7-1 华为"芭蕾脚"广告

这句话击中了辛劳奔波的人们的心灵"痛点",引发了共鸣。

《人民日报》为此发表评论:"其中(芭蕾脚)有华为引以为豪的艰苦奋斗、以苦为乐的企业文化,也折射了中国品牌在海外筚路蓝缕、努力开拓的不懈精神。"

《中国青年报》说:"在获得巨大的成功之后,华为更希望自己及世人记住的不是自己光鲜的一面,而是一种精神,一种情怀。这光鲜的一切是'痛并快乐着'的结果,'芭蕾脚'背后是华为连接世界的梦想。"

这则广告体现了华为人的价值观、华为品牌背后的精神支撑,也是华为与公众关于人生价值观的一场对话。

任正非对"芭蕾脚"曾经有过阐述:"我们除了比别人少喝咖啡、多干活,其实不比别人有什么长处。就是因为我们起步太晚,成长的年限太短,积累的东西太少,我们得比别人多吃点苦。所以我们有一只'芭蕾脚',一只很烂的脚,我觉得这就是华为的人,痛并快乐着。华为就是那么一只烂脚,它解释了我们如何走向世界……"

"芭蕾脚"广告的一个重要的创意,就是通过华为人艰苦奋斗、坚持不懈的精神来体现华为品牌的个性,充分展现出华为从来都是一家奋发向上、有着独特精神内涵的企业。

在广告播出的前一年——2014年,华为进入"Interbrand全球最佳品牌

100强"，位居第94位，这也是中国大陆品牌第一次进入该榜单，在中国品牌全球化道路上具有里程碑地位。

2020年，华为推出的系列宣传短片《如果世界没有路》《如果世界没有连接》《如果世界没有算力》也引起了不小的反响。从短片中我们能更加直观地感受到华为开山劈岭也要踏出道路的决心、气魄和态度。短片从道路、连接、算力三个方面层层递进，不但清晰地把华为迎难而上的品牌发展历程呈现在世人眼前，也让IT从业者、科技从业者、通信从业者的艰辛付出得以直观展现，唤起了无数如你我一般心怀梦想与奋斗热情的大众，并强烈触发了情感共鸣。

7.3 品牌营销铸造企业核心竞争力

企业打造品牌不是一朝一夕所能完成的工作，需要一如既往地坚持独有的品牌核心价值观，不断研发、生产高质量的产品，不断完善产品售前、售中、售后保障服务管理体系，从而赢得客户的口碑，建立令客户感到满意的品牌。

7.3.1 品牌不是宣传出来的，是打造出来的

华为有一句口号：品牌是打出来的。这句话的意思就是说，品牌不是宣传出来的，而是通过强大的内在实力支撑起来的。

宣传和推广可以增加品牌的影响力，但是要想在客户心中树立良好的品牌形象，更重要的是要让客户觉得可以信赖。这种信赖感的建立，需要企业能够对客户负责，与客户同舟共济，成为客户愿意长期合作的伙伴。

面对挑战，华为坚持把客户放在心中，把企业的核心价值观传递给客户、合作伙伴、员工，使其能够真正地认知、认可，能够充分地体验到，这才是做品牌的核心。产品质量、服务质量、客户满意度等，都是华为一直不变的核心竞争力，也顺理成章地成了今天华为品牌形象的核心。

2011年，日本"3·11"大地震后，余震仍然不断，福岛核电站核泄漏不断恶化。华为在较为危险的地方正在为客户做着一项重要测试，不少企业在这一地区的实验都暂时中止了。可华为的测试工作到了关键时期，如果这时中止，将对客户产生极大的不利影响，不仅会失去客户的信任，甚至会降低华为在整个日本通信业界的信誉。

为了不辜负客户的信任，华为项目组经过认真考虑后，决定与客户同舟共

济。只要客户的决定不变，华为就会按照原计划继续测试，并按期完成。最终，华为项目组如期完成测试，并满足了客户的所有要求。华为始终不抛弃客户的表现，给客户留下了深刻的印象，该客户评价道："遇到危难，能够同舟共济的伙伴越来越少，华为真正地为合作伙伴着想，华为人用行动赢得了我们的感动和信赖，下次选择合作伙伴，必然只选华为。"

品牌形象的树立是日积月累的结果，是靠着一个又一个好口碑树立起来的，需要企业真抓实干，并且能够始终为客户利益着想。只有在产品研发和生产上不断积累经验，通过市场销售不断积累人气，得到众多客户的信赖，才能将品牌形象慢慢树立起来。

2014年，华为作为第一家进入"Interbrand全球最佳品牌100强"的中国企业，位居第94位（品牌价值43.13亿美元）；2015年，华为二度进入榜单，位居第88位（品牌价值49.52亿美元）；2016年，升至第72位（品牌价值58.35亿美元）；2017年，升至第70位（品牌价值65.36亿美元）；2018年，升至第68位（品牌价值76亿美元）。即使在被美国打压和新冠疫情肆虐的2019年和2020年，华为也保持在100名以内，分别位居第74位、第80位。全球知名的市场调研机构IPSOS报告显示，华为品牌认知度增幅位列全球第一。

华为作为一家来自发展中国家的后起之秀，通过自己艰苦卓绝的努力，能够在高端市场站稳脚跟，取得这样的成绩，是难能可贵的。要知道，中国品牌要想获得海外运营商和消费者的认可是件非常不容易的事情。

【案例】华为以"请进来""走出去"的方式实现品牌国际化

华为早期为了打开中国品牌在国际市场上面临的艰难困局，采取了"请进来""走出去"的方式。

"请进来"就是邀请海外客户，包括合作伙伴访问中国，组织海外运营商先参观北京、上海、深圳，后参观深圳坂田基地。因为耳听为虚，眼见为实，通过参观，绝大多数海外运营商对改革开放后的中国有了全新的认识，对华为的规模和实力也刮目相看，对产品产生了从陌生到熟悉、从拒绝到接受的心理转变过程，对华为的品牌逐步建立起了积极的认知。参观完后，大部分客户基本会在一两年内采购华为的设备。

"走出去"就是把产品、服务带出去，让别人看到。华为每年都要参加20多个大型国际展览会，每次参展投入往往达到上亿元，目的是在国际舞台上充分展示自己的品牌。在这些大型展览会上，华为的展台和很多国际巨头的展台连在一起，而且通常比它们的面积更大、布置更精致，展出的也是最先进的技术和产品。通过这些展览会，华为在视觉上给参展的运营商带来一种震撼效果，进而他们就会关注华为的产品和技术。

此外，华为还与海外合作商联合举办行业高层峰会，密切沟通各自的战略发展规划，借此加深对彼此品牌及产品的认知，确认双方未来几年的合作走向。华为同时也借助海外合作商的行业影响力，提升了自身品牌的海外知名度。

不少企业看到有些品牌通过电视广告、互联网推广等方式迅速崛起，仿佛也看到了希望，于是采取同样的方式大肆宣传，可结果却不尽如人意。这主要是因为这些企业没有看到那些成功的品牌都经过了多年的积累，有了资本和底气，才能通过宣传迅速提高产品的销量，而且通过口口相传，使这些品牌的产品越卖越好。

7.3.2　品牌服务市场和销售，助力商业成功

当今社会的产品极其丰富，产品的同质化越来越严重，市场竞争变得异常激烈。如何让消费者选择自己的产品，是众多企业不得不面临的问题。

除不断地降低价格，取得价格竞争的优势之外，品牌是对抗竞争的有力武器。有品牌的产品就比没品牌的产品好卖，名牌产品就比杂牌产品好推销。

华为 CBG 首席营销官张晓云曾分享了一个她所经历的故事。

【案例】没有品牌，你依靠什么把产品卖出去

2003 年，张晓云在香港做华为终端的销售，香港的电讯盈科（PCCW）是她的客户，PCCW 的第一单华为"定制机"是 10 万部 3G 手机。有一天，PCCW 的一个高层带着沮丧的口吻打电话给她，让她过去一趟。

她去了才知道，这些定制机卖得并不好，货已经铺到运营商的店里，但是销售量极其惨淡。香港是一个理性成熟的竞争性市场，铜锣湾的电子一条街上到处都是索尼、LG 的广告，华为手机没有广告。PCCW 只是一个新锐的运营商，不是一个消费电子品牌，香港的消费者对这些定制手机没有任何感知。运营商只能加大补贴，让消费者能够用很低的价格买到产品，才能降低其库存，但是，通过这种方式获得的少量消费者是有价值的用户吗？

PCCW 的高层有点哀求道："帮帮我们，要不，这些货只能填海去了。"当时她的心被狠狠地刺痛了，随后弥漫着巨大的恐惧，因为她发现她根本没有能力帮他们。她已经给了对方最低的机器成本价，货也都铺到了店里，广告促销也有，但是因为没有产品品牌，没有跟消费者的连接，就像有一个巨大的黑洞隔在中间，信息发不过去，永久地跟消费者失联了。

华为追求"以客户为中心"，为了客户，华为人可以忍受各种劳累、加班

和责骂。销售背后的研发、服务团队，没日没夜地拼命干着苦活、累活，终于交付了这一单手机，制作出了全世界第一批3G手机，但结局却是客户发出"填海"的哀叹。

这次经历是她人生中第一次品牌启蒙，让她深刻意识到 To C 和 To B 业务的不同。对于 To C 业务，如果没有品牌，你和消费者之间会失联，就像在无尽黑暗的大海里面溺水，怎么努力也没用。"好的品牌营销，是要让那些放到市场上的产品'自己能够长脚'，让销售团队真正有做甲方的感觉，而不是让他们辛苦低效地去敲门叫卖。"

从张晓云的经历可以看到，品牌对企业发展有着非常重要的意义，不仅有助于产品的销售，而且品牌形成一定知名度后，企业可以利用品牌效应扩大市场，稳定产品价格，减少价格弹性，增强对动态市场的适应性。品牌知名度还有助于企业开发研究新的产品，抵御竞争者的攻击，保持竞争优势。

在企业建立了清晰的品牌体系，包括品牌的定位、价值主张和品牌的表达系统后，在营销管理的过程中，就会有规可依、有章可循。符合品牌建设的营销动作，就要多多益善；不利于品牌建设的营销动作，就要谨慎小心；有损品牌建设的营销动作，就应该明令禁止。同时，如果有了清晰的品牌策略，营销协同也就变得更加容易。

比如，针对年轻一代的产品，可以利用微信、微博等年轻人经常使用的新媒体平台做活动，将双方的优势结合起来，更容易引起年轻人的关注。

【案例】麦芒5手机抓住年轻人的注意力

华为麦芒5手机在2016年7月携手电信天翼举办了分享日活动。因为有华为麦芒5手机的大力支持，该活动被中国电信官方微博等集团大号，以及各大传统媒体、新媒体官方微博等大力宣传，还被很多拥有众多粉丝的个人微博转发和关注，一时间成为微博、微信朋友圈讨论的焦点。

华为麦芒5手机的巨大市场号召力，使天翼举办的这次活动共吸引了数十万名网友报名参加。这次活动是在暑假期间开展的，因为华为麦芒5手机针对的就是年轻的消费群体，华为对他们的痛点需求十分了解。

华为麦芒5手机同时还联合电信一起开展了"麦芒主题曲"征集活动，邀请有激情的年轻人一起谱写有关青春的旋律。获得主题曲征集大奖的作品有奖励，那就是在当年12月天翼校园歌手大赛中现场演唱歌曲，这对想展现自己的年轻人来说是很有吸引力的。

华为的这次宣传活动抓住了年轻人的消费需求和特点，在时间安排上也十分得当。在众多年轻人的参与下，新产品的知名度在年轻群体中迅速得到提高。

【案例】"黑寡妇"代言华为 P9 手机

2016 年 4 月 6 日，华为在伦敦正式发布了 P9 手机，并找来了好莱坞巨星"超人"扮演者亨利·卡维尔和饰演过"黑寡妇"的斯嘉丽·约翰逊为新手机 P9 代言。宣传片在 YouTube 上线后，收获了 125 万次点击量。

华为手机 P 系列的主线降低了"秀硬件、秀肌肉、秀跑分"的声调，强调人文性，寻找品牌的文化基点。从效果上看，这次代言和投放极大地拉升了华为品牌在全球的认知度，特别是华为品牌在全球范围内时尚的调性。这次的"牵手好莱坞"活动，不仅在全球范围内高举高打，也帮助华为拉通了全球的品牌营销。

一家企业在技术上的进步，将为企业的发展提供巨大的力量，但它只是溢价的一种力量构成。还有一种隐形的、润物细无声的、长期的拉升力量，那就是品牌的力量。也许人们会记不清具体的产品是什么，但是，人们会记住一个优秀的品牌。品牌就像厚棉被，在冬天来临的时候能给企业"御寒"。

品牌建设的征途是漫长的，是一个在摸爬滚打中不断重塑自我的过程。只有创造属于自己的品牌，找准最能阐述品牌意义的自我定位，企业才能在激烈的市场竞争中披荆斩棘，塑造出令人称道、面向国际的大品牌。

7.4 华为品牌营销实践

华为在品牌营销的过程中形成了特有的系统和方法，包括"品牌营销四部曲""一五一工程"，为华为品牌的塑造发挥了重要作用。

7.4.1 品牌营销四部曲

成功品牌的创立需要一个系统的"品牌营销"过程，不仅需要策划和包装，更需要宣传和推广，以客户为中心进行品牌价值的传递，即在充分洞察客户需求的基础上，针对每个区域和每种类型客户的特点和需求，制定完整的个性化解决方案，从而体现有别于竞争对手的差异化优势。

华为将这一品牌营销过程提炼为"品牌营销四部曲"，如图 7-2 所示，即始终围绕针对客户需求的个性化解决方案开展整合式推广活动，包括洞察客户需求、解决方案包装、多种形式的品牌活动和经验总结与推广四个步骤。

第7章 品牌营销：塑造形象，赢得格局及溢价

图 7-2　华为的品牌营销四部曲

1. 洞察客户需求

以客户为中心，就要深刻理解客户需求。在品牌宣传上，不管是宣传的策略、切入点，还是宣传标语，都要切中客户的痛点，让他们看到企业宣传时，就能感到这款产品正是自己想要的。

任正非在一次展销会上看到爱立信的展台咨询人员在客户到来之前就已经研究过客户需求了，客户一来就只讲客户痛点，让很多客户愿意在他们的展台多停留。任正非非常赞赏这种做法，他说：

"围绕品牌战略与宣传务虚，我考虑的是怎么紧紧围绕以客户的需求（远期的、近期的）为中心形成我们的宣传主线。"

产品宣传还要讲究策略。任正非表示，针对不同的客户要以不同的方式进行宣传，以贴合目标客户的习惯和特质，他说：

"我认为我们的战略宣传要坚决地以客户为中心。现在我们的宣传有一点文不对题，为什么呢？我们太科普化，太重视对政府、对领导的宣传，结果是客户 CTO 看不懂，政治家也看不懂。我们的宣传一定要让客户 CTO 看得懂，对政治家我们给他讲故事，让他能听得懂。"

2. 解决方案包装

在实践中，营销成功与否最终还是取决于解决方案的价值。华为在竞争对手的围追堵截中，之所以能够在国内外市场站稳脚跟，与其能够为客户提供定制化的产品解决方案有密不可分的关系。

"马电"事件后，华为开始改变单产品营销模式，注重向客户提供有针对性的、完整的综合解决方案。2010 年，任正非在 PSST 体系干部大会上说：

"我们现在提的无线解决方案、网络解决方案，不是以客户为中心的。客户需要的是一个综合解决方案……，我们要满足其需求。因此，华为提出了运营商解决方案、企业解决方案和消费者解决方案的概念，以这三个解决方案来引领研发的改革，这就是以客户为中心的变革。"

除了通过定制提升解决方案的竞争力，华为还注重打造产品的服务能力。通过构建全生命周期服务解决方案，华为致力于在产品不同的生命周期阶段，为客户提供多方面的服务。任正非就此指出："我们赚了客户的钱，无论多辛苦，也要把客户的事情做好。客户是永远存在的，让客户满意，我们才有明天。我们建立全生命周期管理，把服务做好，客户怎么会抛弃我们呢？"

从2011年进入服务解决方案市场，华为凭借"诚心、用心、贴心"的服务理念，用心体察合作伙伴和客户的痛点，通过建立服务渠道，将服务覆盖到产品设计、生产、售后等全生命周期，并将产品服务延伸至高端咨询、深化设计等领域，满足了客户不同场景、不同层次的需求。

3. 多种形式的品牌活动

德国品牌研究者沃兰特·兰道说："工厂制造产品，而头脑创建品牌。"企业要想打造一个成功的品牌，吸引不同的客户群体，就要采取创新方式和有效方法开展一系列宣传推广活动。

一个快速发展中的企业，要被外界正确认知，就一定要与媒体建立良好的关系，充分利用媒体进行品牌和企业形象的宣传，不管是传统的纸媒、电视广告，还是微信、微博、抖音等新媒体，都应该针对性地选择运用。

除了媒体，企业还可以根据不同的消费群，利用不同的平台开展相应的营销活动，以传播价值，提升品牌的知名度。华为在营销实践中总结出了一套自有的打法，称为"一五一工程"。

【案例】华为"一五一工程"

"一五一工程"具体是指一支队伍、五种销售动作和一个资料库。

五种销售动作分别是：参观公司、参观样板点、现场会、技术交流、高层拜访（经营管理研讨会）。

（1）参观公司

邀请客户参观华为公司。华为有专门接待客户的部门，叫客户工程部，可以非常专业地安排好客户接待任务。一般在客户接待中，华为会安排技术交流、展厅参观等项目。

（2）参观样板点

华为展厅里的设备是静态的，没有安装在实际网络中，客户看了设备只能证明你有这种设备而已，并不能证明设备的可用性。为了打消客户顾虑，华为发明了样板点打法，主要用于新产品、新场景下的产品推广。新产品一旦开始销售，就会被安装到实际网络中，建立样板点的任务马上就会布置下去，包括房间装修、准备样板点讲解材料等。

（3）现场会

现场会是大型造势活动，华为在推广重大项目时，会要求各地客户经理邀请客户参加现场会。华为会派出业务推广人员、技术人员在现场会讲解，还对具体业务进行现场演示、制作并播放视频资料等，现场会的内容相当丰富。

（4）技术交流

科技企业在推销产品时，技术交流是很重要的环节。某些产品的优势比较抽象，从外形上看不出门道来，用技术交流、测试等方式传播和验证这类产品的强大功能就是很自然的选择。一般来说，产品对顾客独特的价值、产品使用介绍、成功案例等是技术交流的重点。

（5）高层拜访

让华为高层出面拜访客户方高层是华为销售的一个招法，它解决了销售中职务对等的问题。客户高层一般很乐意与华为高层交流，因为身份对等，他们也想从华为高层那里学到东西，所以从拜访这个环节，华为就抓住了大客户的痛点。

4. 经验总结与推广

品牌的创立和维护是一个长期而艰苦的工作，需要不断总结自身的经验，学习借鉴优秀企业的先进方法，做好长远规划，一点一滴地积累。只有如此，才能建立良好的品牌，支撑企业的长远发展。

华为收集、总结了品牌活动中的各种方法论，汇总成一份"全球统一Campaign指南"，作为产品发布活动的执行参照。该指南的作用在于固化每一场活动的优点，形成流程，并放到管理机制里，避免大家犯错。其内容会涉及一场活动的方方面面，比如，广告应该怎么放，联合Logo该如何处理，甚至户外露出广告应该选择什么样的材质，等等，一应俱全。华为编制该指南的目的，是要帮助华为在全球各个地区市场快速复制成功经验，形成共建局面。

华为"品牌营销四部曲"中的四个步骤是一个循环的过程，因为品牌营销是无止境的，市场在变化，客户的需求在变化，我们和对手的竞争关系也在变化。即便是在短期的相对稳定期间，也要通过针对各类客户的宣传推广，不断收集客户反馈的新信息，并根据反馈信息对解决方案和宣传推广的相关内容进行优化和提升，然后再次与客户进行交流沟通。

华为通过实践经验的不断总结、优化，把一些重要的步骤固化成套路，在实施环节上做到精细化，这样大大增强了品牌建设的可控性。

7.4.2 举办展会，推广自有品牌

参加或举办展会是向客户介绍企业产品常用的营销手段。参加行业内的展会除了能向客户推介产品，让客户体验新产品，还是与同行交流并且了解行业发展趋势的重要途径。华为一直积极参与国内外的展会，尤其是华为成为行业领头羊后，在这些展会上吸引的客户越来越多。

2017 年 7 月，天翼智能生态博览会在广州市广交会展馆举办。华为与中国电信合作多年，成为此次展会上重要的参展商。华为移动终端、智能家居等都参加了此次展会，吸引了大量同行及参观者前来体验。华为展区在展会首日就接待了上万人次参观，成为展会上最抢眼的参展商。

华为展区共分为终端产品、智能家居、行业解决方案和互动装置四个部分，这样的设计更便于参观者体验产品并参与互动。在长长的参观队伍中，甚至有从北京、上海等地赶来的忠实客户，可见华为品牌得到了很多客户的喜爱。

在全球经济一体化的时代，很多产品的市场都不应局限在国内，而应该放眼全球。因此，积极参与国际性的展会，与同行分享经验，了解行业发展新趋势，对企业的发展是很有利的。华为对重大的国际性展会一向很积极，因为这让华为可以与行业人士共同探索未来的发展，并且在未来的发展中发挥更重要的作用。此外，在展会上，一些先进的产品和技术也可以展示给同行及潜在客户。

2017 年，在西班牙巴塞罗那举行的世界移动大会上，华为连续两年成为该展会上的第一大参展商，拥有面积最大的展位。展会期间，华为参与了各种展览和论坛，华为轮值 CEO 徐直军还做了题为《让视频成为运营商增长的新动力》的演讲。为了让同行及参观者能够了解更多华为的产品，华为在展会期间还举办了"华为开放日"活动。此外，为迎接即将到来的 5G 时代，华为在大会上发布了新一代 5000 系列基站产品，可为运营商客户打造领先的网络，这让参会的客户看到了华为领先的技术创新。

参加国际性的展会，通过展示优秀的产品和良好的客户体验，可以改变国外市场对中国企业的偏见，有利于品牌形象在全球市场的推广和传播。

企业除了参加一些行业的展会，还可以自己举办展会，邀请合作伙伴、客户等到现场交流，将自己的新产品拿出来展示，并且邀请客户进行体验。

【案例】乔布斯开创"新品发布会个人演讲"

我们今天所熟悉的新品发布会形式——"新品发布会个人演讲"来自苹果的创始人史蒂夫·乔布斯。2007 年，他独自一人站在舞台上，穿着"极客"的非正式"制服"，在技术爱好者面前推出初代 iPhone。

在这场著名发布会的开始，乔布斯说："每隔一段时间，就会出现革命性的产品，改变一切。"他举的例子包括苹果历史上的几个关键时刻：Mac 在

1984年重塑了"整个计算机产业"，iPod 在 2001 年改变了"整个音乐产业"，iPhone 则即将重塑"整个手机产业"。

乔布斯为新品发布设立了一种基准：兴奋与悬念，以及令人沉浸到底的内容。今天，从谷歌到三星再到微软，以及亚马逊、Meta、特斯拉、小米、华为……所有的主要玩家都在这个语境之中，虽然彼此风格可能有所不同。

现在，许多大型科技企业每年都会惯例般举办 2～3 次新品发布会，华为自然也不例外。

【案例】2017 年华为 P10 手机发布会

在 2017 年世界移动大会正式开幕的前一天，华为在西班牙巴塞罗那发布了新的旗舰级智能手机华为 P10 和 P10 Plus，吸引了大批来自全球各地的媒体和参观者。在发布会上，华为消费者 BG CEO 余承东从工艺、拍照等方面向媒体和参观者仔细介绍了这款新产品。在发布会上，华为还推出了新一代智能手表，余承东同样向媒体和参观者介绍了其具体的功能。发布会结束后，在照例举行的产品体验环节中，新产品展台四周像发布华为 P9 时一样围满了人。此次发布会，华为还以直播的方式，让更多消费者在第一时间了解到新产品，并且吸引了大批忠实用户在网络上观看。

对于品牌而言，每一次新品发布会都是为了保持其在新的技术革命中的地位——不仅需要不断地更新技术与产品，还需要不断培育客户赖以生存的信念。品牌的伟大，诉诸理想也诉诸情感，每个品牌都竭尽所能，证明自己是技术进步的主角、技术革命的先驱。

7.4.3　推广样板点，提升企业影响力

样板点是 1997 年华为的接入网产品线发明的方法，由于易于操作又效果显著，所以很快推广到全企业，成为提升企业品牌和影响力的一个重要手段。这种方法主要用于新产品、新场景下的产品推广。当新产品推出时，产品到底能不能在实际的网络中运营，凭销售人员的推销介绍，无法让客户完全确信。但是通过带领客户参观样板点，让客户切身体验产品的性能、可用性和可靠性，就可以打消客户的顾虑。

华为新产品的样板点有时不是只建一个，而是在不同地区、不同场景建设多个样板点，这样能够很方便地请用户去样板点参观、交流。

【案例】向全球展示童话王国的电信运营商成功画卷[①]

2016 年 1 月，华为在丹麦哥本哈根建成欧洲首个专业服务样板点——

---

① 资料来源：华为官方网站。

TDC-Huawei Denmark Professional Services Showcase。该样板点从丹麦 TDC 项目实践出发，展示华为如何帮运营商构筑精品网络、端到端实现客户体验管理、保障运维质量和提升运营效率等。该样板点成为华为在欧洲展示其专业服务解决方案的重要窗口和与全球客户交流的经验共享平台。

TDC 集团是丹麦最大的电信运营商。2013 年年底，TDC 集团与华为签订了一份七亿美元的六年期管理合同，确立了双方的战略合作伙伴关系。经过一年多的合作，TDC 集团的网络数据流量增长 130%，客户满意度提升 10%，双方在 2015 全球移动大会上联合宣布丹麦最佳客户体验网络建成。2015 年，Omnitele 评价"TDC 集团可以提供丹麦最好的数据业务"及"智能手机应用性能在丹麦 TDC LTE 网络上表现最佳"。全球网络速度测试机构 OpenSignal 宣布"丹麦 TDC 集团拥有全球最快的 4G 网络"。

华为 GTS 营销运作部部长魏兵说："丹麦 TDC 集团的成功表明，运营商提升终端客户的满意度和忠诚度，不仅要关注网络质量，更要关注最终客户的体验和服务质量提升。华为将继续支持 TDC 集团的网络建设愿景，并通过该专业服务样板点将 TDC 集团的成功实践与全球运营商进行分享。"

目前，华为丹麦 TDC 集团的样板点已向全球开放，参观者不仅可以在此进行网络运维效率及质量提升、客户体验管理、精品网络改造、工具平台演进等全面的专业服务交流及经验分享，还可以在童话王国体验精品网络。

样板点推广的精髓就在于要让客户在实际的应用场景中对产品或服务产生切身的体验，这种方式已经被华为的营销团队运用得炉火纯青。为了让客户有真实的场景体验，即使没有现成的样板点，华为的营销团队也可以临时搭建出样板点，以满足客户需求。

【案例】接待团队临时"自建"样板点

2004 年 5 月，BT（英国电信）的 CTO 团队来深圳做技术交流。华为非常重视，接待团队的成员朱某和杜某提前回来准备接待。"彩排"时，华为在英国当地的客户经理 Paul 和 John 看到接待团队依然准备向客户介绍机柜和盒子，觉得这样做不行，提出一定要展示业务和体验，为此需要搭建办公和家庭场景。研发的领导当即拿出自己的银行卡，要求马上置办"家具"。

后来 Paul 做总导演，朱某演丈夫，杜某演妻子，还有位领导的女儿在幼儿园展示 Baby Online 业务。他们通过不同场景展示各种业务互通：朱某可以在办公室的座机或用手机呼叫家里的视频电话；家里的电视还能远程监控女儿在幼儿园的情况。

那次展示非常成功，给 BT 的团队留下了深刻的印象。

第 3 篇
军种篇
强化能力建设，一切服务打仗

第 8 章　财经与风控：健康经营，严控风险

SDBE 领先模型所定义的财经管理，首先是坚持以业务为主导，从企业战略和业务发展需要出发，支撑员工作出价值贡献，推动企业业务目标的实现；其次是以财经为监督，实现业务的全流程管控，帮助企业达到现在与未来、短期与长期的平衡发展。

企业风险把控涉及很多方面，本章主要讲的是经营风险和内控管理等。本章尽量不涉及过多、过深的财务和风控的专业知识领域，而是从服务战略落地和业务发展的角度来看待财经体系的建设和变革。

8.1　财经体系的发展与变革

一般来讲，随着企业研发、销售和供应链等业务变革的不断深入，业务部门的运营效率和产出会逐渐提高，而财务部门的管理如果停滞不前，就难以与业务发展相匹配，也难以对进一步改善企业整体管理效率产生比较大的影响。

因此，财经管理将越来越重要，其管理变革也势在必行。财经变革的目标在于强化财经管理在整个企业中的支撑和监管作用，提升财务部门的管理效率，促进业务健康快速地发展。

本章将以华为的实践来论述财经体系的发展与变革。

8.1.1　初次财经变革：四个统一，支撑华为全球扩张

在 20 世纪末，华为就意识到财务部门已经难以实现对企业的支撑作用，华为认为财经变革已刻不容缓，于是便面向全球广泛招标。

最终毕马威凭借其独具特色的"世界级财务服务"方法论赢得了这次招标。于是，2000 年至 2006 年，华为在毕马威的协助下，实施了第一次大规模的财经变革——"四个统一"变革，具体内容包括统一会计政策、统一会计流程、统一会计科目和统一监控。

统一会计政策，其中最重要的是对差旅费报销政策的规范化。在"四个统一"变革之前，华为各代表处都有自己的报销政策。比如，可以报销的费用项目有哪些、员工出差标准是什么等，各代表处都有自己的规定。变革实施后，

华为建立起适合全球员工的差旅费报销政策和住宿政策。

以员工报销差旅费为例，员工首先上网填报费用报销信息，信息流转到主管处；主管需确认差旅事项的真实性及费用的合理性；主管确认后，再由上级审批。同时，报销人员需将费用报销单打印出来，附上相应发票，提交给部门秘书。

华为每个部门都配备有秘书，秘书会集中将部门的费用报销单快递至财务共享中心。财务共享中心签收后，出纳会集中打款。这时，整个报销流程结束，剩下的就是会计做账了。

统一会计流程，其中最具代表性的是采购流程的统一。变革后，采购流程要求"四重匹配"，即与供应商签订的合同、给供应商下的订单、入库单及供应商提供的发票要相互匹配，并且发票不经过采购部，而由供应商直接寄给财务部。这样做，可以让华为的采购流程相比于竞争对手更规范且更具有竞争力，同时也起到了内部控制作用，能够对采购部产生一定的约束力，进而减少腐败行为。

统一会计科目。变革前，华为的会计科目只是使用国家规定的会计科目；变革后，华为的会计科目则依据华为的业务特点和管理要求向下细分。比如研发费用，在国家规定的会计科目里只列为一项，而华为分为人员工资、物料、差旅费等，以便于分项核算。总体而言，华为整个会计科目要比一般会计科目宽得多，为企业管理会计信息奠定了基础。

统一监控，是指将代表处财务管理的职责收归总部，逐步建立财务共享中心。华为早期的组织结构过于分散，使得区域代表处有较多的自主权，尽管这在早期有助于企业迅速扩张，但是也导致企业对不同区域的经营活动包括财务风险缺乏有效的监控。统一监控后不仅加强了资源的集中配置，也有利于防止腐败行为的发生。

所谓共享中心，是指企业完成某种职能的部门，比如会计、人力资源、信息技术、采购、安全事务等。企业通常会基于多种因素考虑建立共享中心，比如降低成本、改善服务、减少冗余工作、增加控制及提高员工绩效等。华为的第一个财务共享中心是于2006年在深圳建立的，以实现在总账、应收账款等财务处理上的共享。其后，华为先后在全球建立了七大区域财务共享中心。

"四个统一"变革作为华为在财经管理上的第一次变革，为华为在国内市场实现高质量、可持续的发展，以及在国际市场实现快速扩张，奠定了坚实的基础。

8.1.2 集成财经管理变革：为全球卓越运营奠定基础

在华为开展集成财经管理变革前，全球电信行业经历了飞速的发展。电信设备行业的总销售收入从 1996 年的 450 亿美元增长到 2007 年的 1390 亿美元。而华为的规模也在此期间不断扩张，海外营收占总营收的比重在 2007 年已经达到 65%。

在此期间，随着华为的发展，一些新问题开始逐渐暴露。

第一，运营风险越来越大，具体表现为：①海外订单越来越多，而这些订单不仅限于设备销售，还包含大量的工程工作，如建信号塔、挖沟渠等，再加上不同国家和地区有着不同的地理环境，也有着不同的人力成本，致使华为难以估算订单的成本。②尽管从 2006 年前后开始进行成本核算，但是核算的范围尚未覆盖到项目层面。由于订单签订前对订单盈利的概算失真、对业务知识所知甚少，这就导致了财务部门的数据不精确，从而难以为决策提供依据。③复杂的巨型跨国项目越来越多，财务人员不理解业务，业务人员更不懂财务，业务与财务"两张皮"，致使很多项目出现了亏损。

第二，财务效率难以适应业务的发展。2006 年前后，随着华为在海外获取的订单数量的增多与订单金额的增加，企业面临的现金流压力在增大。再加上跨国经营的环境复杂多变，有不少订单的销售回款慢，应收账款积压比较多。

这两个问题导致华为财务部门和业务部门产生了巨大冲突，也直接造成 2003—2006 年四年间企业利润率的下滑和现金流风险的增加。

根据华为公布的 2007 年财报，华为的利润率从 2003 年的 19% 下降到 2007 年的 7%，净利润率也相应地从 14% 下降到 5%。2007 年，任正非在华为的一次内部会议上不无忧虑地说："我们的确在海外拿到了不少大单，但我都不清楚这些单子是否赚钱。"

为了解决这些问题，实现健康且可持续的发展，华为决定开启集成财经管理变革，以适应新形势下的变化，让财经管理能够更好地为业务发展提供支持，同时做好对业务活动的风险管控与合理监督。

经过多方咨询和研讨，华为最高管理层终于认识到，集成的财经管理将是全球化经营中最难啃的"一块骨头"，是所有跨国巨头的必修课。

鉴于此，2007 年年初，任正非亲自给 IBM 时任 CEO 彭明盛写了封信，希望 IBM 帮助华为进行集成财经服务转型，让华为像 IBM 一样，能够进行全球化的卓越运营，实现"大象也能跳舞"。

8.1.3 业财高效融合：全球卓越领先的财经管理体系

2007年7月，IBM邀请华为十位最高层财经管理干部到IBM美国总部进行了为期三天的考察，了解IBM财务系统的实际运营管理情况，并进行了相关理念的"松土"。

随后，华为正式大规模启动IFS变革项目，推进财经服务体系的变革，构建全球一体化的财经管理体系和服务平台。

IBM对这个项目非常重视，组建了一支非常资深且专业的骨干团队，团队成员都是IBM各个地区的CFO（首席财务官）级别的人，为华为提供全方位的定制服务。在IBM启动帮助华为变革的十年之际，二者的双向奔赴，又再次上演。

IFS变革总共包含20个项目，包括机会点到回款、采购到付款、项目核算、总账、共享服务、业务控制与内部审计、报告与分析、资金、成本与存货等。IFS变革分为两个实施阶段：

第一阶段是从2007年到2010年，主要解决财务与业务部门的沟通和连接问题，具体来说，就是交付业务、研发业务、市场业务与财务之间流程的连通，以此来保证交易数据的准确性。变革前很多海外利润中心的数据都是错误的，财务数据缺乏公信力，造成业务和财务之间产生较大的矛盾。该阶段实施了很多项目，图8-1所示的只是其中的一部分。此外，各项目都是按照项目规划—概念设计—开发—验证—试点—推行的顺序实施的。

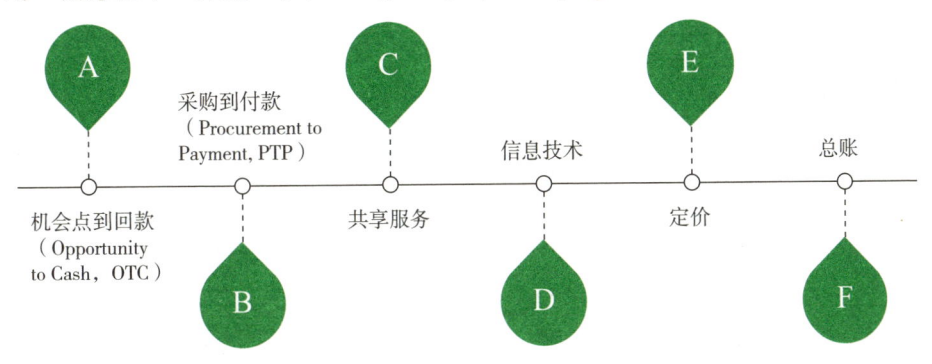

图8-1 IFS第一阶段实施的部分项目

从2010年到2013年为第二阶段，主要解决责任中心定义的问题和提升华为项目财务管理的能力。该阶段主要实施的两个重要项目是报告与责任中心管理和项目财务管理。

在IBM的老师们手把手指导华为完成IFS变革后，华为整体的财务管理能力和财务绩效得到了提升：应收账款周转率、存货周转率有了显著提升；企业在 2008 年的利润率达到 13%，比 2007 年的利润率提高了 6%，并且净利润率也比 2007 年提升了 1.28%。其后，利润率一直维持在 10% 左右。华为还解决了国际化进程中的财务问题，比如财务数据的准确性、收入确认规则等，并形成了面向客户需求的财经三支柱组织架构，如图 8-2 所示。

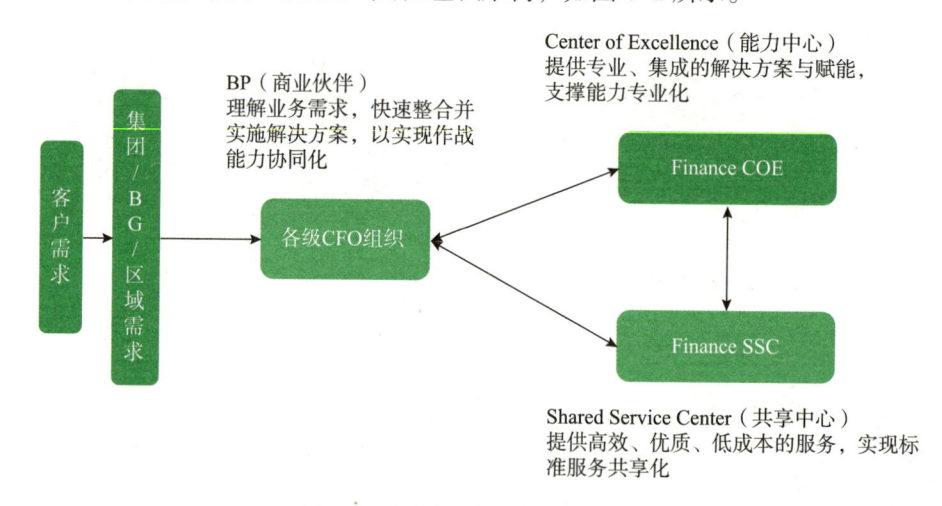

图 8-2　华为的财经三支柱组织架构

华为在 IFS 变革中，通过与 IBM 的合作，不断推进核算体系、预算体系、监控体系和审计体系流程的变革，在"以业务为主导、会计为监督"的原则指导下，完成了业务流程端到端的打通，构建起了高效、全球一体化的财经服务、管理、监控平台，更有效地支持了企业业务的发展；通过落实财务制度与流程、组织机构、人力资源和 IT 平台的"四统一"，有效支撑了不同国家、不同法律业务发展的需要；通过审计、内控、投资监管体系的建设，降低和防范了企业的经营风险；通过"计划—预算—核算—分析—监控—责任考核"闭环的弹性预算体系，以有效、快速、准确、安全的服务业务流程，并利用高层绩效考核的宏观牵引，促进了企业经营目标的实现。

除此之外，华为把规范的财务流程植入运营流程中，实现了收入和利润的平衡发展，有效地降低了企业的财务与经营风险；同时，实现了全球账务的共享，网上财务管理系统也已经基本构建完成，有效改善了企业的管理效益。

通过华为近 20 年的财经体系建设及变革过程不难发现，建设卓越领先的财务和经营体系，不经历痛苦但扎实的变革过程，很难成功。我们也希望企业能够久久为功，沉下心来向华为学习，秉承常心（平常心）和长心（持续性）

去进行管理体系的建设和变革。

8.2 卓越的财经管理是世界级的生产力

随着华为的业务规模上升到千亿元，业务范围扩展到全球，华为的高层越来越认识到经营的难度和不确定性。以前，随便开发什么产品和解决方案，做什么项目，基本都是赚钱的。而随着竞争的日益激烈，业务本身的复杂度越来越高，亏损常常难以避免。

加强经营和项目管理，成为华为的必然选择。融入项目，融入业务，夯实基础，横纵打通，成为业务伙伴，是华为对财经人员的基本定位。随着财经体系的不断完善，在提升端到端的业务作战能力、实现企业战略目标的过程中，财经管理也发挥着越来越重要的支撑作用。缺乏财经管理能力，华为不可能成为世界级企业，也不可能做到真正领先。

从账房先生式财务管理到核算型财务，再到管控型财务，最后到战略型、服务型财务，华为一步步向前迈进，步履艰难但扎实。

8.2.1 伙伴式财经：财经成为业务的真正助手

华为对财经人员有较高的要求，认为财经人员要融入业务。财务是财经解决方案的建议提供者和业务监督者，只有了解业务，才能满足业务的合理需求，提供有价值的财经服务；才能识别业务的合理性与真实性，进行有效监控，协助业务主管成长。

财经人员要做到懂业务，实现从账房先生到业务伙伴的转型，就必须亲自进入战场，支撑作战。十指不沾泥，不亲自下战场，不可能做好财经工作。

【案例】华为财经人员"三下两见"

华为对财经人员有一个"三下两见"的要求："三下"是指下站点、下仓库、下项目组，"两见"是指见客户、见分包商。

财经人员要通过多下站点、多下项目组，来真正了解业务场景，学习产品知识，了解不同站型的配置和技术特点及难点，理解成本的构成和基线。只有这样才有可能发现存货管理和成本管理中的改进机会，提出切实可行的改进建议，才能从"算账"走向"经营"，参与更多的交易活动并创造价值。

财经人员要多见客户和分包商，包括参与客户谈判、分包商合同谈判，感知客户关注的核心点和非核心点，从而对合同条款进行完善，提高交易质量，发现冗余流程、交付浪费等问题点，并建立相应的避险机制。通过谈判了解分包商的盈利空间，助力分包商投标，找到交付过程中可能产生的寻租问题并推动建立关键控制点等。

华为财经人员会见客户还要完成一个很重要的目标，那就是争取拿到客户预算。如果能实现这一目标，将给业务带来极大的帮助。

华为财经人员通过"三下两见"完整地参与一个项目周期，能在最短的时间内了解企业业务运作的全过程，培养全局视野，从而能站在新的高度俯视企业业务运行的全貌。

财经人员必须懂业务，财务融入业务，是华为对财经人员的基本要求。同样，业务主管不仅要懂技术，也要具备最基本的财务知识，要懂得计划、预算、预测等基本手段。

对此，任正非曾经感慨地说：

"我们这个时代已经从创业者、英雄的时代走向职业经理的时代，不走向职业化，就会被历史边缘化。在这个转型过程中，我们每个人可能都是残缺不全的，懂业务的不懂财务，懂财务的不懂业务。如果两方面绑在一起就会好一些，要发扬团队合作精神，只有团队合作才有明天。万事不求人的人就是无能的人，片面追求个人的轰轰烈烈，注定会失败。"

为此，华为制订了财经干部与业务干部的双向交流计划，有序开展财经和业务的干部互换及轮岗，从各业务部门抽调干部到财经管理部任职，加强财经组织的业务建设，改变财经人员一直以来简单、固执、只会苦干不会巧干的做法。

用任正非形象的话来说，就是在财经组织里加入一些沙子，形成混凝土结构的作战组织，从而高效、及时、稳健地抓住业务拓展中的战略机会点，在积极进攻中实现稳健经营的目标。

【案例】华为研发领域的"混凝土"式财经组织

华为的财务部门是一个混凝土结构组织，有专业的财经人员，也有大量的非财经人员，既懂财务也懂业务，这是华为财务的特点。

华为在产品线研发领域也配置了非常多的财经人员，但在研发端配置的财经人员与传统财经人员有非常大的区别。他们中的很多人既不会做会计分录，也不懂"借"和"贷"的关系，因为他们都是开发工程师出身，而不是财务出身，但是他们有深厚的技术背景和多年的开发经验，所以能看得懂编码，能看得懂材料成本的可替代性。让他们做成本管理，才能真正做好成本控制、成本改进。

当财务真正和业务融合在一起，成为业务不可或缺的伙伴时，才能充分发挥财经人员在预算、决算、核算中的作用，更好地支持业务部门做出正确的决策，有效规避风险，获取更大的经济利益。

8.2.2 财经专业解决方案，高效高质支撑作战

2015年，一篇业务投诉类文章《一次艰难的付款之旅》在华为的内部刊物上登载，引起了任正非的高度关注，并亲自作出批示：

"据我所知，这不是一个偶然的事件。不知从何时起，财经人员忘了自己的本职工作是为业务服务、为作战服务。他们什么时候变得如此颐指气使？皮之不存，毛将焉附？我们希望在心声社区上看到财经管理团队自我批评会上发言的原始记录，比如怎么理解'以客户为中心'的文化。我常感到财经人员工资低，拼力为他们呼号，难道呼号是为了形成战斗阻力吗？"

该投诉反映出一线在向客户付款时遇到的审批多、流程复杂的问题。华为财经管理团队为此召开自我批评会，最后提出"一切为了前线，一切为业务服务，一切为了胜利"的口号，依此展开工作改进。

华为积极推行大体系支撑下的精兵战略，逐步实行资源管理权与作战指挥权适当分离。代表处作为利润中心，对结果承担责任，指挥权、现场决策权也前移至代表处。各个组织体系实现普遍CFO制，每个利润中心、业务单元，比如地区部、代表处、系统部，甚至每个项目都会指定CFO，最多的时候CFO甚至达到了1700个。这种机制的有效运行，对于开源节流、提高合同质量、提升运营效率起到了非常大的作用，也在很大程度上支撑了企业业务发展。

【案例】项目财务支撑合同商务决策

华为在所有全球大客户端都配有项目财务，企业一线的2000多名财务人员，其中有三四百人配置在客户端。项目财务对大客户的交易条件、合同条款及价格条款和计算方式都非常熟悉，特别是在国际贸易中，合同的财务条款、价格条款、交付条款、税务条款、汇率条款非常复杂，项目财务在合同商务决策中承担着重要的支撑作用。

当客户招标给出一个招标条件，财务就能马上进行量化评估：这个合同以什么价格签？能不能赚钱？以什么样的交付条件签？规定什么样的付款条款？要有什么样的风险防控条款？把一些风险量化成可计算的成本，我们是否能接受这个合同？第一时间就能测算出来。

当在海外做交付时，如果要建一个铁塔、做一个工程安装，在特定的国家、特定的区域经过一段时间的积累，就会建立基线。投标的时候很快就可以根据积累的基线数据计算出大概的成本是多少，这个预计成本与最后执行的成本非常接近。

华为在全球的财经人员有 8000 多人，覆盖了 14 个地区部财经组织、七个账务 SSC（共享中心）和若干 COE（专家中心），为 170 多个国家的 110 多个代表处提供财经服务。其中驻海外财经人员约占财经人员总人数的 50%，海外本地财经人员约占海外财经人员总人数的 25%。

如今，华为账务核算已经实现了全球 7×24 小时循环结账。华为充分利用共享中心的时差优势，在同一数据平台、同一结账规则下，共享中心接力传递结账作业，极大地缩短了结账的日历天数，实现了 24 小时系统自动滚动调度结账数据，170 多个系统无缝衔接，每小时处理 4000 万条数据。共享中心"日不落"地循环结账，以最快的速度支撑着各代表处经营数据的及时获取。

财务预算作为资源配置的重要工具，在支撑作战方面也发挥着重要的作用，其通过在项目中重新分配稀缺资金来创造价值。资源在配置时向客户倾斜，特别是向优质客户倾斜，对准战略，聚焦主航道、主战场，面向未来。

【案例】华为项目资源分配原则

华为区分了对成熟业务和新兴业务的盈利要求，成熟业务的盈利能力和运营效率要逐年增加，而新兴业务可以有损失。若新兴业务的损失小于预算中预计的损失，那么它的表现可以称得上优秀。

华为还划分了核心业务和非核心业务的盈利标准。那些对企业持续增长具有战略重要性的核心业务，即使遭受损失，企业仍然会支持其发展。对于非核心业务，华为将规定最低的利润率，如果低于标准，该业务就会被企业舍弃。

华为不会根据项目回报重新分配有限的资金，而会将资金分配给那些不一定带来更高回报但属于企业核心业务的项目。即使这些项目会亏损，如果它们与核心业务相关，它们仍可以从总部获得持续的财务支持。

这种做法与华为的投资战略密切相关，反映了创始人任正非长期以来的观点，即华为的财务应该支持业务的发展和扩张，要对业务进行有效的控制和监督。

华为商业成功的背后，离不开财经团队专业价值的发挥，无论是在回款计划，还是在条款优化方面，财经团队在做好客户关系改善、风险管控的同时，也能帮助业务达成经营目标。

正如曾经担任华为尼日利亚代表处 CFO 的吴小慧在她的《无限风光在险

峰》一文中所说的："有人把在高风险国家做生意比作'走钢丝'，那财经就是走钢丝人手中的那根'平衡木'。"

8.2.3 财经与内控：严控风险，实现全流程管控

华为内控的目的是防止腐败、控制风险、助力经营。2007年，内控管理作为IFS的子项目，开启了从零起步的变革之旅。如今，华为的内控意识、内控机制、内控能力已浸入各个业务活动之中，形成了以"流程责任和组织责任"为基础的全球内控管理体系。

2015年，任正非在内部讲话中正式宣布，华为已经消除了大规模的腐败，这显然是一个非常不容易的成果。

内控体系常常被误解为会阻止业务的快速进行，因而受到业务部门的抵触。针对这样的局面，华为提出"内控价值要体现在经营结果改善上"的管理目标，并沿着这个目标找准定位，把内控工作不断细化，在各个区域逐步推进。

最终内控管理在经营活动中扎下了根，渐渐被一线团队所接受，并愿意按照内控的管理要求展开作业。

M代表处内控团队推行自动化验收、开票与核销系统，以提升OTC流程的作业质量，开票时间从80分钟缩短至10分钟，客户拒票率下降98%。

L代表处内控团队同样聚焦OTC流程改进，针对业务实际痛点，他们选择的主攻方向是PO（采购订单）与客户自动对接。项目实施后，当年减少了3200万美元的应收账款差异和1100万美元的退货损失。

内控机制在"润物细无声"的运行过程中，既发挥着制动器的作用，做到分权制衡、数据透明；又起到润滑剂的作用，能够改善经营、优化作业，为企业带来实实在在的经营收益。

华为的财经管理体系，通过构建四个"三"的运作机制来监控整个企业的风险，具体是：

- 三类风险，华为把经营风险分成战略风险、运营风险、财务风险。
- 三层防线，华为沿着每个业务活动建立覆盖点、线、面/场的三层立体监管防线。
- 三角联动，华为设在伦敦、纽约与东京的三个风险控制中心要进行三角联动。
- 三层审结，华为通过CFO组织、账务组织与资金组织，建立了业务活动的三层审结机制。

1. 三类风险

2017 年，华为 CFO 孟晚舟在伦敦财务风险控制中心（FRCC）的汇报中详细解释了对三类风险的理解："我们对每类风险都做了详细的要素澄清。比如战略风险，我们知道华为一定会面临技术上的风险，会不会有颠覆式技术出现来挑战我们的技术模型？在运营风险方面，比如说供应风险，之前炒得沸沸扬扬的华为手机 P10 的 Flash（闪存）芯片问题，其实是上游供应商在控制给我们的供应量，这是我们的供应风险。当然还有财务风险、外汇风险、税务风险，这都是我们要去面对的。我们把华为的所有风险进行了详细分类，对于每类风险，华为都安排了唯一的责任人，他负责打破部门墙，打破组织边界，去管理这类风险在华为中的发展。他通过识别、评估、应对、监控、报告这一周而复始的风险管理循环，使这些风险尽可能降到最低，这就是我们在三类风险上的管理。"

2. 三层防线

华为在内控与风险管理方面定义了三层防线，以起到堤坝的作用，如图 8-3 所示。

第一层防线	第二层防线	第三层防线
业务主管、行政主管和流程AR ·培养内控意识和能力 ·遵从流程	内控及风险监管的行业部门 ·提供方法论 ·培养干部	内部审计部 ·独立评估 ·冷威慑

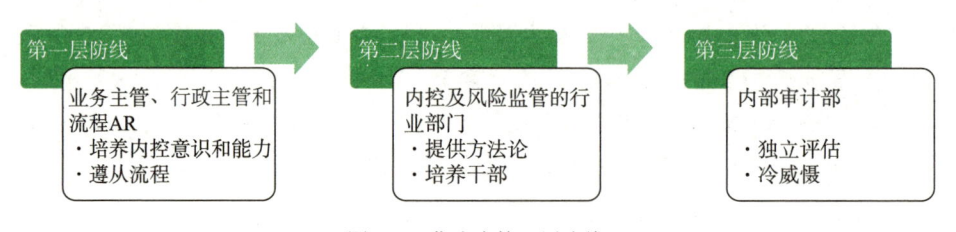

图 8-3　华为内控三层防线

第一层防线：在业务运作中控制风险，这是最重要的防线。责任主体是业务主管、行政主管和流程 AR。在流程中培养内控意识和能力，在流程的环节上和实质上做到遵从。华为 90% 以上的精力要用来把第一层防线建好，既要有规范性，又要有灵活性，没有灵活性就不能响应不同的客户服务需要。

第二层防线：针对跨流程、跨领域进行高风险拉通管理，为第一层防线提供大量方法论，大量培养、循环和补充干部。责任主体是内控及风险监管的行业部门。

第三层防线：通过审计调查，对风险和管控结果进行独立评估和冷威慑，让大家不敢做坏事。第一层防线留下的疏漏，由第三层防线通过不规则、不定期地对"点"进行核查，形成对"线"和"面"的威慑。责任主体是内部审计部。

3. 三角联动

从 2014 年开始，华为在伦敦、纽约和东京设立了三个风险控制中心，形成了三角联动防控体系，互为支撑。

（1）伦敦金融城作为全球金融中心，拥有众多资深的金融从业人员，华为在此设立了财务风险控制中心，从账务、税务和资金三方面对财务策略和财务架构进行独立评估，以规则的确定性应对未来的不确定性，以法律宗旨的确定性应对政治经济的不确定性。

（2）华为基于纽约的全球地位和国际视野，在纽约建立了宏观风险控制中心，主要负责对宏观经济形势的判断，针对政治、经济、汇率及贸易战的不确定性进行研究和预判。因为海外收入占华为总收入的 60%，所以全球经济的变化会对华为的经营情况产生重大影响。

（3）鉴于日本精细化管理的优势，华为在东京设立了项目层面的风险控制中心，负责管理项目的经营和财务风险，面向华为所有的合同和项目进行审视，发现问题，提出建议，并进行风险控制。

4. 三层审结

随着华为逐步建立基于信任的管理制度，它对一线作战组织的授权越来越大。

除了审计、资金、账务权力留在"中央"，其他权力均委托一线代为执行。但华为给每一位行政长官都配置了一名 CFO，即给各个地区部、各个代表处、各个 BG、各个部门（如人力资源部、行政采购部、华为培训中心），甚至每个大合同、每个项目都配置了一名 CFO。这些 CFO 构成了华为三层审结的特殊机制，在保持独立性、守底线、控风险的同时，助力业务取得商业成功，成为业务伙伴。

第一层审结：资金每日完成银行对账，确保每笔资金流动源于账务处理。

第二层审结：在账务核算中，确保流程合规、行权规范，以及每笔账务处理都源于真实业务。

第三层审结：通过独立的 CFO 体系对业务形成现场制衡。

华为有效的内控管理，为"积极授权、有效行权"提供了制度性的保障。让听得见"炮声"的组织敢于行权、积极行权，让看得见全局的组织合理授权、有效控制。这是理想的管理和控制机制，真正受益者是企业的各级作业组织，使其权力更多、责任更大、边界更清晰，每个组织都能在自己的权责边界内享受最大的自由、发挥最大的作用。

第 9 章　供应链：价值导向，高效精益供应

　　身处发展最迅速、波动最激烈的通信行业，华为经过 30 多年的发展，通过在计划管理、采购管理、供应商管理、生产管理等方面的管理实践，将服务支持的供应链转变为价值创造的供应链，形成了客户、企业、员工、供应链的"互赢利益共同体"，并将供应链管理所构筑的产业链生态打造为企业核心竞争力的一部分。

　　在本章，我们将讲述华为的供应链体系建设和变革之旅。

9.1　计划牵引：计划是龙头，一次把事情做好

　　计划是行动的保障。有了计划，才能更好地监控目标的执行过程。任正非说："我们要从源头抓起，一次把事情做好。如果计划不准确，后端协调难度非常大；如果计划准确，后端管理就简单了。"

　　计划是承接目标而来的，与目标息息相关。不做计划，要么是本身没有目标，要么是有目标却没有分解，这样的目标又何谈落地呢？

　　德石羿团队发现很多企业产销研之间的计划协同做得很差。很多企业家认为计划是意识问题，其实计划本质上是能力问题。

　　生产计划是生产管理中的核心工作，随着生产规模的扩大，设备增多，订单不停变化，客户要求的交货期越来越短，种种原因导致了生产管理复杂度不断上升，进而导致现场往往顾此失彼，最终消耗更多的资源，付出更高的成本，却仍然不能满足客户的需求。这些原因使生产管理人员认识到生产计划的重要性，好的计划可以让生产有条不紊地进行，有利于提高资源利用率，降低生产经营成本。

9.1.1　深入实际，准确预测

　　企业是以营利为目的的，所以企业总是愿意用最少的投入获取最大的收益。在实际生产中，资源总是有限的，当设备和人员投入一种产品的生产时，必然无法再生产其他产品，所以必须分析如何最佳地利用这些资源。

　　供应链计划就是为了组织物料、设备和人员以达到最高效的生产，在保证

客户交货期和提升客户满意度的同时保证企业获得最大的效益。

供应链计划是企业整体计划的重要组成部分，包括生产计划、产能规划、物料需求计划和采购计划，它们形成了完整的计划链条，保障企业业务发展。

供应链计划不合理，往往会造成物料库存高企、大量资金被占用、客户发货错误和交付延误等问题。

【案例】"做鞋赶不上脚长"，天天忙"救火"[1]

在发展初期，华为生产计划基本依靠人工调整。由于华为业务发展太快，客户需求难以预测，生产计划做不准，工程订单和采购订单频繁变更，使客户订单常常不能及时交付，生产产能与采购不能及时匹配，发错货的现象也时有发生，产品质量经常不合格，市场人员天天忙着"救火"。供应链绩效数据表现非常不理想：

准时交付率为50%，远低于业界平均94%的水平；

库存周转率为3.6次/年，远低于业界平均9.4次/年的水平；

平均交付周期为25天，远低于业界平均10天的水平。

"做鞋赶不上脚长"，天天忙于"救火"。管理的滞后，使得当时华为的研发周期是业界最佳水平的两倍；业务的扩张，使得华为的管理成本倍增，在销售额增加的情况下，销售利润却下降了。如何管理供应链、提高供应链的整体运作水平，以应对业务爆发式的增长？这是摆在华为人面前的一个严峻问题。

供应链计划中的生产计划与物料需求计划是一个体系，由相互支撑、相互关联的各种短期、中期、长期计划组成，各方面缺一不可。其中需求与预测是计划的源头，为了加强对需求与预测的管理，华为在流程中引入了S&OP（销售与运营规划）计划。为保证需求与预测的准确性，华为还设置了单独的职能部门，并进行三级审核。

【案例】华为引入S&OP计划

针对计划不准确、缺乏有效的预测方法和预测工具的问题，华为在流程中引入了S&OP计划，即对市场营销和销售、制造、研发、采购和财务方面的有效资源进行综合平衡，以此更新各部门计划，使其协调一致，从而实现企业总体的经营战略目标。

S&OP计划必须经过评审委员会评审通过，S&OP计划的评审委员会有三级，级别由低到高分别是一级、二级、三级。

S&OP计划包括客户的订单计划、生产计划、产能规划、采购计划和库存

---

[1] 辛童. 华为供应链管理[M]. 杭州：浙江大学出版社，2020.

管理计划。S&OP 计划将华为 3～5 年的战略规划和 1～2 年的经营计划细化为市场、销售、研发、采购、MRP、制造、企业资源等计划和产品管理等各个环节的运作计划，并根据客户需求的变化动态调整具体运作环节的计划，每个月定期滚动发布。

此外，华为还引入全面订单管理模型管理计划和订单。将制订计划时涉及的判断、排序、取舍、权衡提炼成"业务规则"并固化到应用系统中，减少人为干预，形成规范化管理，避免因订单紧急而导致的计划变更。

通过销售、计划、采购、生产、仓管等部门共享系统数据库，华为提高了订单、物料清单、采购需求、生产计划和库存等基础数据的准确性。

华为的计划流程变革使生产计划变准确了，采购的物料也更能满足生产计划的时效要求。同时华为又进一步升级了 Oracle MRP Ⅱ 系统，使系统基础数据更加准确和完善，生产流程效率得到大幅度提高。

9.1.2　生产计划要均衡，减少波动

任正非经营管理思想的核心就是均衡，均衡是其最高的经营管理哲学。

他在内部说："继续坚持均衡的发展思想，推进各项工作的改革和改良。均衡就是生产力的最有效形态。要通过持之以恒的改进，不断地增强组织活力，提高企业的整体竞争力，以及不断地提高人均效率。"这是华为长期坚守的核心价值观。

对于华为的大生产体系，任正非也提出了均衡化生产的要求：

"我们的大生产体系架构包括质量方针与质量目标、计划体系、调度体系、生产体系、工艺体系等，实际上都可以是确定性的。我们的计划体系不是指熊乐宁的那个计划体系，那个计划体系是非常不确定的，因为市场在波动。不要把波动传递到制造系统，制造就是要通过合理地吸收波动，做到均衡生产，按照计划生产出优质产品来。这些确定性的工作怎么融合起来，整个管理过程中每一个口的经线是什么、纬线是什么，怎么走向智能化，希望在这一次新架构设计和思想框架搭建过程中做到很清晰。"

均衡化生产是指在计划期的各时间周期内完成的产品产量或任务量基本相等。一方面是企业按计划规定的产品品类、质量、数量和交付期均衡地生产，另一方面是生产过程中的各生产环节都按规定的时间周期完成等量的或递增的产品产量或工作量。

均衡化生产是合理组织生产活动的基本要求，它对于保证产品质量、有效利用资源、建立正常生产秩序和提高企业经济效益有着重要作用。要实现

均衡化生产，就必须依靠生产作业计划来合理安排组织各生产环节的生产活动，及时处理生产过程中出现的矛盾和问题，按计划规定的进度要求全面完成生产任务。

【案例】丰田汽车公司最早实行均衡化生产

最早实行均衡化生产的是丰田汽车公司。丰田汽车公司的均衡化生产要求的是生产数量的均衡和产品种类的均衡，即总装配线向各前方工序领取零部件时，要均匀地领取各种零部件，实行产品组合生产。要防止在某一段时间内集中领取同一种零部件，以免造成前方工序的闲忙不均，以及由此引发的生产混乱。为此，丰田汽车公司的总装线均以最小批量装配和输送制成品，以期实现"单件"生产和输送的理想状态。其结果是总装线也会以最小批量从前方工序领取必要的零部件。简言之，生产的均衡化使得零部件被领取时的数量变化达到最低程度，即各后方工序每天如一地以相近似的时间间隔领取数量相近的零部件。

均衡化生产是精益生产的重要部分，只有实现均衡化生产，建立正常的生产秩序，才能充分利用生产能力，才能保证稳定的产品质量。具体而言，均衡化生产能够给企业带来以下诸多的好处。

1. 零部件的使用量稳定化

在传统的生产模式下，生产有时候过于繁忙而有时候又非常空闲，工厂对零部件的使用量不是稳定化的，而是不断跳动的。均衡化生产能让每一个循环内产品的类别和数量都一样，组装线上的零部件种类和数量也一样。这样一来，生产部门向零部件仓库领取的类别和数量一定，最后向供应商指定交货的类别和数量自然也是稳定的。

2. 库存降低

实施均衡化生产，企业可以同时生产出多个品种、数量都合适的产品，这样不但可以减少很多道工序间的在制品库存，还可以每天向客户持续供应多个种类的产品，从而尽可能地实现成品的零库存。因此，均衡化生产是一种追求零库存、最大限度降低生产成本的生产方式。

3. 负荷稳定化

均衡化生产可以使生产线中各道工序所承担的负荷稳定化，从而避免负荷的大起大落。由于各个生产环节所需求的产品种类和数量都是一定的，必然使各道工序及供应商的生产负荷稳定化，对人力资源和机器设备的使用也能更为科学、合理和高效率。

4. 应对市场变化的能力提高

市场需求瞬息万变，对于企业生产最为重要的是针对市场变化的应对能力。如果采用均衡化、小批量的生产，企业就能够提高对市场的适应性，随时根据市场需求的变化幅度调整生产，从而缩短产品的生产周期。

9.2 采购升级：从价格最优到支撑战略实现

采购作为企业经营管理中的一个重要环节，要根据业务发展的需要不断进化，为增强产品市场竞争力和实现企业战略目标发挥作用。

9.2.1 采购是核心能力，需要职能化、专业化

采购是指企业在一定的条件下，为企业经营在合适的时间、地点，以合适的价格，从供应市场获取质量、数量合适的资源，以保证企业生产及经营活动正常开展的一项企业经营活动。

采购成本是企业成本控制中的主体和核心部分，直接影响着企业产品的最终定价和企业的利润，良好的采购对增加企业利润、提高企业竞争能力、降低经营风险也具有极其重要的作用。

随着经济全球化和信息网络技术的高速发展，全球经济运行方式和流通方式发生了巨大变化，企业采购模式也随之不断发展，采购已经从单个企业的采购发展为供应链上的采购。在供应链中，采购使供应链各节点间的联系和依赖性进一步增强，对于降低供应链运作成本，增强供应链竞争力起着越来越重要的作用。

任正非对华为采购提出的要求是，采购要有战略纵深，要理解行业趋势、深入研发领域，并加强对生产和制程工艺的理解。

为了让采购人员将时间更多地分配到战略性工作上，去思考策略性问题，华为在采购组织结构上将策略性的岗位和事务性的岗位进行了区分。

【案例】华为采购部的组织架构

华为采购部在组织架构上将采购策略与采购订单（PO）履行分离开来，如图9-1所示。其内部建立了多个物料专家团（Commodity Expert Groups，CEG），各CEG负责采购某一类物料，通过制定不同物料的采购策略，满足业务部门、地区市场的不同需要。每个CEG都是一个跨部门的团队，其通过统一的物料策略、集中控制的供应商管理和合同管理提高采购效率。

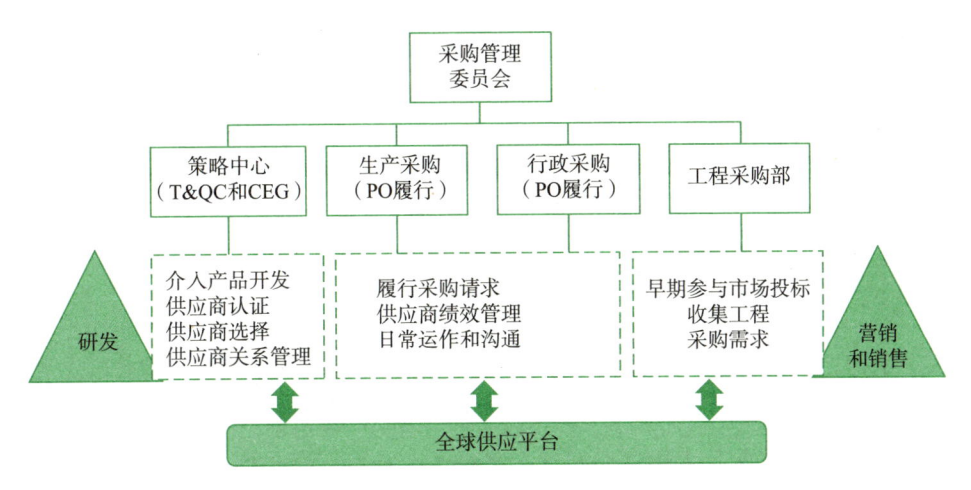

第9章 供应链：价值导向，高效精益供应

图 9-1 华为采购部的组织架构

每个物料专家团内部都有供应商对接人，负责与供应商的对接和沟通，处理供应商与华为来往过程中可能碰到的各种问题和疑问。各物料专家团从技术、价格、质量、交货周期、响应速度及创新等方面，充分了解供应商的能力和特点，对各种物料供应商或服务供应商进行选择和采购认证，以及对供应商进行日常管理及绩效评估。

CEG和华为的技术和认证中心（Technology & Qualification Center，T&QC）构成了策略中心，其在华为研发和供应商之间架起了沟通的桥梁，推动供应商参与华为的早期产品设计来实现双方的技术融合。

华为的工程采购部（Customer Solution Procurement，CSP）与华为销售和营销一起积极地参与客户标书的制作。参与市场投标将使工程采购部了解客户配套产品的需求，在订单履行过程的早期充分了解华为向客户做出的承诺，以确保解决方案满足客户需求并能够及时交付。

生产采购和行政采购负责日常采购工作及与供应商和内部客户的沟通，及时处理采购请求和解决双方的问题，从而改善供应商的表现和提高内部客户的满意度。同时华为也关注不断提高采购履行流程的自动化程度，让采购执行人员有更多的机会积极地参与物料采购策略的制定。

华为的采购决策由采购管理委员会集体确定，采购管理委员会向各物料专家团主任或地区采购代表授权，并领导采购评审组对所管理的物料进行评审决策。采购评审组成员通常由采购、交付、质量、财务等多部门的成员组成，对采购问题进行集体讨论并集体表决，以此避免个人决策引发的职权滥用。

针对采购人员，任正非也提出了明确要求：

"采购人员要苦练内功，踏实提升专业技能；要开阔视野，不断提升战略洞察能力。采购人员要做到胸有成竹，除了踏踏实实提升专业技能，做精、做细，更要开阔视野，有意识地培养战略洞察能力和战略管控能力。"

任正非要求采购人员要深入现场了解业务，要像苹果驻厂代表那样深入整个供应链条的企业中去，掌握行业动态，了解合作伙伴能拿多少利益，这样就能像苹果一样做出世界上最好的产品。

采购是企业的花钱部门，往往也容易成为可以牟利的灰色地带，给企业造成不小的损失和危害。为了避免管理盲点，华为非常重视采购的职业化能力建设，对采购确定的核心理念为"阳光采购和价值采购"。

"阳光采购和价值采购"是指：要以公平、公正、公开的方式选择供应商；采购对供应商的选择与认证必须集体决策，不允许动用个人的影响力或者以个人私利为目的，使待选供应商得到"特殊待遇"；选择供应商时，必须充分引入竞争，确保能为企业带来最大利益；要和主流供应商合作，通过双方的优势组合，给企业创造新的价值；杜绝腐败，做到诚信、廉洁和自律。

华为采购员工必须严格遵守《华为员工商业行为准则》（BCG），任何以身试法者，将面临审查处理，并追回从违反BCG之日起的内部股票收益，包括分红和增值。在对采购员工的入职培训中，有一项内容是剖析华为员工BCG的违规案例并参观深圳龙岗看守所，探访原华为违法犯罪的员工，以警示新人。领导干部必须进行自律宣誓，承诺个人收入只能来源于工资、薪酬和分红，否则将接受严肃查办。

采购是企业供应生态的主角，在供应紧张状况下的"抢货"能力也是优秀企业能茁壮发展及"弯道超车"的标配。通过对采购组织架构的优化、采购人员的赋能，华为打造了一套独特的采购体系。在华为的发展过程中，新产品能快速上市，采购部门功不可没，在面对一次次需求高峰的挑战时，采购始终能经受住一次次考验，成功完成交付任务。

9.2.2 均衡而高效的采购是卓越运营的保证

采购已经成为企业经营的一个核心环节，在企业的产品开发、质量保证、整体供应链及经营管理中起着极其重要的作用。但很多企业对采购的理解却存在一定的误区。

（1）降本就是采购部门的事情。采购部门负责花钱，所以降本就是采购部门的分内事。甚至有一些企业的采购部门自己也这么认为。

（2）降本就是降低采购的价格。一个个元器件反复对比，反复抠单价，而不考虑质量、交付期、可持续等问题。

（3）过度关注最低价。每一次招标都是最低价中标，总认为价格低的就是好的。一旦达不成最低价目标就换一个供应商，结果供应商在这个项目上赔本赚吆喝，下一个项目就要赚回来，价格又涨上来了。

（4）把降本当作一场运动，平时没有积累，没有相关的动作，有 KPI 时就压一压，没有时就不管。

（5）在降本的过程中只关注动作，达不成目标就循环谈判、招标，反复压价、集中采购等手段都使出来了，但是用多了供应商就不配合了。

许多企业认为采购就是杀价，价格越低越好，所以喜欢在谈判桌上和供应商打价格战，打得不可开交，最终得到一个最低价格。这是一种典型的误区，因为这忽略了采购的总成本。供应商在谈判桌上让出的价格，往往会在谈判桌下挽回损失。所以价格最低，很可能意味着质量不高、交货不准时、服务不好，最终看似划算的交易会让企业在后续的交付中受尽折磨，反倒付出更大的代价。所以合理的采购不仅要关注综合成本，还要关注及时交付、产品的技术和质量问题，并保持三者的平衡，如图 9-2 所示。

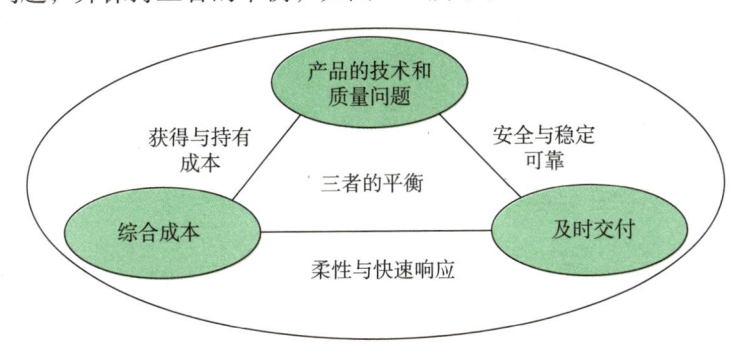

图 9-2 采购的平衡考量

价格只是成本的冰山一角，采购的价格最优并不等于总成本最优，企业应该从追求价格最优转变为追求总成本最优，即需要考虑采购综合成本（Total Cost of Ownership，TCO）。TCO 首先是一种理念，然后才是一种工具。用 TCO 的视角来看采购成本，会发现采购成本往往只占采购综合成本的 20%。基于全生命周期所发生的成本，包括前期的产品设计成本、制造成本到采购成本、使用成本、维修保养成本、废弃处置成本，如图 9-3 所示。

图 9-3　采购综合成本

以企业设备采购的 TCO 为例，设备采购的 TCO 由以下三个部分组成。

1. 所有权成本

设备原来由供应商所有，支付给供应商相应金额（设备价格）将所有权转移所发生的成本，称为所有权成本。

2. 取得成本

为了取得某台设备，在购置过程中所花费的成本，称为取得成本。很多取得成本在企业财务上没有被归结到该项目中，很容易被忽视。

3. 取得后成本

设备买回来后，还要购置耗材、备件，还需要考虑水电能源、修理保养、报废后的处置等费用，所有的这些花费，称为取得后成本。

在实际采购操作过程中，质量与成本之间存在一定程度的矛盾：采购方一味压低采购价格会导致供应商选用质量较差的原材料，造成质量问题频发。由质量不良而造成的损失是惊人的，问题发生之后，采购方需要付出很大精力和成本进行解决和补救。但如果能以"一次就把事情做好"的思想来管理质量，预防问题的发生，会更有利于平衡质量与成本二者之间的关系。

由此可见，作为一名采购人员，在制定采购策略时，必须充分考虑综合成本、产品的技术和质量问题、及时交付三者的平衡。保证物料的顺畅、连续和品质稳定，会使生产的产品品质优良；保证交货量的充足与数量符合及柔性供应，会使企业生产的安排准确和灵活；保证更短和更准确的交货期，会保障企业出货的快速与准确。

供应商是企业供应链的源头，要达成上述的平衡，选择良好的供应商并建立双方协调的配合关系就显得至关重要。进行供应商生命周期管理可以有效缩短交货期，提高产品质量，降低采购成本，提升企业在市场竞争中的应变能力和竞争能力。

供应商生命周期管理（Supplier Life-Cycle Management，SLM）的概念来源于产品生命周期管理，是一个以透明、有组织和协作的方式管理外部供应商，从供应商的开发、供应商的认证和引入、供应商的性能评价和风险管理到供应商的淘汰的全过程。

华为实施的供应商生命周期管理建立了标准化的供应商管理体系。通过标准化的流程和管理方法，对供应商进行有效的分类，可以使企业将有限的资源集中在关键的核心供应商上。华为供应商生命周期管理主要包括供应商认证、供应商选择、供应商绩效、供应商组合、供应商发展、供应商协同六个阶段，如图9-4所示。

供应商认证	供应商选择	供应商绩效	供应商组合	供应商发展	供应商协同
·制定准入门槛，行业Top级供应商优先，禁止黑名单及低资质供应商进入 ·多场景、差异化，提升认证效率和质量 ·建立按场景复核认证机制 ·采购管理委员会决策供应商的引入	·确定供应商名单，优选主流供应商 ·多种选择方法组合使用 ·质量、交付等绩效结果的应用 ·分层分级，集体决策	·综合评估供应商的实际表现 ·绩效结果的沟通、公示 ·供应商绩效持续改进	·优化供应商资源池，向主流供应商汇聚 ·供应商分层分级管理 ·基于品类全面分析供应商表现及行业状况	·以企业战略目标牵引供应商发展，优化供应商布局 ·对主流供应商拓展合作范围，建立长期关系 ·对非主流供应商减少合作 ·淘汰低资质供应商	·分层分级的组织关系建设和业务协同 ·与战略供应商开展专项协同项目 ·全方位的协同（研发、供应、计划、质量、TCO……） ·流程IT对接

建设多场景、差异化、简洁高效的供应商管理流程

图9-4 华为供应商生命周期管理

1. 供应商认证

制定准入门槛，全面了解供应商的生产运营状况、技术水平、研发能力、管理体系及信息化程度，禁止黑名单及低资质供应商进入，以降低采购风险。

2. 供应商选择

确定供应商是否具备交付必要货物或服务的能力，供应商选择将由相关专家团主任组建团队来进行，团队成员包括采购和内部客户的代表。小组的使命是制定RFQ/RFP，确定能够按照华为的要求提供所需产品或服务的现有合格的供应商名单。

3. 供应商绩效

在合同期内评估和分析供应商绩效，及时发现不合格的供应商，遏制劣质供应商带来的风险。企业可使用绩效基准、供应商记分卡和供应商纠正措施申请等方法跟踪和消除外部供应商构成的风险。

4. 供应商组合

基于品类全面分析供应商的表现及行业状况,实现对供应商的分层分级管理,不断优化供应商资源池,逐渐汇集主流供应商。

5. 供应商发展

以企业战略目标牵引供应商的发展,不断优化供应商的布局。确定企业中最具战略意义的主流供应商,拓展与其的合作范围,并与之建立长期关系。对非主流供应商应减少合作,并淘汰低资质供应商。

6. 供应商协同

为了构建具有竞争力的供应链体系,要针对生产和市场的变化敏捷应对,通过建设分层分级的组织关系与供应商实现全方位(研发、供应、计划、质量、TCO……)的业务协同,必要时与战略供应商开展专项协同项目。

供应商生命周期管理的主要目的在于识别供应商能够提供的价值,或者通过将供应商置于企业采购策略和流程的核心位置来获取价值,降低供应链风险,保证供应链高效稳定运作。

9.2.3 采购管理体系升级,从价值采购迈向战略采购

为了更好地支撑业务的发展,华为的采购管理体系也在不断进化,其发展历程大致可以分为三个阶段,如图9-5所示。

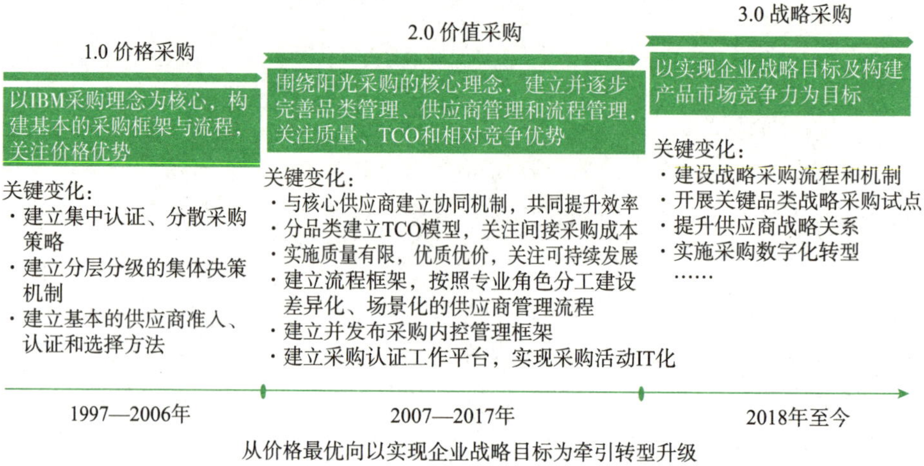

1.0 价格采购	2.0 价值采购	3.0 战略采购
以IBM采购理念为核心,构建基本的采购框架与流程,关注价格优势	围绕阳光采购的核心理念,建立并逐步完善品类管理、供应商管理和流程管理,关注质量、TCO和相对竞争优势	以实现企业战略目标及构建产品市场竞争力为目标
关键变化: ·建立集中认证、分散采购策略 ·建立分层分级的集体决策机制 ·建立基本的供应商准入、认证和选择方法	关键变化: ·与核心供应商建立协同机制,共同提升效率 ·分品类建立TCO模型,关注间接采购成本 ·实施质量有限,优质优价,关注可持续发展 ·建立流程框架,按照专业角色分工建设差异化、场景化的供应商管理流程 ·建立并发布采购内控管理框架 ·建立采购认证工作平台,实现采购活动IT化	关键变化: ·建设战略采购流程和机制 ·开展关键品类战略采购试点 ·提升供应商战略关系 ·实施采购数字化转型 ……
1997—2006年	2007—2017年	2018年至今

从价格最优向以实现企业战略目标为牵引转型升级

图9-5 华为采购管理体系发展历程

第一阶段——1.0价格采购。1997年年底任正非去美国IBM考察学习,回来后请IBM给华为做老师,开展了一系列管理变革。采购业务管理变革是

作为这次与 IBM 合作的"试水项目"率先启动的。在顾问的指导下，华为以 IBM 采购理念为核心，建立了基本的采购框架及流程体系，与供应商构筑低成本优势，确保及时准确交付。

第二阶段——2.0 价值采购。2006 年后，华为海外业务快速发展，采购规模急剧扩张，采购专家团/分团也不断增多。华为汇聚主流供应商，实行"价值采购、阳光采购"，分品类建立全流程 TCO 模型，关注间接采购成本和质量，以获得采购综合竞争优势。

第三阶段——3.0 战略采购。从 2018 年开始，为实现企业战略目标及构建产品市场竞争力，华为聚焦企业战略目标的实现，与核心供应商打造了新型战略合作关系。

2018 年 11 月 7 日，华为第十二届核心供应商大会在深圳召开，来自全球各地的 145 家核心合作伙伴参会。华为轮值董事长郭平在题为"互助共赢，开创战略采购新时代"的主题演讲中，宣布华为将进入"3.0 战略采购"时代。

按照郭平的说法，"3.0 战略采购"阶段的战略采购具有以下特点。

1. 以支撑企业的商业成功为最终目标

传统采购强调规则的制定与遵从，战略采购则以业务结果为导向，专注于支撑企业的商业成功。这要求采购与核心供应商实现战略匹配，建立研发、采购、市场、供应等跨功能领域的全面连接，增加合作黏性。华为和三星虽然在市场上有一定的竞争关系，但是华为仍然大量使用三星的部件，三星是华为的核心供应商。只要能提供有竞争力的部件，更能让华为实现商业成功，华为就会采用。

2. 联合创新，共同引领产业发展

传统采购是基于产业现有能力和资源进行选择的，战略采购需要解决产业链发展的短板问题，要求企业与核心供应商要敢于投入，建立鼓励联合创新的机制，支持产品持续领先。华为未来将面向全球，与更多优秀企业合作，产生更多的联合创新项目，共同引领产业发展。

3. 建立互信互助的合作关系

传统采购关注中短期收益，而战略采购关注长期战略目标的实现，要与供应商建立互信互助的机制。供应商安全、健康地活着，是供方的需要，也是华为的需要。当有些伙伴出现市场需求不足的困境时，华为会采取提前付款等方式，帮助伙伴渡过难关。

4. 构建供应韧性，保障业务连续

传统采购要求及时交付、快速响应，战略采购要具备供应韧性，应对各种极端情况。华为与供应商建立了完备的 BCM（业务连续性管理）体系，以建设强健的供应链条。华为始终践行"以客户为中心"的核心价值观，分场景建立了完整的 BCM 体系，有预案、有资源、有流程、有演练。华为期望核心供应商也能坚持以客户为中心，用积极、快速的行动应对各类突发事件，保障业务的连续性，并建立完备的 BCM 体系。

5.利用数字技术，建设极简交易模式

将来大多数企业的业务将会面临数字化转型的挑战，没有前瞻性数字化业务战略的企业，在未来将很难生存。华为通过数字技术简化交易链条，建设极简交易模式，把资金、人力和资源投入更有创造力的工作中去。

郭平从业务结果、联合创新、互信互助、供应韧性、极简交易五个维度对战略采购进行了剖析，业务结果承接企业的战略目标，联合创新是战略关系深化的手段，互信互助是供应链关系的基础，供应韧性有助于供应链风险管理，极简交易的目的是提高供应链效率。

华为在商业上取得成功的同时，也同其他的战略供应商一道，为建立合作共赢的战略采购体系树立了典范、打造了标杆。

9.3　交付敏捷：构建强健供应链，提升整体效率

在日益复杂的全球市场竞争环境下，企业间的竞争不再是单打独斗，而是供应链之间的竞争。企业不但要依靠内部资源，还必须积极整合外部资源，将内外部资源纳入一个紧密协作的供应链中，与各方结成联盟，成为合作伙伴，才能获得市场竞争优势。

9.3.1　企业竞争是供应链的生态竞争

未来企业间的竞争，将不再是单一企业和单一企业的竞争，而是供应链和供应链的竞争。企业要应对未来的竞争和挑战，就必须与其他制造商和服务商建立商业关系，形成供应链生态，互相学习、互相借鉴、资源共享、能力互补，组合或创新出无限可能。

雷军初创业时去找富士康代工，被直接拒绝了。但不久富士康的一位高管谢冠宏被雷军打动，同意做代工。

谢冠宏自此与雷军结下了不解之缘。后来谢冠宏离开富士康，决定创业。他与雷军交谈过，雷军建议他做耳机。当时在国内的耳机市场上，高端耳机被国外品牌垄断，中端耳机产品的市场需求量很大。就这样，2013 年，谢冠宏创

建了万魔声学科技公司，生产"万魔"耳机，小米科技是其最早期的投资人。"万魔"耳机一经推出，出货量就超过了 1000 万副，时至今日畅销全球。万魔声学科技公司自成立以来一直是小米耳机的主要供应商，而且还成为小米手机生态链中重要的一环。"万魔"耳机的影响力无论是对提升小米的销量还是用户认可度，都有极高的价值。

业内都知道，小米选择了轻资产的运营模式。小米负责营销与设计、用户服务等，而生产等环节全部交由供应商、外包商负责。小米的生产计划出来之后开始向高通、三星、索尼采购多种元器件，最后再由英华达和富士康代工生产。手机配件如耳机则向外包商采购，如由万魔声学科技公司等供应。如此一来，诸如"万魔"耳机等硬件供应商、生产商对小米的竞争力等有至关重要的影响。

小米始终选择优质供应商，以匹配其轻资产运营战略，从而占据市场领先地位。越来越多的企业通过选择行业最优秀的供应商来获取竞争优势或维持市场领先优势。

2017 年 8 月 24 日，在与华为的采购干部座谈时，华为总裁任正非对采购工作和采购人员提出了期望和要求。对采购工作，任正非提出：

"采购要与世界最优秀的供应商建立战略合作伙伴关系。未来的竞争是产业链和产业链的竞争，我们要持续加强产业链管理，掌控关键控制点，支撑产品相对竞争优势。竞争中有合作，合作中有竞争，要科学地做好竞合管理，有效管理好产业链上的合作伙伴，维护良好的产业生态。我们要做好产业链上下游协同，利用供应商优势资源，共建高质量，不搞低价同质竞争；也要与研发及相关业务部门紧密协同，保障端到端质量。我们要利用一切可以利用的力量，和世界上最优秀的供应商、客户联合，形成最强大的伙伴关系。加强与战略供应商的合作，共同创新，共同进步，推动创新资源、最新技术、最新产品优先为我所用，实现双赢。我们要给予供应商更多的信任、机会及发展空间。在同等条件下优先用战略供应商，但是如果战略供应商比别人落后了，在我们提醒以后，仍然不进步，我们也只能放弃合作。采购体系人员要苦练内功，踏实提升专业技能；开阔视野，不断提升战略洞察能力。"

华为在规划未来每一代产品需求时，都会详细识别行业最优资源。企业可通过对核心品类物料的长远规划，实现产品技术领先和取得市场先发优势。产业链深度合作给产品线带来的价值和竞争力，远远超过了物料降价对产品竞争力的提升。

【案例】华为与徕卡合作推出 P9 系列手机

德国徕卡 100 多年来以完美的镜头精密度与独特的摄影技术闻名世界。2016 年 2 月，华为和徕卡宣布结成光学工程长期技术伙伴，随后两家企业强强联手，共同设计，将徕卡的 SUMMARIT 系列镜头做到华为 P9 系列手机上，帮助华为 P9 系列手机成为手机中的"徕卡相机"。双方合作的这款双摄像头手机 P9 系列引领了新的摄影潮流。在上市五个月之后，华为 P9 系列手机享誉全球，斩获手机领域的诸多奖项。

华为与徕卡互相成就了对方，徕卡帮助华为提升了影像能力，驱动了光学系统和图像处理技术的进一步发展，从而广泛地为摄影及移动设备应用提升影像质量，为华为的迭代产品提供更先进、前沿的影像技术。华为则帮助徕卡打进了手机影像圈子，提高了徕卡在手机圈的知名度，并帮助徕卡实现了数字化转型。

华为与徕卡的这次战略合作，是对双方先进技术的价值发现与利用，再通过价值传播，实现了对两家企业品牌价值与产品价值的双双提升，对双方产品的市场竞争力的提升是不言而喻的。

在全球智能手机增长趋于平缓，新的智能技术、影像技术成为增长的最有效驱动力的情况下，华为通过与徕卡的合作集合了优势资源，引领了能够改变智能手机行业格局的技术创新潮流。

9.3.2 深淘滩，低作堰，共建生存空间

在企业与供应商的关系定位中，有的企业单纯以价格作为合作指标，这实际上是一种博弈策略，双方围绕价格此消彼长，这种合作模式下双方的关系难有进一步的突破。一些有远见的企业则奉行互惠互利原则，与供应商建立新型稳定关系，形成一种双赢合作模式，将双方利益紧密联系在一起，在商业上彼此成就。双赢合作模式下的价值模型如图 9-6 所示。

双赢的合作伙伴关系有利于实现双方"总体价值最大化"

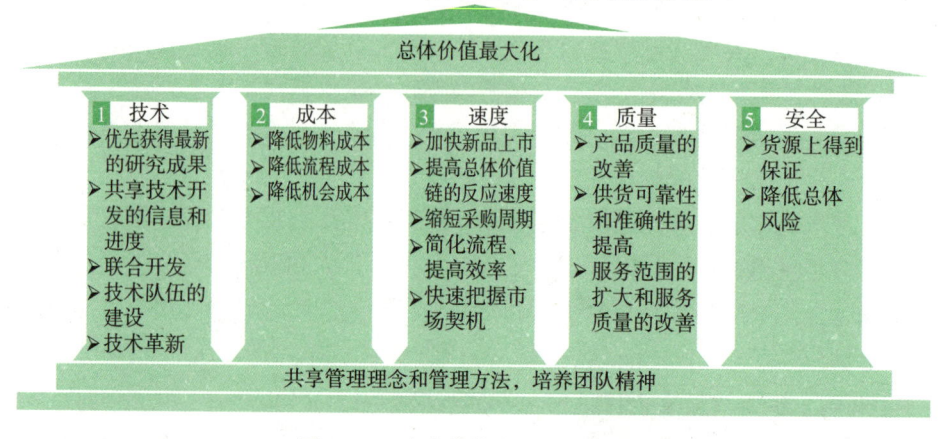

1 技术	2 成本	3 速度	4 质量	5 安全
▶优先获得最新的研究成果 ▶共享技术开发的信息和进度 ▶联合开发 ▶技术队伍的建设 ▶技术革新	▶降低物料成本 ▶降低流程成本 ▶降低机会成本	▶加快新品上市 ▶提高总体价值链的反应速度 ▶缩短采购周期 ▶简化流程、提高效率 ▶快速把握市场契机	▶产品质量的改善 ▶供货可靠性和准确性的提高 ▶服务范围的扩大和服务质量的改善	▶货源上得到保证 ▶降低总体风险

共享管理理念和管理方法，培养团队精神

图 9-6 双赢合作模式下的价值模型

从长远来看，战略合作伙伴关系更容易实现企业的发展目标、战略，也更容易实现企业与供应商之间的总体价值最大化。

【案例】小米与供应商相互成就

2009年，雷军开始创业，当时找到了富士康代工，但遭到了拒绝。小米只得找另一家供应商。雷军在《在对的时间做对的事》一书中回忆，他将目光转向了另一家电子通信产品代工企业英华达，经过艰苦谈判，雷军的小米模式及他的态度打动了英华达总经理张峰。就这样英华达成了小米手机的第一家代工企业。

小米手机的销量从2011年的30万台飙升到2013年的1870万台，2013年达到每月150万～200万台。2013年，英华达南京工厂的大部分生产线都在为小米的2A和2S型号手机代工，其全年手机总出货量为1185.5万台，其中小米手机占了80%，约为940万台。

英华达成就了刚起步的小米，快速崛起的小米则让英华达的利润不断上升。可以说两者成就了彼此，实现了双赢。2014年，小米大幅度调高了年度手机出货量预期目标，英华达南京工厂投入4.4亿元添置新设备，以增加小米产能。英华达南京负责人透露，一条SMT生产线成本在2000万元左右，一条主板测试线的成本约为1500万元。虽然投资巨大，但是回报诱人。

同样，这种互惠互利的关系也发生在小米和夏普身上，夏普的屏幕在业界有口皆碑。2011年，雷军一行人前往日本与夏普进行谈判。对于从来没有做过手机的企业来说，让夏普做供应商无异于异想天开。谈判并不顺利，但经过五个月的坚持，小米终于打动了对方，虽然对方也只是抱着试试看的态度。然而仅仅一年后，小米就成为夏普转亏为盈的关键。2013年下半年，小米向夏普订购了约100万片屏幕，夏普从中获利达100亿日元。2013年，夏普全年盈利为400亿日元左右，相比上一财年近1400亿日元的亏损，收益大幅度改善。自此小米一跃成为夏普最重要的客户之一。

雷军说："小米只做自己最擅长的环节——营销和设计，制造方面则是要和全球最好的供应商合作。"最终小米借助英华达、夏普、富士康、三星的优势资源，不断落实这一策略。而这些供应商无不从小米手机高速增长的销量中获得了巨额的回报。

双方互惠互利是建立战略合作伙伴关系的基础，而达成这一目标需要双方高层的驱动。通过供求双方高层的决策，供求双方相互开放成本结构、发展战略、技术和产品等信息，在信息共享的基础上达成高效率、高质量的供求关系。

战略合作伙伴关系同时也意味着在遭遇困境时，供求双方应该携手共进，相互扶持，共渡难关。

【案例】疫情之下，三星向供应商提供支持

2020年，由于全球受到新冠疫情的影响，中国的智能手机等电子行业受到较大的冲击，许多科技企业的供应商遇到了困难，一些工厂尚未复工。三星宣布向受疫情影响的中国供应商提供总金额约146亿元的援助。这一举动无疑给供应链企业带来一线希望。参与供应商保护计划的三星企业包括三星电子、三星显示器、三星机电、三星SDI、三星物产和三星SDS。

三星的具体做法是，提前向供应商支付款项，即便订单还未交付；一部分现金流有困难的供应商可以申请向三星贷款，利率低于商业贷款。此外，三星还表示承担中国供应商将陆运或者海运改为航空运输的额外成本。

一位三星电子的供应商说，2020年前约有500万元的订单来自三星，零部件已经进货，但疫情下工期会延长。三星的这一政策对增加自己的流动资金有很大的帮助。

在困境之下，三星非但没有借机给供应商压价，反而还积极伸出援助之手，帮助供应商走出困境，这无疑在很大程度上维护了双方良好的合作关系，获取供应商对企业的忠诚度，从而也促进了三星供应链体系的不断完善和强大。

9.3.3 客户与标杆导向的华为供应链变革

从1993年到1999年，华为的销售收入从四亿元飙升至120亿元，年增速多次超过了100%。然而在业务快速增长的同时，华为的供应能力开始跟不上业务发展的速度，甚至出现了订单交付不及时、产能和采购难以匹配、发错货等情况。

华为当时还没有设置供应链的职能，只有制造部，它的主要职责是生产、采购。由于当时华为并没有设计包括预测、计划、生产、采购等在内的整个链条，造成企业的及时齐套发货率非常低，只有20%～30%。当时企业的情况是，计划和采购之间的矛盾非常突出，计划质量不高，采购不能满足需求，采购方式也非常单一，而且与国际上领先的电信设备制造商相比，华为的供应链管理水平也存在较大差距，如表9-1所示。

表 9-1 华为供应链管理水平与国际领先水平的对比（1999 年）

维度	华为	国际领先平均水平
订单及时交货率	50%	94%
库存周转率	3.6 次 / 年	9.4 次 / 年
订单履行周期	20 ~ 25 天	10 天左右

通过对表中数据的分析可以发现，华为供应链管理变革已经刻不容缓。为了满足企业未来发展要求，向国际化、专业化的供应链管理高手对标学习，华为在 IBM 咨询顾问团的指导下，从 1999 年正式启动集成供应链管理变革，开始了长达十多年的供应链服务变革的长征，以不断提高供应链管理效率，降低综合运营成本。

不同于 IPD 变革，1999 年 IBM 正在进行自己的供应链变革，还没有成功实践的经验。所以这意味着，华为没有现成的学习模板，只能在 IBM 提供的供应链管理理论的指导下依据自身的实际情况与客户的现实问题，在摸索中开展供应链变革项目。

为了推动供应链管理变革，华为制定了明确的变革目标——建立"以客户为中心"的集成供应链，提高对客户需求的响应速度，及时为客户提供高质量的产品和服务。同时，降低企业的运营成本，提升企业供应链的灵活性和快速反应能力，以缩短供应链的整体运作周期，提升其运作效率。

确定变革目标后，负责华为供应链变革项目的 IBM 顾问先对华为的客户进行了访谈和调查，以全方位了解华为供应链存在的问题。

针对这些问题，IBM 对标世界级最佳供应链运作流程，为华为提供了定制化供应链变革项目解决方案。该方案以供应链运作参考（Supply Chain Operations Reference，SCOR）模型为基础，对流程和 IT 系统重新进行设计，并分别进行了对应的改善，如图 9-7 所示。

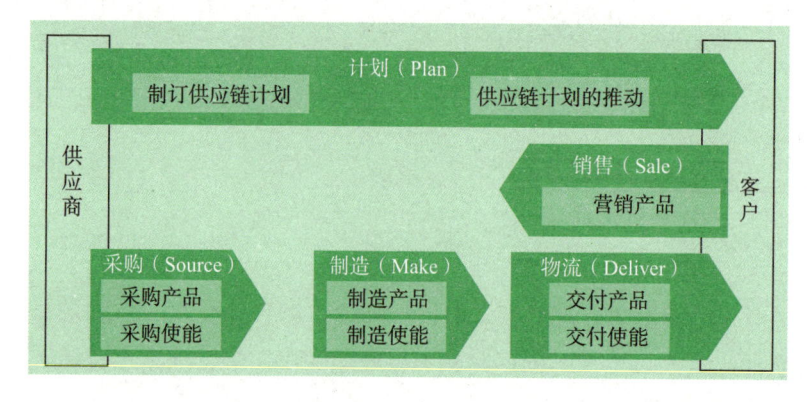

图 9-7　SCOR 模型

从图 9-7 中可以看出，SCOR 模型的左边是供应商，右边是客户。华为将集成供应链划分为计划、销售、采购、制造、物流五大流程。

在计划流程上，华为对每个生产线都实施 S&OP 计划，包括订单计划、生产计划、采购计划及库存管理计划等，从而将华为高层次的战略规划和业务计划细化为每个环节的具体运作。

在销售流程上，华为强调通过产品营销来增加订单。华为首先对 MRP Ⅱ 系统的功能进行了完善，以建立统一的信息平台。同时把 MRP Ⅱ 系统延伸至每一个地区办事处，并向销售人员提供可承诺交货量信息和查询订单状态服务，增加订单的可视性，从而帮助销售人员对客户需求做出正确、快速的响应。

在采购流程上，华为从长期、战略的高度把采购流程标准化，并通过竞争性评估的方法选择供应商，强调供应商的可持续研发能力、技术能力、质量保证能力等，从而实现与供应商互惠互利、共同发展。

在制造流程上，华为通过改善物料供应的每一个环节，保证物料供应在生产中的及时性。同时，华为通过采用按订单生产的模式来提高生产的柔性和灵活性。

在物流流程上，为了提高发货效率，华为建立起规范的程序与制度来改善对库存的控制。通过实施库位管理，华为对货物存放采用"库、架、层、位"的定位方式，以便在准确查找货物位置的同时，提高库房的吞吐量。

流程变革需要组织变革与之进行匹配。在供应链变革开始后，华为的组织机构也进行了相应的调整。把原来的制造部、计划部、采购部、进出口部、认证部、运输部及库存部等部门合并，成立供应链管理部，负责统一管理供应链运营。华为的副总裁被任命为供应链管理部的负责人。图 9-8 是华为在供应链变革后形成的组织结构。

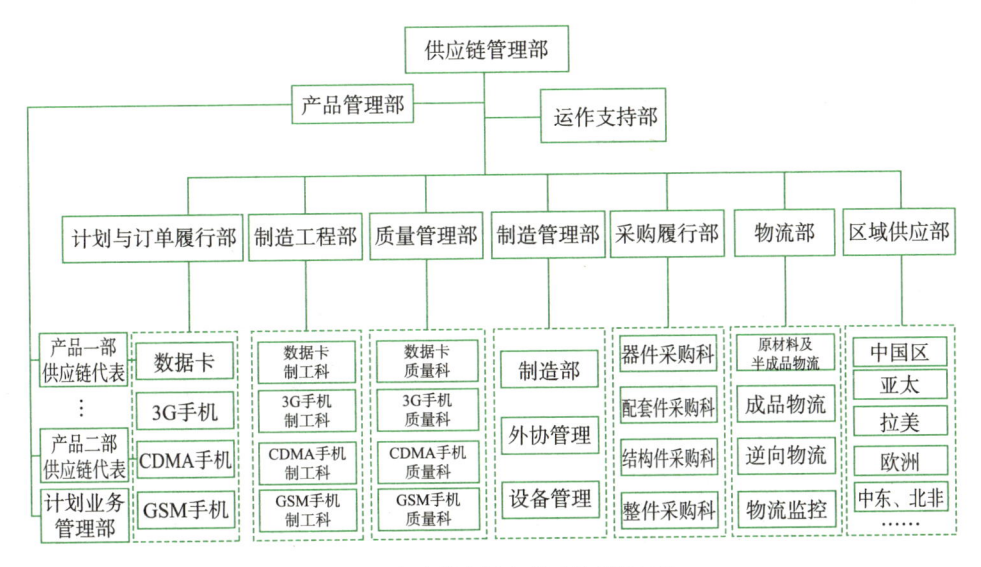

图 9-8　华为供应链变革后的组织结构

2003 年，华为基本完成了国内集成供应链的业务建设，整体供应链管理水平得到了显著提升，如表 9-2 所示。

表 9-2　华为供应链变革前后供应链管理水平的对比（2003 年）

维度	供应链变革前	供应链变革后
生产方式	按预测生产	按订单生成
生产计划周期	一月一次	一天一次
柔性生产时间	一天	一个小时
订单运作周期	两个月	两周
及时交付率	20%	60%

在国内供应链变革项目取得成功后，为了保障海外项目的及时交付，华为于 2005 年开始了全球供应链业务的建设工作。到 2008 年，华为已经打通了全球供应网络，形成了良好的全球供应链网络，串联起了华为在全世界各个国家和地区的业务组织，有效支持了华为海外业务的扩张，为华为未来的全球化快速发展打下了坚实的基础，如图 9-9 所示。

同时，与变革之前相比，华为全球供应链也取得了明显的改善：订单及时齐套发货率达到 82%，接近国际领先企业的平均水平；客户投诉率下降到 0.5%。

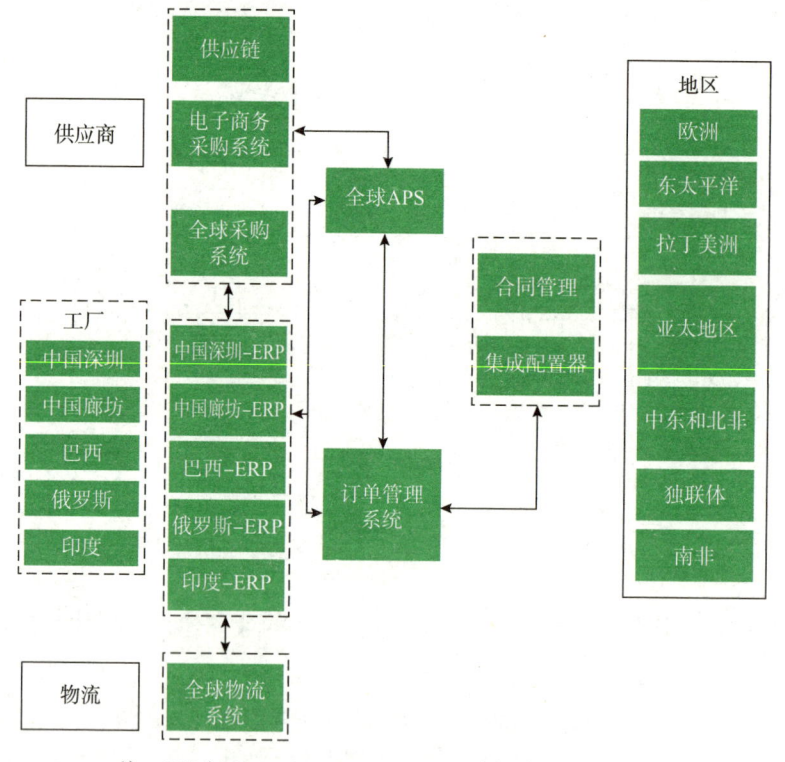

注：APS（Advanced Propensity to Save，高级计划与排程）。

图 9-9　华为全球供应链网络

尽管华为的供应链管理变革项目取得了不错的成绩，但是在企业业务快速发展和日益复杂的全球市场竞争环境下，华为的供应链在灵活性、一致性及适应性等多方面仍面临着挑战。华为高层也在思考如何面对这些挑战，以保证供应链的灵活性。华为轮值 CEO 徐直军表示："未来华为的供应链会持续坚持以客户为中心，用大数据和 AI 推进供应链能力的持续优化，将组织能力的建设落到实处，让组织流程真正发挥作用和价值，使供应链真正成为企业的核心竞争力之一。"

9.4　精益生产：迈向智能制造的大生产体系

生产制造虽然不是华为的核心竞争力，但华为仍然在生产体系的建设方面进行了积极的尝试与探索，在推行精益生产的基础上，布局智能制造领域，建设智能制造工厂。

9.4.1 核心生产与外包相结合，掌握主动权

生产制造并不是华为的核心竞争力，但华为仍然非常重视生产体系的建设。《华为基本法》中对此这样阐述：

"我们的生产战略是在超大规模销售的基础上建立敏捷生产体系，因地制宜地采用世界上先进的制造技术和管理方法，坚持永无止境地改进，不断提高质量，降低成本，缩短交货期和增强制造柔性，使企业的制造水平和生产管理水平达到世界级大企业的水准。我们将按照规模经济原则、比较成本原则和贴近顾客原则，集中制造关键基础部件，分散组装最终产品，在全国和世界范围内合理规划生产布局，优化供应链。"

任正非一直都非常重视生产制造环节，认为这是确保企业产品达到技术先进、服务优秀、质量可靠的先决条件。针对华为早期生产系统不成熟的问题，任正非提出要不断苦练基本功。

德国企业强调质量稳定，在机械化时代，德国制造曾经风靡一时；日本企业强调精致，成为电子时代的技术标杆。这些都与两国企业对生产制造环节的重视有着密切关系。

为了向两国企业学习，1997年华为与弗劳恩霍夫应用研究促进协会（FhG）合作，对整个生产工艺体系进行了设计，包括立体仓库、自动仓库和整个生产线布局，从而减少了物料移动，缩短了生产周期，提高了生产效率和生产质量。华为建立的自动物流系统，使原来需要几百个人的库存管理，减少到仅需几十个人，并且确保了先入先出。

日本丰田原本不属于IT制造业，可是华为为了向其学习企业经营管理中的先进做法，特意聘请丰田的退休董事带着一个高级团队在华为工作了10年，使华为的生产过程走向了科学化、正常化，实现了一流的产品制造。由此可见任正非和华为对于智力资本和优秀管理经验的重视。

任正非认为，华为要建立自己的核心生产能力，否则对供应链的理解就不深而且不能打通。为了保持核心生产能力，华为终端制造坚持自制与外包相结合的策略，以降低供应链风险。

目前华为自制量只有10%左右，如图9-10所示，聚焦在核心制造、产品试制、新品生产、高精尖制造及多品种、小批量生产上。其余的90%都是由外包工厂完成的，包括原始设备制造、原始设计制造和联合设计制造。当自制生产出现异常情况时，外包工厂可以迅速替补作为"备份"，确保了终端产品的持续稳定交付。

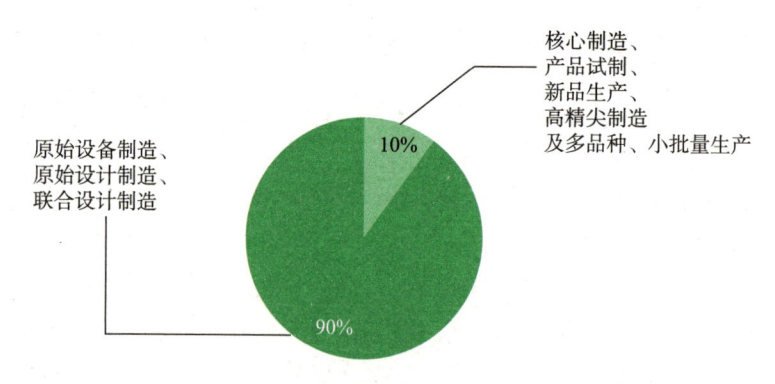

图 9-10　华为的自制与外包的比例

华为终端的大型电子制造服务商（EMS）有富士康、伟创力、比亚迪、长城科技等（近年华为已将伟创力从供应商名单中移出），在这些 EMS 工厂内，华为常年都会安排来自计划、制造、物流、品质、研发等部门的工程师驻厂，进行管理和生产跟踪。

为了减少因为业务变化、技术更迭、需求波动带来的反应滞后状况，华为会主动与 EMS 工厂分享市场信息，让厂商提前预知产品的需求信息，提前做好相关的生产准备。

对物料的管理，华为主要通过 consignment 和 buy/sell 两种方式。所谓的 consignment，可以理解为送料加工，所有的物料都由华为提供，EMS 只是赚加工费。这种方式从供应链角度看很简单，EMS 只负责产能、排产、生产、交付等，不需要太多的供应商管理。buy/sell 方式是指由华为负责关键器件的采购，先买好物料再销售给供应商，部分非关键物料交由 EMS 工厂负责，由其按照华为指定和认证的供应商及价格进行采购。

这两种物料管理方式不仅推进了生产，更好地为华为提供敏捷而快速的服务，而且让华为在生产上掌握了更多的主动权和控制权，特别是在面对美国的制裁时，充分体现出了它们的优越性。因为华为牢牢掌握了采购大权，提前进行了大量采购和储备，而不是让 EMS 工厂听命于美国厂商，使华为的终端生产和出货才经受住了考验，没有受到太大的影响。

正是因为华为保持了核心的生产能力，才得以在外包合作时思路更加清晰，更加游刃有余，没有因为太多的机会主义而给企业的发展带来致命的风险。

9.4.2　精益生产是基础，制造质量是根本

从 20 世纪 50 年代开始，以丰田为代表的企业探索并实施了按需生产、订单牵引的模式，并进而形成了以满足客户需求、快速响应为导向，以单件流、

去除浪费等为核心思想的精益生产体系，成为几十年来制造企业纷纷学习的生产运营体系。

质量是企业的生存之本，一流的工具是生产出一流产品的必要条件，正如任正非所说："我们所有业务的本质目的是实现高质量，高质量的实现是需要投入高成本的，我们一定要明白我们要的是胜利。"

在开放理念的指导下，华为和世界上最好的企业合作，和世界上最优秀的人在一起，精炼出最高质量。从2002年起，华为在西门子管理学院的指导下推行六西格玛全面质量管理；2006年，华为聘请丰田退休董事担任精益生产顾问；2012年，华为引入杜邦的安全生产先进实践。经过持续努力，华为产品直通率达到了97.89%（日本领先水平的精益生产企业产品直通率为99%）。

华为制造部总裁李建国是华为从富士康"挖"来的，他不仅将富士康多年的生产管理经验带给了华为，也为华为输送了大量优秀的制造人才。

在李建国看来，质量第一、交付第二、成本第三的华为制造质量管理理念是华为产品高品质的保证，"质量与交付发生冲突时，质量优先；交付与成本发生冲突时，交付优先"。

以前华为生产采用的是批量生产模式，生产过程中等待多、浪费多、周期长。面对现在的快速供货需求，华为不断加强供应链的快速响应能力，整个生产体系选择以缩短制造周期为主线，持续进行精益改善，把制造业务做精、做简，再大力推行生产的自动化、数字化、智能化，持续减少和消除各种等待和浪费，取得了生产周期、质量和效率的同步提高。

李建国此前介绍，精益生产是基础、智能制造是方向、核心制造是保障，要优先实现高质量。

最能说明华为生产制造管理情况的是华为松山湖基地的自制工厂，原来需要八九十人的生产线，现在只需要28人，每28.5秒就能产出一台手机。

【案例】华为松山湖基地

华为松山湖基地的南方工厂占地150万平方米，投资约100亿元，华为终端手机的新产品导入、验证测试，部分高端手机的生产和测试就是在这里完成的。

走进制造车间，看到的并不是热火朝天、喧嚣的大生产场景，而是机械臂和数字化设备在程序指令下安静、有序地精确操作。整个制造基地的大卡车向基地运货、物料自动仓储入库、生产线自动提取配件、产成品出库，全线实行智能化管理。

华为松山湖基地拥有全球领先的生产工艺和质量控制体系，自动化生产线集成了制造执行系统（MES）、全球唯一识别号（GUID）的生产定制系统、自动导引运输车（AGV）等先进管理系统。

传输带将原料送上生产线，第一个环节是"打码"：激光雕刻机会在单板上打上一个二维码，作为每台手机产品独有的"身份证"，这样就可以确保生产全过程实现精确追溯。通过严格执行六西格玛全面质量管理标准，华为将生产线上的不良率控制在百万分之三以下。

生产过程中的物料管理借鉴了德国、日本开放式超市的管理思想，在生产线中央设置了开放式的物料"超市"，线上需要补充的物料可直接从"超市"领取，补货员可实时补充"超市"的物料。

生产线上使用可以精确定位的工业机器人、机械臂，对制造中的工具、半成品、原材料和人员进行实时定位和互联互通，实现工具预置管理、生产进度控制、成品质量管理、原材料物流控制、作业人员调度管理等，极大地提升了生产效率和产品质量。

在华为的智能生产车间内，设有一个可视化的智能指挥系统，整个生产状态是公开可视的，生产管理人员可以通过大屏幕实时调取华为的所有产能数据，以及全球关键供应商、外包工厂和合作伙伴的信息数据。

在车间内，现场的可视化也面面俱到，信号灯、标识牌、显示屏、看板等发出的各种视觉信号能快速传递各种信息，方便工作人员及时掌握现状，快速判断并采取应对措施。

每个生产车间都有一张"英雄榜"，上面贴满因改进而获得奖励的员工照片。在员工获奖事迹里，我们看到许多诸如"节约6600秒/线""每班次减少200次弯腰"的表述。无论是布局优化还是卡托改进，制造部鼓励全员改善、自主改善，充分体现出制造部践行"小改进，大奖励"理念的执行力。

车间有一条醒目的、让华为员工感到自豪的标语："我们正在生产世界上最好的手机。"

在华为终端手机的自动化生产线上和智能车间里，先进的装备与工艺、质量控制、制程管理系统等体现出的不仅是自动化、可视化，更是华为智能制造的核心能力和"精益求精，敏捷实践"的工匠精神。

9.4.3 数字化转型推动生产制造智能化

智能社会万物感知、万物智能和万物互联，数字化和智能制造将会深刻改变未来的商业模式、供应模式、制造模式和生产方式。在智能工厂内，关键资源相互连接，动态灵活调配，通过"人与物"的相互协同、"物与物"的相互通信，达到"人与物"的最佳配置和最优配合。市场、研发、生产制造等环节都由数字化融合和集成，工厂与客户可以直接连接，通过远程验证、远程验收和远程维修/维护，实现"设计即制造、所见即所得、制造即服务"。

华为早在 20 多年前就开始在智能制造领域布局，自 1996 年起华为开始提高基础质量和加强交付能力建设，而后逐渐引入精益生产，实施全员全生产过程的持续改进。2015 年，华为明确了智能制造发展方向，此后持续推进、整体规划，全力打造数字化工厂和数字化园区。

华为智能制造的整体架构以"精益生产"为基础，围绕"产品工程数据流""生产信息流""生产工艺流"（"三个流"）和"制造执行系统"（"一朵云"），借助 IoT、5G 等新技术，将整个价值链的资源相互连接，通过云计算、大数据、AI 实现制造资源动态管理，实现高质量、高精益、高度自动化、部分智能化的生产。

【知识点】未来大生产体系要打通、融合"三个流"

1. 从产品设计到投入生产的产品工程数据流

在先进的 MPM 软件平台上进行研发与制造融合设计，将虚拟验证和实物验证相结合。将产品、物料、工厂设施、生产设备和工艺流程数字化，可以为真实的物理世界建立起一个虚拟世界的"数字孪生"，从而在设计阶段就可以在虚拟世界进行生产过程中每一步制造方案的设计、仿真、验证、优化，以及进行 DFM 的工具化、自动化检查。这样，产品设计数据和工艺参数就可以免转换、一键式地灌入生产系统和生产设备，从而从设计源头就保证了产品的高质量，缩短了产品开发周期和试制周期。

2. 从客户需求到生产指令的生产信息流

将客户订单、供应计划信息传到制造工厂，进行共享式集成、自动化处理。产业链上的供应商、制造工厂全过程互联，订单状态、供应商来料状态和生产过程状态都透明可视，客户下单后就可以直接看到产品制造过程，看到他的产品生产到哪儿了，生产完就可以直接送到指定地点。

3. 从来料到成品出货的生产工艺流

生产工艺过程实现多级物联，对生产设备进行智能诊断和预防性维护，使资源实现动态调配。原材料都是自动分拣、自动配送，然后自动检测、自动组装、自动测试和自动包装的，自动化不间断生产，保证了机器生产都是六西格玛的高质量水平，甚至是零缺陷。只要不断将人的经验输入数字化的管理平台和工业控制软件，并不断迭代优化和刷新，即可实现在零部件的寿命结束之前就能进行智能预防性维护。

华为从 2019 年开始部署到 2020 年建成投产的智能工厂，是更大规模的智能制造新尝试。它通过 5G 覆盖、业务云化和 AI 控制等，在制造、仓储、物流等领域布局并采用成熟的智能化解决方案来优化流程、加强数据采集和分析，初步实现了制造的智能化。

【案例】华为智能制造工厂的具体实施

首先，华为运用 5G 技术实现了工厂智能全连接。通过更精细的定位（分米级）、低时延的 5G 覆盖，华为轻松实现了设备互联，替代了传统的复杂物理网络布线连接。

其次，在全连接的基础上，华为运用 AI 技术，把工业摄像头、机械臂、无人车、生产线等结合在一起，实现了设备资产可视、设备运营监控、设备能耗分析、设备故障诊断、智能物料定位、自动领料、无人车智能物流、自动质检等。比如在整条装配手机的生产线上，物料通过传送带被自动传到生产线上，机械臂自动抓取各种相关零件进行自动组装。

最后，通过智能分析平台，华为基于采集到的大量数据，将智能工厂的数据融入全球制造数据智能运营平台，利用 AI 算法进行大数据分析，实现对机器的预测性维护和对产品的智能质量检测，实现全球制造的在线监控、运营分析、制造可视、风险预警和远程指挥等。在此基础上，华为运用智能数据算法，可以随时对生产线产品质量进行自动检测并进行问题监控和自动质量溯源，以实现快速改进，从而避免批量质量问题的出现或者重复出现类似质量问题。

华为不仅凭自身努力成为制造企业转型的标杆，而且将自己多年耕耘的数字化转型经验和发现核心业务场景需求的能力推广到其他制造企业中，帮助更多制造企业在数字化转型和智能升级中走得更好、更快。

比如，华为基于 5G+AI+ 鲲鹏云等先进 ICT，与矿业生产深度融合，助力煤矿实现少人开采、智能运输、无人值守、无人驾驶、智能管控等目标。华为"智慧矿山"系统的诞生进一步提升了煤矿企业的安全生产水平，让煤矿生产更加智能化。

再如，华为与华菱湘钢、中国（湖南）移动联手共建智慧工厂，通过 5G+智能加渣机器人、轧钢的自动转钢、无人机巡检等十大 5G 应用场景，创新了 5G 与钢铁生产流程的应用结合，推动了 5G 智慧钢铁应用标准规范的制定，加速了 5G 赋能钢铁行业的转型升级。

华为在持续夯实自身数字技术、平台建设等优势的同时，积极携手广大合作伙伴，打造可以满足更多制造行业核心需求的场景化解决方案，助力制造行业加速冲出数字化转型深水区，成就数字经济发展新动能。

第 10 章　交付与服务：构筑价值创造的闭环

华为研发、生产出高质量的产品，通过供应链把产品销售、运送给客户。

华为坚持优质的交付与服务，将高质量的交付与服务能力打造成了华为的核心竞争力和战略控制点，这是客户选择华为的关键原因。

由于制造技术的智能化、生产的机器人化，未来的世界将是一个产品高度趋同的物理世界。企业间竞争力的强弱更多是由交付与服务水准来决定的。

本章将通过介绍华为交付与服务管理体系的运作，带大家领略世界级交付与服务管理体系的构建和变革过程。

10.1　优质的交付与服务是企业核心竞争力

当技术发展到一定程度时，大部分产业领域的很多企业在产品或技术上就不会有太大的区别了。此时，产品会趋于同质化，基本都能满足客户需求，这时企业间的竞争拼的就是服务。

做好服务，首先要树立服务意识。企业要让员工在客户面前时刻保持谦虚态度，关注服务细节，不断提高服务品质。

10.1.1　服务意识：客户高满意度是衡量一切工作的标准

华为创立之初，没有最先进的产品，没有国际大企业的经验和市场地位，其能够拿下一部分国内市场，并向海外拓展，靠的就是优质的服务。华为始终对客户保持虔诚的态度，与客户打成一片，想客户之所想，做客户之所需，最终做到了从强劲的竞争对手那里成功夺利。

为了争取客户，华为也付出了很多，就像任正非说的："只有比别人更多一点奋斗，只有在别人喝咖啡和休闲的时间努力工作，只有更虔诚地对待客户，我们才能拿到订单。"

坚持以客户为导向，最大化地满足客户需求，这是服务工作最核心的内容。做好服务工作，需要企业各个部门相互协调、齐心协力。虽然为客户服务时，很多人身处不同的岗位，肩负着不同的职责，但除对自己的工作负责外，还要对最终的结果负责，只有这样才能真正做到对客户负责。

在为客户服务的过程中，企业要全力帮助客户解决每一个问题，为客户提供完整的解决方案。企业不仅要为客户提供产品，而且要帮助客户解决产品安装、使用、维护过程中的各类问题，准确地说，客户购买的是解决问题的系统方法。

在产品研发和项目执行的过程中，任何细小的问题都可能引发大麻烦。华为团队在工作时力求做到精益求精，以减少后期维护的工作量，这是给予客户最好的保障。

【案例】华为在阿联酋 WCDMA 商用局项目中全力解决客户问题

2004 年，经过很长时间的开拓，华为拿下了阿联酋客户的 WCDMA 商用局项目。该项目是中东及海湾地区的第一个 3G 网络，也是华为第一个 WCDMA 商用局项目，客户和华为都非常重视。

为了完成交付，在春节期间，项目组很多员工都放弃了休假，为第一个 3G 商用局的顺利割接入网全力以赴。在该项目中，客户还提出了视频监听需求。视频监听编解码技术在当时对项目组来说是个难题，为了满足客户的需求，华为组织人员开始了封闭式开发，最终保证了项目组 100% 交付全部需求。

阿联酋的客户要求非常严格，经常在检查中找出很多问题。为了让客户满意，项目组坚持不放过任何一个问题的原则，不论是不是自己的问题，都全力解决。有一次，客户投诉电话老掉话，项目组派去的人经过一天一夜的检查，在不同场景下拨了 600 通电话后，发现了出现概率非常小的问题，并最终解决。华为的态度也赢得了客户的认可，从 2006 年至 2009 年，华为连续四年零故障、零中断保障了麦加朝圣期间的网络通信，创造了移动软交换新的历史纪录。

对于软交换取得的成绩，有老员工表示正是因为项目组不放弃每一个机会，不遮掩每一个问题，最后才能够实现零故障交付。

企业不仅要解决问题，更要预防问题的出现。很多问题虽然能够及时察觉并解决，但如果能够提前做好预防工作，就能够节省很多时间。所以，企业人员要在充分理解客户需求的前提下，完善解决方案。

【案例】华为保障全球最大 IP 移动软交换网络顺利开通

2004 年，华为承建了当时全球最大的 IP 移动软交换网络，即中国移动 T 局的网络。建网初期，客户对华为软交换的稳定性表示担心，要求在软交换出现问题时，能回退到原来的网络上。

为了减少交付中的失败，解决好每一个问题，华为派专家去现场交流解决方案，并设计出了一个有保障的解决方案。这个方案的实施，使得网络的柔性和安全性大幅度提升，降低了光缆中断、停电等事故对网络的冲击，实现商用后，用户体验良好。最终全网顺利开通，该软交换核心网建设在帮助客户降低了成本的同时，还能够使客户服务于更大的用户规模、获得更快的用户增长。项目的成功交付，让项目组体会到了要想解决好所有问题，就必须认识到理解客户需求的重要意义。

华为人在工作中不断进行批评与自我批评，持续改善，争取将每一个问题都解决好。在总结经验教训的过程中，华为也在不断成长，从而使得华为的服务理念更加深入人心，服务工作也越做越好。

10.1.2 买卖机制：服务资源化，让一线呼唤更优"炮火"

为客户服务不是某一个部门能单独完成的，需要企业内部各部门之间的密切配合。在一线的前方人员直接面对客户，他们负责洞察客户需求，与客户交流沟通，维护好与客户的关系，并将客户需求反馈给相应部门。企业的后方平台，则是支持前方人员的"资源池"。后方平台除了要根据一线需求提供人力、物力、财力支撑，还要不断获取资源，提升配合一线的能力，以便能够准确为一线提供必要的支持。

华为在业务快速发展阶段，曾遇到过前方作战部队与后方平台协调不畅的情况。当时，因为内部组织机构不完善、流程繁杂等问题，华为的前方人员将大量的时间花费在与后方平台的沟通协调上，导致在一线寻找目标的时间减少。对此，任正非认为："前方要准确清晰地提出并输入需求，后方要能清楚准确地理解前方的需求，按需求提供支持。只要前方的需求没有发生变动，所有的协调工作，应由后方平台之间自行协调完成，而且必须在前方需求的时限内完成。前方的需求变了，要及时准确地提供给后方。"

后来，华为经过多年的内部变革，逐渐提高了前方人员的作战效率，也不断提升了后方平台的服务水平。如今，华为前后端的配合已日渐熟练。

【案例】在后方平台的支持下一举拿下瑞士电信全国传输项目

2008年，华为意大利代表处收到瑞士电信下一代全国传输项目的信息邀请书。这个项目的规模很大，华为地区部和代表处的领导都很重视，希望能够一举拿下此项目。

对标书进行分析后，项目组发现客户对网络规划和设计的要求高，而且难度大，这也是该项目的一大特点。地区部的领导派了有一定网络设计经验的人前往瑞士现场作战。

当华为项目组开始参与投标时，发现该项目的标书非常复杂，有 1000 多页文档，数千条技术问题。客户对答标的格式、字体、颜色、用语规范等都有细致的规定，答标难度相当大。当时，华为在瑞士还没有注册子公司，也没有成立办事处，在现场除派去参与投标的几个人，没有任何资源可用。而且瑞士也不属于申根国，各地的专家因为签证原因无法及时到达现场，所以前去参与投标的人员可以说是在现场孤军奋战。

虽然现场没有足够的人手支持，但是华为强大的后方平台却给了现场人员极大的支持。凭借后方充足的资源，机关研发、营销等部门为项目组配备了最强的资源，并保证在关键时期能够 24 小时不间断运转。

在半年的时间里，华为项目组表现优异，在客户信息邀请书和报价邀请书这两次标书的技术评比中都获得了第一名，并通过后续的努力拿下了订单。

前方的作战部队能够在市场上不断开拓，后方平台的服务和管理能够不断优化，就可以使华为人员不管在世界的哪个角落奋斗，都能得到华为的支持，这对华为在全球市场的发展来说至关重要。

为了进一步激发组织活力，改善运作效率，增加项目盈利，提升客户满意度，华为逐步建立并不断完善项目型组织，以构建强大的资源集成能力和一线的快速作战能力，即代表处主战，业务 BG 主建，机关主服务支持。

资源部门"养兵"，项目经理"用兵"，通过建立资源的买卖机制实现"调兵"，因为人钱是分离的，经营单元"有钱无人"，资源部门"有人无钱"。利用市场机制打破人员在职能部门的板结，并通过对员工资源使用率、项目经营和预算、资源部门资源复用率施加指标压力，可以驱动资源的快速流动。优秀的员工通过资源调配集结到优秀的项目中，从而获得更大的利益，不能胜任的人则在长时间不被调用后淘汰。

项目型组织的运作和不断完善，能够有效提升直接面向客户的项目经营能力。好的项目能呼唤到更多的"炮火"，资源向价值创造链上聚集，而不挣钱的项目会慢慢地被抛弃和淘汰，形成了良性循环。这对于提升企业精细化运营水平，促进资源共享及高效流动起到了极大的推动作用。

10.1.3 集成交付：服务交付组织与流程的适配和优化

交付是很重要的一个环节，产品和解决方案行不行得通，在交付中就可以得到验证。为了让客户放心，企业在获得订单后，就应该做好解决方案和交付计划，并且严格按照合同条款实现交付，兑现对客户的承诺。

一直以来，华为都坚持加强对全球服务能力的建设，以实现服务交付的全球化、集中化和本地化。比如，华为在罗马尼亚建立了全球服务能力中心（GSC），在北京建立了全球网络演进和体验中心（GNEEC），在印度、罗马尼亚等地建立了全球网络运维中心（GNOC），还拥有德国、印度及中国三个管理服务能力中心（COE）。这些都是华为为实现全球化交付所做出的努力。

华为还积极实行流程变革，加强前后方的工作能力建设。任正非也表示，希望通过全球流程集成，把后方变成系统的支持力量，并且沿着流程授权、行权和监管，实现权力的下放，解决中央集权管理模式下造成的机构臃肿、执行效率低下等问题。任正非这么做，也是希望能够做到"让听得见炮声的人来呼唤炮火"，让一线人员不管在何处，都能及时得到企业的资源支持。为了更好地完成交付，华为也在积极转变原有的交付模式。

【案例】改变传统交付模式，成功交付中国电信公有云项目

2017年年初，中国电信公有云项目（CTC）局点正式开始大规模建设，全年交付量高达18个，这是华为的全球运营商合营公有云项目中范围最广、数量最大的公有云局点群。当时，项目组经过认真分析，认为如果不改变交付模式，这几乎是一个不可能完成的任务。

如何提升交付效率、降低交付成本，成为IT交付团队必须解决的难题。项目组想到了在2016年时阿里巴巴的专家曾说过，9个人只用半个月的时间，就完成了阿里云的1000台服务器的建设。这让项目组坚定了要打破拼体力、拼资源交付方式的决心。项目组想到云计算项目不同于传统通信类项目，软件调测在网络打通后，应该可以通过远程交付实现交付团队的集中复用，最大限度提升效率。于是，他们试着转变思路，希望探出一条适合GTS的IT交付转型之路。

GTS联合研发的专家经过研讨，发现阿里巴巴的远程交付成功是因为标准化程度高，所有的项目都统一组网、统一方案，再通过一系列工具，可以节省交付人力，最终实现快速又高效的远程交付。于是，GTS联合研发快速组成了一支50人的远程交付队伍，学习阿里巴巴，通过典型配置、标准化，进一步简化交付方案，提高交付效率。

项目组根据前期客户需求进行提炼，将建设局点所需的服务器、存储、网络、安全设备选型实现典型配置，组网方式采用标准方案，并结合市场调研和各省反馈，以物理服务器的台数为单位，提出了方案。经过与客户深入交流，客户最终采纳了项目组的建议，并确定同一批建设的局点采取相同规模的方案交付，保证了并行交付局点的经验可复制性。

随后的第一批规划五个局点的公有云交付，是远程化典型配置实施方案出炉后的首次实践。当服务、研发、合作方联合交付团队到达西安远程交付中心时，大家都很紧张。交付团队精心准备，力求保证各局点典型配置标准化，最终发现五个局点只需配置 60 人，可以比传统交付方式减少 65 人。

为了再次提高交付效率，在半年时间里，项目组又陆续开发了 28 个工具和脚本，用于支撑远程交付。随着苏州、郑州、青岛等几个局点陆续部署上线，大家心中的石头才终于落地。之后，通过一系列的改进措施，第二批规划七个局点交付周期仅需投入十人、用时两个月，半年内交付效率相比 2016 年提升了三倍。

华为一直在用实际行动改变着传统的交付模式，比如案例中的远程交付，就是通过华为的交付平台进行的，并最终实现了多地快速交付成功。新的交付模式不仅提高了交付效率，降低了生产成本，也促进了华为的技术进步。

10.2　ITR 流程：以端到端的方式打造服务闭环

华为有贯通客户的三大价值流程，分别是之前介绍过的 IPD 的产品研发流程、LTC 的营销流程和 ITR 的服务交付流程。

为了提高服务的专业化水平，提升服务的竞争优势，华为进行了 ITR 流程变革，即以客户为中心，端到端拉通从问题发现到问题解决的整个闭环服务过程。

10.2.1　ITR 流程的历史与发展

"质量好，服务好，运作成本低"是华为取胜的法宝，当年与西方巨头爱立信、诺基亚、阿尔卡特朗讯、摩托罗拉等对手激烈交锋时，华为就是凭借出色的服务在激烈竞争中获得客户订单的。早年华为的技术还不成熟，设备故障率还比较高，但有很多客户仍然选择华为，就是看中其出色的客户服务。华为经过 IPD 变革后，产品质量已经得到了大幅度提升，但服务体系仍然在不断地进行变革，以确保服务仍然是核心竞争力之一。

针对服务体系的管理变革，华为启动了 ITR 流程变革项目。具体来说，ITR 流程变革是指以客户为中心，打通从问题发现到问题解决的整个服务过程，以端到端的方式打造服务闭环。ITR 流程作为华为三大价值流程之一，其重要程度不言而喻，如图 10-1 所示。

第 10 章　交付与服务：构筑价值创造的闭环　　217

图 10-1　华为三大价值流程

华为 ITR 流程变革始于 2011 年，在此之前，华为也有售后服务流程，但更多处在技术服务层面，并不是端到端的流程，流程之间也没有打通，与研发和营销都没有关系。客服人员遇到解决不了的问题，需要请研发部门介入处理时，就只能通过非常规的渠道，比如打电话、发邮件等，甚至靠个人的主动沟通来推动解决。

ITR 流程再造则从组织上设置了三条维护线，构成了一套完整的三级售后服务体系，如图 10-2 所示。

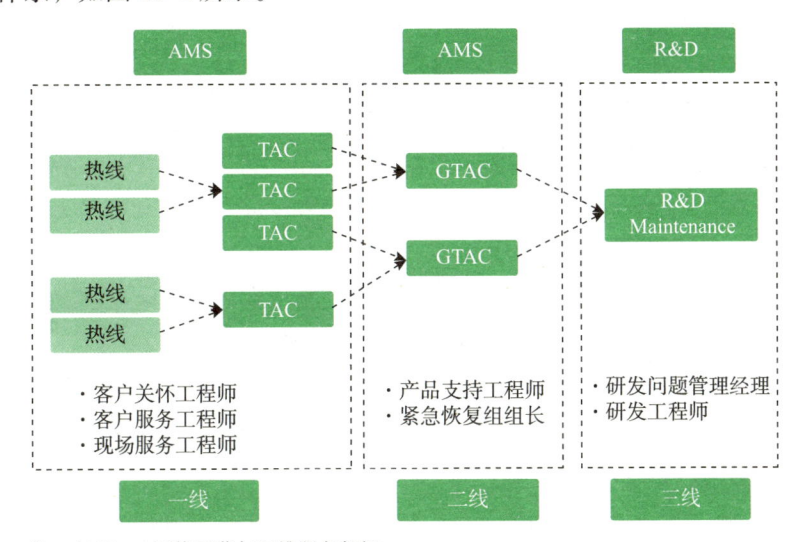

注：AMS——网络运营与运维服务部门。
　　R&D——研发部门。
　　TAC——技术支持中心。
　　GTAC——全球技术支持中心。

图 10-2　华为 ITR 流程三级售后服务体系

一线体系是由直接和客户打交道的工程师组成的，他们具备一定的技术能力和经验，能够解决常见的问题或在技术专家的指导下解决一些疑难问题，可以执行技术专家提供的解决方案。当他发现某个问题仅仅靠自己不能解决时，问题就会上升到二线体系。

二线体系通常是由更高级的工程师组成的，他们的技术知识比较全面，是精通一定专业领域、经验非常丰富的专家，他们能够提供技术指导并协助一线工程师解决疑难问题。如果二线体系还不能够解决问题，问题就会上升到三线体系。

三线体系则是研发体系，从产品上根本性地为服务提供支持。当二线专家无法通过常规方法解决问题时，三线的研发团队要给出解决方案。

ITR 流程的一线、二线、三线体系是虚拟的组织架构，通过 ITR 流程把不同部门的人连接起来，根据问题的难易程度安排不同级别的资源对应解决处理，这是 ITR 流程变革在组织上的匹配，也是流程决定组织的体现。

在华为 ITR 流程的建设过程中，遇到的最大障碍是 ITR 流程与研发部门之间的磨合问题，关键点是如何充分调动研发部门的力量。因为研发部门有自己的考核 KPI，如果通过 ITR 流程提交到研发部门的问题太多，研发部门的 KPI 就会受到影响。所以 ITR 流程在运作的初期出现了很多摩擦，针对问题的技术等级定级相互吵架，但此时期待解决问题的客户是最着急的。

之后华为对 ITR 流程进行了变革，其中最大的改变就是以客户对故障的定级来进行故障的级别评定。当故障发生时，只要知道有多少用户是被该故障影响了，就能对故障进行合理定级。在对故障等级的具体评定标准上，华为是基于数量、时间、重要性三个因素来操作的。在对故障定级后，所有的流程与 IT 部门会围绕客户需求去了解发生的问题，然后及时快速地解决。所有其他的事情诸如内部考核都要让位于该目标，避免相互推诿。

在 ITR 流程再造之前，华为的客户服务控制权在企业的手上，或者说在企业的服务人员手上。ITR 流程再造的核心就是真正做到"以客户为中心"，将解决问题的控制权交还给客户。从客户的角度来看，当他向华为发出求助或提出需求的时候，如果他觉得他的需求在可控范围之内，就会产生合理的预期，从而增强客户对华为的信赖，客户会愿意等待，不再因为产生的问题感到焦虑。

10.2.2 ITR 流程的架构与应用

ITR 流程变革通过服务标准化、SLA 标准梳理、流程梳理优化、服务组织能力提升、服务产品化等各项工作，达到两个核心目标：一是提高专业化、职业化水平，提高效率，提升服务竞争优势，促进产品销售；二是降本增效，从被动服务到主动服务，从送服务到卖服务，把服务从成本中心转向利润中心。

所以 ITR 流程变革不仅仅是一个狭义的问题处理流程变革，而是服务部门的全面变革。它以客户问题为中心，端到端拉通从问题发现到问题解决的整个闭环服务过程。

在进行 ITR 流程变革的时候，自然会涉及如何以"解决问题"为中心，横向拉通端到端流程，纵向整合研发、销售、供应链等周边部门，如何站在客户视角去变革整个服务流程。因为客户不会关心是哪个具体部门负责，而是会认为这都是企业的事情。在变革过程中，需要基于横向拉通端到端流程，去梳理、构建相应角色，确定好责、权、利，如表 10-1 所示。

表 10-1　ITR 流程变革涉及部门、服务岗位及岗位职责

部门	岗位职责
质量部	作为变革的组织人、牵头人，负责组织相关讨论、会议等
服务业务部	变革的负责人，从服务业务角度去洞察问题，拉动研发、销售、供应链、生产等相关部门推动服务变革
研发部	从产品研发的角度侧面挖掘服务存在的问题，辅助服务变革
供应链采购部	从供应链采购（包括配件、第三方服务采购）角度，侧面发现服务存在的问题，辅助服务变革
供应链生产部	从供应链生产（包括及时供货）角度，侧面发现服务存在的问题，辅助服务变革
产品销售部	从产品销售角度，找出服务需改进之处，辅助服务变革
服务岗位	岗位职责
售后工程师	一线维护的负责人
售后主管	一线维护的中坚力量
售后经理	组织一线售后进行高效服务
服务经理	面向客户，维护客户关系，确保客户满意度
片区售后经理	负责整个片区的售后工作
总部售后总裁	企业售后服务的负责人
服务营销	负责营销服务产品
售后热线工程师	热线接听客户服务请求的负责人，跟进服务问题
售后热线专家	解决服务热线反映的客户问题
服务代表	代表服务方与研发、销售进行交流与合作
服务总裁	主管整个公司服务的"一把手"

ITR 核心主流程包括三个部分，分别是服务请求受理、问题处理、问题关闭，如图 10-3 所示。

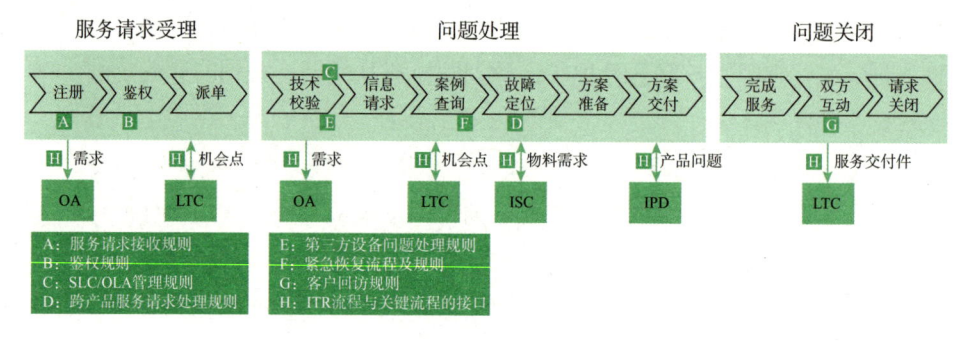

```
服务请求受理：注册(A) → 鉴权(B) → 派单
  H 需求 → OA
  H 机会点 → LTC

问题处理：技术校验(E) → 信息请求 → 案例查询(F) → 故障定位 → 方案准备 → 方案交付
  H 需求 → OA
  H 机会点 → LTC
  H 机会点 → LTC
  H 物料需求 → ISC
  H 产品问题 → IPD

问题关闭：完成服务 → 双方互动(G) → 请求关闭
  H 服务交付件 → LTC

A：服务请求接收规则
B：鉴权规则
C：SLC/OLA 管理规则
D：跨产品服务请求处理规则
E：第三方设备问题处理规则
F：紧急恢复流程及规则
G：客户回访规则
H：ITR 流程与关键流程的接口
```

图 10-3　ITR 核心主流程

服务请求受理包括注册、鉴权和派单。客户从各个渠道（服务热线、官网、微信公众号和小程序等）提出服务需求后，客服接到需求，首先进行登记，以便后续将问题分级进行处理。登记后，由客服人员根据客户信息和服务方式（如过往服务记录、是否在保修期内、需要远程服务还是现场服务等）将问题派单，进入问题处理环节。

问题处理包括技术校验、信息请求、案例查询、故障定位、方案准备和方案交付。接到派单的工程师开始处理问题，根据工作经验或查询系统提供的知识库，如果一线工程师可以快速找到解决方案，就开始为客户解决问题；如果一线工程师遇到复杂问题，就将问题升级到二线体系或三线体系，由专家或研发团队提供支持。

问题关闭包括完成服务、双方互动和请求关闭。技术服务完成后，客服会将问题关闭，之后还会进行客户回访，确保客户的问题得到有效解决，以提升客户满意度。

这条主流程又会与其他流程发生交汇、互通，从而产生二次订单或者识别新的机会点。在注册环节 ITR 流程与 OA 交互信息，在派单环节 ITR 流程与 LTC 交互机会点，在技术校验环节 ITR 流程与 OA 交互信息，在案例查询环节 ITR 流程与 LTC 交互机会点，在故障定位环节 ITR 与 ISC 交互物料需求，在方案交付环节 ITR 流程与 IPD 交互产品问题，在双方互动环节 ITR 流程与 LTC 交互服务交付件。流程之间的交互打通以后，ITR 流程会通过 OA 找到需要的信息，如合同信息、过往的问题、清单等，发现机会点就交互给 LTC，发现产品问题就交互给 IPD，需要物料就去找 ISC。

ITR 流程变革会给企业的服务带来显著变化，使得服务更清晰、更高效，增强客户对处理问题的体验，提升客户满意度，进而促进服务和产品的销售，提升品牌美誉度。

此外，ITR 流程在快速解决问题的过程中，通过与 IPD、LTC 等流程的高效协同和信息流互通，不仅可以发现产品存在的问题，及时将其转化为产品质量提升或开发新产品的机会，而且还能发掘新商机、创造新价值，使客户服务从成本中心向利润中心转型。

10.3　服务转型：价值导向，服务也要创造利润

为了实现降本增效，从被动服务转到主动服务，华为通过服务产品化，将服务部门从成本中心转变为利润中心，为企业创造更多的效益。

10.3.1　改善服务体系，为企业贡献利润

随着行业竞争的加剧，同质化的发展趋势明显，产品价值链中向服务转移的趋势越来越明显，服务越来越成为关乎企业核心竞争力的一个最重要的因素。如何调整和改善企业的服务体系，使服务成为企业提升竞争力的重要支撑，且成为企业获取利润的一个重要来源，就成为一个战略问题。

通过服务产品化，解决客户高端的或者是一些更深层次的需求，帮助客户实现更高的价值，增强客户的黏性，可以给企业创造更多的收入。而且因为服务收入波动小，增长比较稳定，也能够增强企业抵抗市场波动风险的能力。

众多知名企业的经营理念已经开始从以"技术和产品"为主转向以"应用和服务"为主。比如惠普推出了"金牌服务"；IBM 把口号改成了"IBM 就是服务"；Oracle 提出"软件就是服务"。服务要盈利，要从成本中心变为利润中心，就一定要走产品化的道路。"服务好"的评价标准不再局限于简单的服务态度好、人员投入和随叫随到式的快速响应上，只有准确把握客户需求，不断提供预防性、增值性服务，帮助客户提高服务质量、降低运营成本和增加效益，才能为客户创造卓越的服务体验和价值。

同样，华为也在努力进行服务战略转型，任正非多次对华为人表示，每个部门都要为华为贡献效益。因为做任何事都要有所投入，各部门没有足够的效益，就无法进行后续投入。

对于那些效益不好的部门，任正非要求它们想办法改进，不能让效益好的部门为其补贴，那样容易形成依赖性。因为对效益好的部门来说，它们也要投

入，员工也要回报，如果把他们赚来的钱补贴其他部门，这是不公平的，尤其是当这种补贴无法带来效益时，对企业的整个经营都会造成不利的影响。

有一次，任正非到日本代表处座谈。在提问环节，有位员工问道，日本代表处交付的都是新产品、新技术的项目，交付投入很大，无法满足华为对效益的要求，因此请求对代表处的效益降低要求。

任正非在回答中表示，日本代表处在发达地区，而华为的很多代表处都在非洲等贫困地区，如果在非洲都能赚到钱，而日本代表处却赚不到钱，要让别的地区补贴，那就是日本代表处的人没本事。日本代表处的发展要靠自己找机会，用非洲代表处的钱来投资日本代表处，这是错误的想法。正是因为有这样错误的想法，所以日本代表处的利润贡献率才是比较低的。

在华为，不能产生效益的部门，其主要管理人员会受到相应的惩罚。任正非就表示，不产"粮食"的干部要下岗。因为管理者在整个团队中发挥着至关重要的作用，他们既要不断加强团队建设，促进团队和谐，又要帮助成员进步，提升团队服务能力。对于不能为部门作出贡献的人员，任正非也要管理者做出公正的评价，长期不合格的人也会被淘汰。对此，任正非表示："永远要合理地减少非生产性人员，增加专业与业务人员，才有可能提高人均效益。各级干部一定要把自己部门内部效率低、没有贡献的人淘汰掉。"

华为在强调服务要贡献利润时，也表示要对高利润报以警惕，这是基于对客户价值的尊重。所以，华为不追求利润最大化，而是讲究一个合理的尺度。

2010年，华为取得了非常好的效益，也给员工发了高奖金，企业所有的人都非常高兴。但任正非却在一次公开讲话中表达了自己的忧虑。他表示，利润高，说明华为从客户那里收的钱太多了，很可能会造成客户没有足够的钱去投资未来，这样对整个生态圈是不利的。任正非是站在高处看待问题的，他在关注自身效益的同时，也关注客户的效益，这让在场的很多人受益良多。

可见，华为追求的是与客户的双赢，在他们看来，当自己和客户都取得成功时，华为才能持续获得利润。所以，企业在培养员工的经营意识时，一定要让他们以不损害客户利益为前提。

10.3.2 掌握经营思维，服务精细化运作

企业要想获得良好的收益，就要具备经营思维，懂得如何平衡投入产出，获得预期回报。企业的经营不能以技术为导向，如果过于重视技术，会导致投入太多而产出极少，就会拖垮整个企业。任正非曾说："华为作为一家高科技企业，从创业开始，就始终坚持以市场的商业成功为导向，一切投资、一切管

理的改进都紧紧围绕产品的市场商业成功，尤其摒弃脱离商业成功导向的、唯技术的创新。"

任正非还表示，华为要为客户提供及时、准确、优质、低成本的服务，因为这样才能获取合理的回报。而这些都要求企业能够进行有效的投入，在发展上有好的战略规划，把握正确的发展方向。华为一直强调要坚持在主航道上发展，加大创新力度，这都是因为华为的主营业务是企业的命脉，做好了才能持续保持竞争力。当这些理念落实在具体的项目中时，华为也会注意拉通管理的各环节，确保回款顺利，保障项目的后期收入。

华为西宁办事处在建设早期，派驻当地的人很少，客户市场的开拓也未全面打开，销售额少。再加上在之前的几个项目中，3G布局较差，导致投入与后期收益不平衡，没有达到预期的效益。

为了改变现状，办事处认为需要不断平衡大额投入和后期收益的问题。于是，办事处根据未来发展的规模和布局，进行了有效投入和开拓，为以后实现有效增长奠定了基础。为了使账目更加清晰，办事处还对订货、发货、收入、回款等全流程进行了监控和滚动刷新，以便从中清晰地发现哪些环节出现了问题，使办事处能够及时纠偏。办事处还通过集成的收入计划，明晰了各部门的目标和职责，使管理有序进行。通过落实各项措施，办事处的收入、贡献利润、现金流实现了同比显著的增长。

企业所有的投入是否有价值，都会在最后的结果中体现出来。在对一个产品、项目进行投资时，企业首先要考虑的就是这样做有没有价值，并且要有做好的决心，这样才会为企业的发展作出一定的贡献。

现在很多行业对成本和效益的要求越来越高，要想降低成本，提高效益，企业就必须走精细化运作的道路，提高人均效益。企业的经营规模大、项目多，不代表利润就高。有些企业一年忙到头，利润却少得可怜，多半是由高成本和低效率造成的。

华为曾在总销售额远超友商的情况下，利润率和人均效益却大大落后。任正非早就意识到这样会造成资源和时间的严重浪费，也知道这些结果都是由无效管理造成的。所以，华为下定决心引进西方的先进管理方法来提高效率。在最近几年的时间里，华为的利润率逐步提升，但华为显然还有更高的要求。

2016年，华为终端消费者业务在市场上取得了巨大的成绩，华为手机在全球的销量迅速增长。但在2017年的新年致辞中，余承东也表示，华为仍然要提高精细化运作能力。他说道："2017年是精细化运营变革年，一切要以利润为中心。要从各级组织、每个人、每个细节点上提升效益，严控成本与风险，（使企业）健康发展。"

余承东在致辞中还表示，因为华为在成本、内控、流程IT、供应链等方面的能力和资源投入不足，导致组织管理粗放，因此要提高精细化运营的能力。他希望能够通过精细化管理，为未来构筑强大基石，实现有效盈利。

经过多年的熏陶，华为人逐渐意识到精细化运作的重要性。很多部门在效益遇到瓶颈时，也会想办法打破这种局面，通过一系列改革提高人均效益，重新激活市场，同时帮助客户走出困境。

受到油价等因素的影响，2016年华为在科威特的几大客户在收入和盈利上都遭遇瓶颈，导致华为在当地的业务也受到影响。在这种形势下，当地代表处认为必须加速优化业务模式，持续提升效率，并与客户共渡难关。

代表处通过采取内控进项目、夯实项目经营的基础等措施，保障了经营和管理目标的达成。为了提高人均效益，代表处还着手提高各系统部和业务场景的效率。在这场变革中，有成功也有失败，代表处总结出了一些经验，将变革的重点放在了能否解决客户、项目、业务的痛点，提升效率，降低成本和增强商务竞争力等方面。在后来的几年中，代表处不断通过业务变革和模式创新，在提升效率的同时，给客户带来了独特价值，并将很多工作从重复劳动中解放出来，将精力聚焦到项目组和客户界面具有更高价值、更大创造性的工作上。

代表处试行了"财报内控进项目"，将规则和流程落实到项目上，并将权利和责任下沉，使代表处的内控成熟度逐步提高。代表处还通过持续变革、优化交易交付模式等措施，使人均效益提升了30%。

任何企业在经营过程中都会遇到困难，关键看企业有没有决心和毅力去持续变革，找到正确的方法和手段，改变粗放管理的模式，朝着为客户创造独特价值、提升企业人均效益的目标去努力。华为也遇到过很多困难，有些代表处也曾长期亏损，但是他们坚持下来了，并渐渐获得了丰厚的回报。

第 11 章　行政保障：快速响应，帮助打胜仗

随着中国商业社会的迅速发展，企业要想获得高速、规模化的成长，不仅需要对外扩张的能力，更需要内部运营的高效与稳定。

行政作为企业运营管理与员工服务的重要岗位，在提升内部效能、降低运营成本、提高员工满意度、打造企业雇主品牌等方面的价值日益凸显。

本章以华为的实践为例，讨论在开展一系列业务变革的同时，如何不断优化行政管理体系，为业务提供支撑，帮助作战部队聚焦多产"粮食"。

11.1　用心接待客户，充分展现"客户至上"

华为将客户接待工作看成体现"以客户为中心"的宗旨的重要组成部分，给予高度重视，通过建立标准的流程，用最贴心的细节来打动客户。

11.1.1　客户接待是战场，是对一线的最好支撑

在企业的经济交往活动中，接待是一项日常工作，接待客户的能力在一定程度上反映了企业对"客户第一"这一价值观的践行程度。企业在客户接待过程中体现出来的热情周到，能让客户充分感受到尊敬、礼貌、友好，这对客户选择企业的产品与服务非常有利。

华为可以说是在客户接待方面做得十分到位的一家企业，也可以说是把"客户第一"的价值观实现得最为彻底的一家企业。

华为负责客户接待的部门不叫客户接待部，而叫客户工程部。他们期望把接待客户的工作当工程一样来做，客户来了之后每一步该干什么、应该听到什么、应该看到什么、要给客户留下什么样的震撼印象，华为对每一步都做出了非常周密的策划安排。

华为的客户接待工作也是其客户拓展中非常重要的环节，客户工程部常常会采取一些别出心裁的做法，令客户叹为观止，从而留下深刻的印象。

【案例】别出心裁的接待设计

客户工程部有一名文艺女青年，读书和写作是她最大的爱好，博采众长的她在接待工作上做得也很出彩。在一次接待南非团组的过程中，她采取了一个

新举动：房间内摆放客户母语欢迎卡以及客户中国风卡通肖像。"母语＋中国风"表达了来自华为最亲切的欢迎：既给了客户来自东道主特别的问候，又给了客户回到家般的温馨感受。卡通肖像画的设计结合了客户职位背景（比如财务用算盘，HR是伯乐）、来访目的，让客户觉得非常有心。

这几幅卡通肖像画虽然成本很低，但对接待员的要求很高，涉及从初稿到终稿的策划、修改和审阅各个方面。她的策划达到了打动客户、使客户敞开心扉的目的，真正做到了既简约又用心地接待了客户。

这样的接待方式看似简单，但每一个小策划点的背后反映的都是接待人员的辛勤付出，他们的努力让这些简约的策划点在整个接待流程中熠熠生辉，让客户铭记在心。

在客户接待过程中，华为都会安排客户参观展厅。华为展厅可以说是了解华为的窗口，能让来访的客户全面认识华为的技术实力与实施案例。展厅在设计时融入了更多客户参与互动及体验的环节，通过客户的亲身实践与感受，增进客户对华为产品的感知与良好印象。

任正非对展厅接待工作非常重视，对展厅的人员、基础配置等都有专门的安排。任正非指出：

"在展厅及展会的规划与建设上，我们要敢于进行战略投入，该战略投入的必须投入，确定性工作该省的钱一分一毫都要省，我们要分得清价值。要采用高标准、场景化，生动才能感动客户。展厅是作战平台，是先进解决方案与客户接触的地方，不要畏手畏脚。"

任正非认为展厅不是博物馆，不能靠背PPT来应付，而是要将其当成一个作战平台来对待，这个作战平台比"扛着炸药包炸碉堡"还要更前端。他对"炸碉堡"之前的先锋部队——展厅咨询师提出了更高的要求：文武双全，这些人不仅语言表达要清晰，能深刻理解解决方案，更要具备实战经验。只有理论联系实际，讲解才会生动。

与其说华为的客户工程部是一个客户接待部门，不如说它是一个销售前沿部门更为贴切，因为客户工程部不仅成功地让客户认识和了解了华为，而且还担任了华为产品的售前顾问，从而拉近了与客户之间的关系和感情，为日后销售人员跟进客户做了良好的铺垫。

华为之所以能够在竞争激烈的电信设备领域步步为营，击败世界巨头，成就今天在全球电信领域的地位，很重要的一点就是其处处体现出对客户的关注和尊重，在每一项实际工作中践行"以客户为中心"的价值观，即使是像客户接待、展厅讲解这些看起来不起眼的客户营销活动也不例外。这才是华为真正的竞争力所在，也是值得众多企业学习的地方。

11.1.2 超出客户期望，用诚心和细节感动客户

客户服务无小事，华为力求在细节上展现专业与耐心，以保障为客户服务的质量。好的服务，并不意味着一定要轰轰烈烈，也可能是默默地站在客户身后，将客户的利益放在首位，与客户患难与共，重视客户的每一个细小问题，在"润物细无声"中不断超越客户期望，提升客户满意度。

华为人在服务客户的过程中，坚持不放过客户的每一个问题，即使是一些隐藏很深、非常细小的问题，也要处理得令客户满意。

【案例】重视客户问题，以耐心和细心感动客户

华为服务专营店店员、热线接线员、官网客服等是华为终端的一线服务人员，是离消费者最近的一群人，无论你是咨询问题、购买手机还是售后服务，都离不开他们。杨心蕊就是其中的一员。她是哈尔滨华为客户服务中心的技术顾问，每天的工作就是帮助客户修复有问题的终端设备。

一天，杨心蕊拿到一台P8故障机。客户反映手机"用耳机听音乐、接电话时偶尔听不到声音"。杨心蕊拿手机测试了20分钟，并没有出现顾客描述的问题。她走出维修间，想找客户了解情况。当杨心蕊看到客户廉先生时，发现客户耳朵上戴着助听器，与人沟通主要靠他爱人帮忙。杨心蕊意识到对于廉先生来说，声音是多么的重要。于是，她在心里默默告诉自己："我一定得想办法把他的手机修好。"

杨心蕊建议廉先生将手机留在服务中心维修，等修好后再过来取。廉先生走后，杨心蕊对手机进行了持续的测试，直到第二天早上才找到故障原因：耳机孔小板出了故障。她给手机更换了耳机孔小板，问题自然就解决了。

虽然只是一个很小的问题，但是杨心蕊仍不放心，担心这个故障会再次出现给廉先生带来不便。于是，她又通过听音乐和打电话的方式反复测试手机，直到确定手机不会再次出现类似故障才放心。第三天，杨心蕊打电话通知廉先生的爱人取走了手机。

对于杨心蕊来说，不放过任何一个细小的问题，做客户问题的终结者是她的职责所在。但没想到，在客户取走手机后的第五天，一个包裹被送到了哈尔滨华为客户服务中心，里面有一面锦旗和一封感谢信。信中写道：廉先生在查看测试数据时发现，手机在维修期间有几百首音乐的播放记录和几十个通话记录，他没想到一个微小的声音问题也会被如此重视，他非常感动。

通过上述案例我们可以发现，客户的有些问题隐藏很深，要有足够的耐心

与细心才能发现。但是隐藏很深的一些小问题，却能对客户的服务感知产生很大的影响。

华为海外某主管曾分享过他在担任区域主管时的一个经历，很好地诠释了如何通过细节来增强客户的体验感、超出客户的预期，以赢得客户满意。

他曾经陪同某跨国电信企业的董事长和太太来中国参观访问。在专机上，空姐送上的一份中式点心让董事长太太赞不绝口，于是他便让空姐再准备几份，以便打包送给董事长太太回去慢慢品尝。然而空姐非常抱歉地告诉他，点心是按乘机人数准备的，一份多余的也没有。

但他并未作罢，想着点心虽小，但能充分体现华为人对客户的热情，不能就此放弃。于是，他便向空姐打听了点心的进货渠道，在飞机落地后便安排人购买。

在他们结束一天的考察回到酒店后，他敲开了董事长所在套间的房门，递给董事长太太一个包装精美的包裹，并对她说："这是您刚刚在飞机上喜欢吃的中式点心，我们特意为您准备了几份。"

董事长太太惊叹得"哇"地一声叫了出来，连声说道："我真是太感动了，谢谢，谢谢你！"

他们对接待的每一个细节都事先做好了策划，甚至在酒店配置的浴袍的袖口上都绣上了董事长夫妇的名字。这些细节体现的是华为对客户的重视和尊重，让客户在异国他乡收获感动，对华为留下美好印象。

在结束考察回国之后，董事长很快便敲定了和华为的长期合作。

很多企业都倡导员工要围绕客户满意度开展工作，但却仅仅停留在口头上，实际上员工往往并不知道该如何操作。一个不起眼的细节和角色都可能影响客户感知，并最终影响业务成败。为了能够真正围绕客户满意度开展工作，企业员工应针对客户的实际需求，从细节做起，为客户提供针对性的服务，在小事、琐事中体现出专业和敬业。

11.1.3 建立流程和标准，用专业提升客户满意

流程化和标准化是华为实现及时、准确、优质、低成本服务的利器。

以华为客户接待服务为例，在服务流程化、标准化的保障下，华为客户接待服务的速度和质量都令人赞叹。

华为人将其客户接待总结为"一五一工程"，即一支队伍、五个销售动作、一个资料库。华为将客户服务当作一个完整的系统，很多部门和人员都会参与进来。在团队合作精神的带动下，华为几乎每次都能够打动客户，获得订单。

比如，某市电信局局长要带人到华为深圳基地参观，华为的接待团队是这

样展开工作的：

接到通知后，华为某市办事处秘书会先填好客户接待的电子流，再由办事处会计申请销售人员出差备用金。之后，办事处客户工程部接待人员会打电话确认电子流中的行程安排。

当行程安排传到华为总部后，总部会安排好司机、接待人员去机场接机，并安排住宿。然后系统部职员打电话与销售人员确认接待事宜及注意事项，并且安排企业接待领导。

当客户一行到达深圳后，华为会派一名企业经理宴请客户。随后前往企业总部参观，当客户出现在华为时，前台会在电子屏幕上打出欢迎字幕。然后，另一名企业经理会在企业会议室和产品展示厅向客户介绍华为的产品规划。讲解完后，会有三名展厅人员分别负责为客户讲解移动产品、传输产品和宽带产品。

之后，由生产部人员带领客户参观位于深圳的华为工厂。参观完工厂后，在会议室，将由人力资源部副总为客户介绍华为的企业文化，财务部副总介绍华为的财务管理。最后，由企业副总设宴为客户送行。

以上就是华为接待客户参观的一次全服务流程。

一次简单的接待，华为就能迅速地在短时间内组建20多人的团队直接为客户服务。华为将客户接待流程织成一张大网，各项工作环环相扣，任务连着任务，牵一发而动全身。高效接待的背后其实是一整套的服务流程和标准。

华为围绕客户满意度，建立和遵从服务标准，让各部门及员工树立明确的目标和方向，持续为客户提供一流的服务。华为管理专家黄卫伟指出，华为的核心竞争力就是有着比竞争对手更多的服务客户的能力。在华为内部，贯彻着"三统一"标准服务体系：统一服务规范、统一服务接入和统一服务监控。

（1）**统一服务规范**。在服务方面，华为制定了严格的服务行为标准，这极大地规范了服务的每一个过程。参与客户服务的工程师无论是谁、在哪里，都可以按照标准进行工作，保证服务质量、服务水准的一致性。

（2）**统一服务接入**。为了快速解决客户遇到的问题，华为将售后技术咨询、故障申报、设备硬件更换/维修、培训需求、服务政策咨询、服务产品咨询、服务建议和服务投诉等客户服务项目纳入统一的客户管理系统（CMS），当客户有服务需求的时候，华为人就能快速响应。此外，华为还专门设立了24小时服务的售后服务热线，为客户提供不间断的服务，确保每个客户的请求都能得到及时、有效的处理。

（3）**统一服务监控**。华为不仅有服务的实施标准和专业服务团队，还成立了专门的质量监控部门，负责对所有服务活动的服务过程和服务质量进行统一监控。然后逐一回访客户，确认服务效果和满意度，使客户需求满足得到长期、有效的保证。

华为实行的"三统一"标准服务体系保障了客户服务的规范性和专业的服务水准，是保证及时、准确、优质、低成本客户服务的基础。

11.2 优化行政管理，帮助业务线多产"粮食"

华为行政管理体系通过向员工提供全方位的后勤保障服务，尽力营造舒适的工作环境，解决员工的后顾之忧，从而让员工将全部精力投入一线作战，为企业多产"粮食"。

11.2.1 服务全方位，让员工有舒适温暖的"堡垒"

任正非曾明确表示，有人说"一人一厨一狗"代表华为精神，但那是不提倡的。我们的艰苦奋斗是指思想上的，并非身体上的，人人都应该享受奋斗的快乐。我们要有安全、幸福、温暖的家。虽然企业一直强调要去英勇作战，在艰苦地区"爬冰卧雪"，但回到家不能一团乱麻。

任正非对员工后勤保障体系一直都非常重视，认为一定要保证员工"吃饱肚子"，"肚子饱了不想家"。2020年3月，任正非主持召开海外小微国家基础服务保障改善方案报告会，明确提出小微、艰苦、高危国家的工作生活标准要高于大国的标准。"要达到瑞士富人的生活标准，必须自建一些服务设施，允许有花园、室内或室外体育设施、小影院、咖啡室、多功能厅……工作环境也要大幅度提高到欧洲标准""无论艰苦与否，所有国家都可以建食堂、配厨师，让大家聚焦工作""员工吃饭的补助不够，员工天天抱怨吃不饱、吃不好，更别说吃出战斗力了。伙食补助不发到个人，全部发到餐厅。让大家吃饱吃好"。

任正非到华为全球各地的代表处，讲得最多的就是员工食堂、咖啡馆、员工住宿、办公环境等这些方面的问题。在他看来，吃得好、住得好、睡得好，这是员工发挥战斗力的关键。

【案例】打造松山湖基地，增强员工工作体验

华为从2015年开始，先后投入140亿元建设松山湖基地，该项目的建设理念是，用世界上的经典建筑把小镇打造成一个博物馆。用了三年时间，一座集办公、娱乐、生活于一体的大型产业园就此诞生。整个项目占地面积达到 1900 亩，小镇内设有 12 个建筑群，分别为牛津、温德米尔、卢森堡、布鲁日、弗里堡、勃艮第、维罗纳、巴黎、格拉纳达、博洛尼亚、海德尔堡、克伦诺夫，从小镇的一头到另一头的距离有六千米左右。

2018 年 7 月，华为就陆续把深圳总部的两万多名员工搬迁到松山湖小镇，华为的员工每天就在风景如画的"旅游区"里工作。这里不光有美丽的风景，还有咖啡馆、美食餐厅、健身馆、医院、学校等人文生活设施的配置。

由于园区占地过于庞大，设计师在每个小镇之间都设有轻轨连接，小火车在小镇间循环穿梭，园区内还配置了华为生产的无人驾驶汽车提供人员接送服务。园区的设计非常具有未来科技感，给员工和客户一种人在画中游的梦幻般体验。

华为之所以花费巨资修建这么漂亮的欧洲小镇式园区，正是因为任正非认为，园区是客户、合作伙伴、员工共同学习、交流、工作的场所，通过提升园区的服务水平和内在活力，让客户和合作伙伴愿意来此交流，让员工愿意在此工作，是值得做的事。把这件事情做好了，员工工作舒服，客户和合作伙伴开心交流，就能多产"粮食"了。明白了这层意思，就能理解华为修建漂亮的办公园区、实施"繁荣园区"政策的逻辑，就可以更深刻地理解华为如何践行"以客户为中心""以奋斗者为本"的核心价值观。

华为人在全球各地开疆拓土，在疟疾肆虐、缺水少电甚至是地震海啸、枪林弹雨的环境中坚守，上演着一幕幕可歌可泣的英雄故事，除了华为所倡导的艰苦奋斗的精神和英雄主义文化所激发出的强大使命感和意志力，和华为对行政后勤保障工作的重视也不无关系。毕竟打仗除了硬装备，粮草及后勤等服务也是重要的作战影响因素。

【案例】利比亚的华为人战时撤离

华为前利比亚代表处的代表曾分享了他在利比亚战乱期间的经历。为了帮助员工从利比亚撤离，华为预订了 ISOS（国际航运服务公司）的包机，一张机票价格 6000 美元，而且即使买了票也不一定就能挤上飞机。如果当天挤不上，机票就作废，机票费也不会退，但华为依然买了退、退了买，前后总共花了一两百万美元，撤离期间华为直接找 ISOS 人员负责接待，全程安排得非常有序。连中国大使馆都说，华为安排得很好，不用他们操心。码头、机场的散客都跟着华为的人走，所有的地方都很有秩序。

任正非在回忆当年的艰难岁月时说："阿富汗战乱的时候，我去当地看望过员工；利比亚开战前两天，我就在利比亚查看华为承办的工程进度；后来我飞到伊拉克不到 48 小时，利比亚就开战了。我若贪生怕死，何来让员工去英勇奋斗？要冲锋，我第一个冲在最前面！"

群体奋斗之所以成为企业风气，是因为最高领导层"其身正，不令而行"；员工能够奋勇争先产"粮食"，是因为后勤保障得力。正是因为华为强大的行政保障体系，让每一个在外拼搏的华为人心中有坚强、舒适的"堡垒"，有依靠，有支撑，没有后顾之忧，所以才能放开手脚在外拼搏厮杀。

11.2.2 流程简单，精兵简政，边缘服务社会化

华为致力于营造让员工健康工作和快乐生活的环境，但同时也强调行政部门不是保姆，为员工提供的只是基础保障，不能无限制提高基础保障标准。员工需要的超额服务可以采用市场化方式提供。

就如任正非在2018年全球行政年会上所提到的：

"现在华为有条件保障，该节约的地方我们要厉行节约，该投入的地方就要不惜成本，将作战支撑中必要的高成本与基础保障中合理的节约进行差异化管理，一切都是为了打胜仗。就像美军严格实行'只能免费喝三杯咖啡，第四杯就要收费'的管理制度，但是在作战中却敢于投入'范弗里特弹药量'。"

这也符合华为一贯坚持的变革理念，变革的目的就是要多产"粮食"和增加"土壤肥力"，不能对这两个目的直接或间接作出贡献的流程制度都要逐步简化。

华为的变革始终围绕为客户创造价值，不能为客户直接和间接创造价值的部门、流程、人员都是多余的。要紧紧围绕价值创造来简化组织与流程。

华为行政保障体系要为170多个国家的近20万名员工提供服务，不仅管"吃喝拉撒"，还要为这些地方提供包括现代化办公、综合性服务等很多方面的协调服务。做到了适应不同文化、不同民族、不同货币、不同状况（战争、高危、疫情等）的企业后勤保障队伍总共才有几百人，这归功于华为在行政服务方面所采取的社会化改革，即通过货币化有效调动众多社会资源来提供相应的行政服务。

任正非曾指出："行政服务应大量实行外包管理，选择优质的行政服务供应商，减少供应商的数量。"在任正非看来，华为没有必要什么都自己做，要合理利用外包机制，能外包的行政服务尽量实行外包管理，通过建立完善的外包服务体系，来补充企业自身能力的不足，并降低成本。

【案例】华为成立慧通，实现边缘服务社会化

华为于2004年6月成立了全资子公司慧通。慧通在华为内部以相对独立的方式经营运作，以市场化的方式为华为内部提供整体商旅解决方案，其业务涵盖企业差旅管理与服务、高端商务旅游、会展会务、商务接待、酒店管理、

餐饮与零售、文秘服务等服务类业务。

成立慧通后,华为的行政工作分成了两部分,华为行政部门负责基础保障服务,增值服务、优质服务则交由慧通来完成。两者互不越权,但边界模糊地带可以相互协商解决。

慧通按照市场化方式来运行,通过向员工提供优质服务,不断提高员工的满意度,让员工花钱也乐意,更好地满足员工们的多样化需求。大量碎片化服务由"民兵"——私有化门店的服务员担任,这不仅增加了服务的内容与方式,扩大了服务的对象,而且这些"民兵"不属于慧通的编制,不涉及高工资、股票等一系列待遇问题,管理更加简化。

华为通过慧通的改革,把很多边缘服务社会化,精简非核心队伍,鼓励"民兵"的积极性,让千军万马共同作战,创造了共同作战的低成本、高效率模式。

为了进一步提升行政的效率,任正非要求从简化流程开始,减少审批环节,把行政服务建成一个公开办事的平台,规则公开透明,通过严格的制度化管理解决"小鬼难缠"问题。

任正非在《行政服务解决"小鬼难缠"工作进展》汇报会上的讲话中指出:

"管理规则公开透明,严格制度化管理。'小鬼'只有执行权,不能替天行道,只要公开透明,他就没有空子可钻。政府办事已经公开透明,我们也要把行政服务的业务建成一个公开办事的平台,公开SLA(服务水平承诺)。'小鬼难缠'需要通过流程、系统等各种改革来解决,而不是依赖人盯人。不要求你们做到绝对的好,只要做到逐渐进步就行。对于这些管理措施,你们制定一些规则,贴在办公室和递标书地点的门口。哪些规则是开放的,哪些规则是需要管理的,都要公开透明,贴在公告栏。"

华为通过一系列制度化的改革减少了行政服务工作中的问题,从而更好地为员工提供了服务,提升了员工体验感,增强了员工满意度,同时也大大降低了企业成本和内控风险。

11.2.3　行政服务闭环决策管理,事后制约监管

企业行政服务工作最终是为了提高企业的整体绩效,提高企业的综合素质,从而增强企业的生命力、竞争力。

任正非强调,华为在主航道组织里要坚持矩阵化管理,而在非主航道组织里则要去矩阵化管理,这样做的目的是希望非主航道组织,尤其是行政服务工作要通过自我小循环运作,减少对主航道作战队伍的拖累,从而更高效地为主

航道组织提供支撑和服务。

企业在经营管理的过程中,如果不能对行政工作进行有效的统一管理,则会降低企业的运作效率,影响企业发展。行政服务工作岗位任职资格与主航道领域的工作岗位任职资格有着较大差别,以前华为没有重视这一点,而将两者放在统一的管理体系中,实行矩阵化管理。这样一来,便分散了各级主航道作战部队主管的精力,使其需要花更多的时间去应对一些非主航道领域的事务性工作,影响了作战队伍的工作效率。

因此,任正非指出,华为的行政服务只需要在局部区域内进行统一管理,而不需要全球各部门统一协同管理,以实现运作效率的提升。

2015年,任正非在《与BCG顾问交流会谈纪要》中提出了华为进行行政改革的三点建议:第一,在行政改革中,最重要的就是建立行政统一服务的规则和以支持作战队伍为中心的服务平台,实现行政服务在基层组织的自我循环管理。基于代表处的小循环,部分公共产品可以采用区域中循环或企业大循环的管理方式,实行自我决策、自我监督。过去华为的行政体系太复杂,难以建立起一个小循环体系、中循环体系、大循环体系。华为要支持发展最基层的小循环;在此基础上有共同的地区需求,就发展区域中循环;将全球普遍共同需求转入大循环,以此来更好地支持与服务前方决策。第二,后勤服务要解放主航道作战队伍的主官,使其聚焦于作战战略和产"粮食"。对于后勤保障工作,作战主官只关注需求和预算,至于如何实现则由后勤来管理。第三,行政服务工作要形成完整的自我循环决策、监督管理体系,真正释放主官的作战精力。以前华为的行政服务人员级别低,必须事事向上级请示,无法形成独立的自我循环管理体系。因此,行政改革就要改变这种事前请示的决策体系,把主官解放出来。

为此,华为对行政服务管理工作进行了改革。华为首先从简单代表处开始试点,实现生活和业务后勤保障工作的小团队循环运作,强调流程性和时效性,对于已经有规定或者成为惯例的事项则不必请示,快速通过。执行流程的人要对事情负责,不必事事请示,减少管理中不必要、不重要的环节,以提高运行效率。

这样,主力作战部队的主官的精力就被释放出来,使其能投入更多的精力去产更多的"粮食",为企业的长远发展作出贡献。当简单代表处的改革完成以后,就逐步扩展到复杂代表处。在改革的过程中,华为坚决贯彻的准则是能就地解决的问题,一定要就地解决,避免行政服务的中央集权,真正实现行政服务工作的小循环、自我决策和自我监督。

第 4 篇

升华篇
一切为了活得久、活得好

第 12 章　数字智能：将组织执行力全面数字化

数字化转型是时代的趋势，企业管理的诸多基础要素也随之发生着颠覆性的变化，以往在工业化时代所形成的组织架构、工艺、流程和团队管理模式均将被打破并重构。

在数字化时代，以完成任务目标为前提的组织执行力体系也必然会进行相应的改变与创新。企业只有顺应时势而改变，才能在这样一个看起来似乎不确定的环境中获得新的成功、达成新的目标。

12.1　数字经济已成为经济增长的发动机

人类社会的经济形态随着技术的进步不断演变，农耕技术开启了农业经济时代，工业革命实现了农业经济向工业经济的演变，如今的数字技术推动了人类生产、生活的数字化变革，孕育出了一种新的经济形态——数字经济。数字化成为数字经济的核心驱动力。

12.1.1　从数字产业化到产业数字化

在数字化时代，大数据、AI、云计算等新技术加速创新，日益融入经济社会发展的各个领域，催生了许多新产业、新业态和新模式，深刻影响着全球科技创新、产业结构调整和经济社会发展。

按照《G20 数字经济发展与合作倡议》中的定义，"数字经济"是指以使用数字化的知识和信息作为关键生产要素、以现代信息网络作为重要载体、以信息通信技术的有效使用作为效率提升和经济结构优化的重要推动力的一系列经济活动。

随着数字化时代的到来，各行各业都在尝试或深度拥抱数字化。越来越多的行业、组织真正地体验到了数字化带来的工作方式的变化。

在金融行业，银行可以基于大数据和 AI 技术把小额贷款的审批时间从一周缩短到一秒。这大幅度提升了金融服务的效率，让中小企业贷款享受到了普惠金融服务。用技术的手段帮助金融资源更好地服务于实体经济，既有商业价值，也有社会意义。

第12章 数字智能：将组织执行力全面数字化

在煤矿，利用5G实现远程操控，让工人从井下走到井上，在办公室里就可以进行远程采煤作业，从而大大改善了工作环境，并提高了煤矿的安全生产水平。

在农田，通过5G使能的无人机巡田，加上大数据和AI分析，大幅度减少了农药使用量，让农作物更环保、更安全。

……

在过去近10年的时间里，中国数字经济建设已经取得了巨大成就，中国已成为规模优势明显、产业布局领先的数字经济大国。《中国互联网发展报告（2021）》指出，2020年中国数字经济规模达到39.2万亿元，占GDP的比重达38.6%，如图12-1所示，其保持9.7%的高位增长速度，已成为稳定经济增长的关键动力。

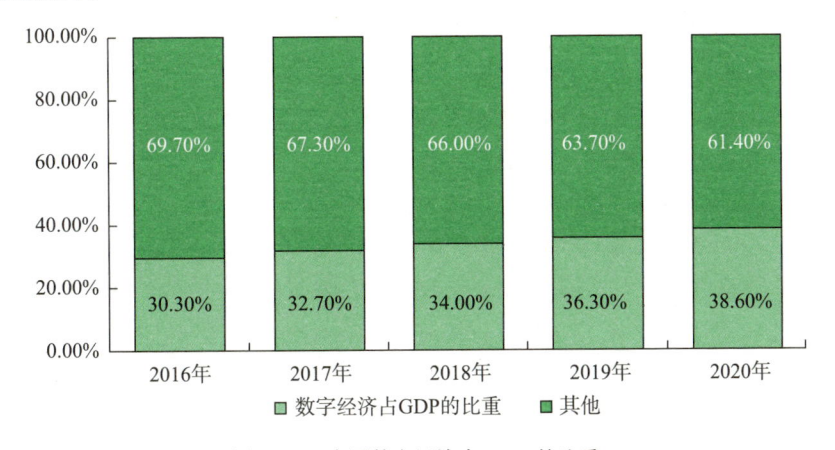

年份	数字经济占GDP的比重	其他
2016年	30.30%	69.70%
2017年	32.70%	67.30%
2018年	34.00%	66.00%
2019年	36.30%	63.70%
2020年	38.60%	61.40%

图12-1 中国数字经济占GDP的比重

数字产业化和产业数字化是驱动数字经济发展的双轮，如图12-2所示。

【概念释义】数字产业化与产业数字化

数字产业化即信息通信产业，它是数字经济的基础部分，为数字经济发展提供技术、产品、服务和解决方案，具体包括电子信息制造业、软件和信息技术服务业、电信业、互联网行业等。数字产业化具体领域包括但不限于5G、集成电路、软件、AI、大数据、云计算、区块链等技术、产品及服务。

产业数字化是指在原有产业的基础上，在新一代数字科技的支撑和引领下，以数据为关键要素，以价值释放为核心，以数据赋能为主线，对产业链上下游的全要素进行数字化升级、转型和再造的过程。

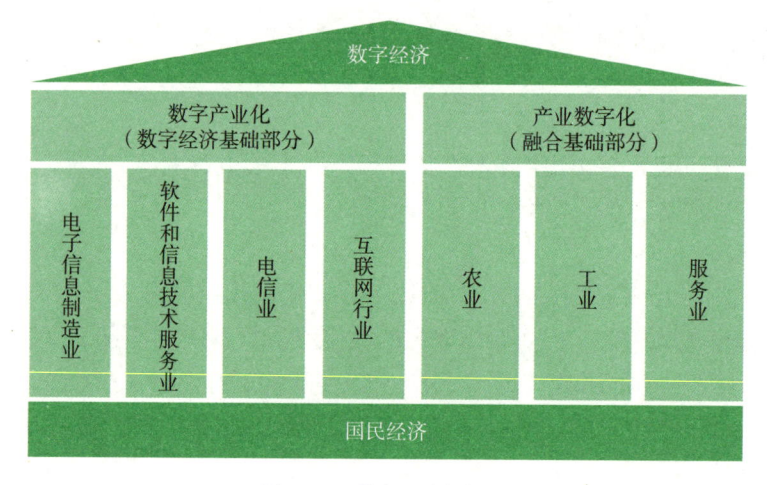

图 12-2　数字经济的构成

在产业数字化转型升级过程中，具体有以下几个驱动因素：

（1）替代驱动，即通过信息技术对生产管理工序的人工环节进行替代以实现效率提升，如企业信息化系统的广泛应用。

（2）连接驱动，即随着信息化终端用户的增加，用户红利驱动大连接，如互联网、移动互联网、IoT 的发展。

（3）数据驱动，即大连接沉淀大数据，网络终端之间的信息沉淀在数据中心，经过数据清洗、加工、处理、分析，成为新的生产要素。

（4）智能驱动，即大数据驱动大智能，新一代 AI 通过自适应、自组织、自学习的算法，挖掘数据资源产生机器智能，赋能产业，如智能制造、智能网联汽车、智能家居等。

作为稳增长的关键引擎，产业数字化将是未来一段时间发展数字经济要关注的重点。和发达国家相比，我国数字产业化 GDP 占比与其基本一致，但是产业数字化部分即 ICT 技术与传统产业相结合的部分的 GDP 占比，中国为 31.2%，发达国家为 46.9%，存在明显的差距。所以，我国产业数字化还有很大的增长空间，亟待未来继续开拓。

12.1.2　数字化是科技驱动的变革，是数字经济的要求

随着新一轮科技革命和产业变革的深入发展，对企业而言，数字化转型已经不是一道"选择题"，而是一堂"必修课"。企业之间的竞争已不再是数字化企业与非数字化企业之间的竞争，而是数字化企业先进与落后之间的竞争。

根据麦肯锡的一份报告，全球受调研的 800 家企业当中，70% 的企业已经

开展数字化转型的工作。2022年埃森哲中国企业数字化转型指数研究显示，有近六成（59%）的受访企业高管表示在未来一至两年会增加数字化方面的投入，数字化转型已经成为越来越多中国企业的"必选项"。

随着各行各业的企业都开始迈入新的数字化阶段，更多从工业时代成长起来的企业已不满足于基于现有模式的线性、渐进式增长，而是希望用更短的时间、更少的人力与资金投入，实现业务的倍速增长、极致的运营效率及卓越的客户体验，通过打破旧有的认知边界，引入新的技术，构建新的运营与商业模式。

【案例】美的数字化转型

1968年成立于广东省的美的集团，是我国制造企业的一个典型代表。从2011年起，美的围绕"产品领先、效率驱动、全球经营"三大战略为主轴展开转型升级。从家电产业跨界生态化，转型成为一家集消费电子、暖通楼宇、机器人、自动化、数字化为一体的高科技全球化企业。

根据美的发布的2021年营收构成数据，美的总营收额为3434亿元，主营业务收入为3083亿元，其中智能家居业务营收额达到2349亿元，智能工业为201亿元，智能建筑为197亿元，机器人与自动化为253亿元，数字化创新业务为83亿元，如图12-3所示。

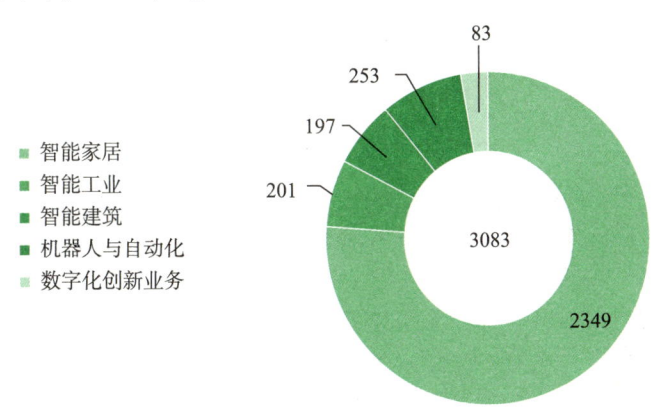

图12-3 美的2021年营收构成（单位：亿元）

在家庭数字化方面，美的推出了家庭服务机器人。美的首席AI官唐剑表示，未来家用机器人将成为像智能手机一样的必需品。除了家庭服务机器人，美的还有机器人导购，它能应用于商业门店，与客人交流互动。

在产业数字化方面，美的主要集中在五个板块，分别是数字化底座、制造、建筑、工业、物流领域。

智能制造是美的数字能力出口的主力军，美的云智能数字正式推出了自主研发的国产 PLM 新产品。作为独立开发的数字解决方案，美的拥有完整的知识产权，自由度极高。

在智能建筑方面，数字建筑运营平台 iBUILDING 除了担任数据管理中心的要务之外，还身兼多项要职，通过它能对电梯和暖通空调系统及其他设施进行多方面的管理，大大减少了人力物力成本，提高了工作效率，提前预防了潜在风险。

美的智能工业技术已经形成了涵盖工业自动化、智能家电、绿色能源及智能交通四大领域的完整工业技术体系。

在物流环节，IoT、AI、大数据等技术让商品从出售之后到运输的每一个环节都能被清楚掌握，出现问题都能得到高效解决。

为了帮助千行百业实现数字化转型升级，让存在天然技术鸿沟的数字经济和实体经济更高效、快速地融合，华为成立了一系列行业军团，如煤矿、政务、轨道与机场、公路水运口岸、电力等。在纵向上缩短管理链条，让华为研发更直接地了解行业客户需求，匹配最合适的技术；在横向上快速整合资源，与合作伙伴一起打造场景化解决方案。

华为通过军团模式，持续洞察一个行业，持续理解行业客户需求，持续识别客户问题，持续与伙伴一起打造满足行业客户需求且能解决问题的方案，最终实现各行业的数字化和智能化。

华为轮值 CEO 徐直军在 2022 年世界互联网大会乌镇峰会上的讲话中说：

"大量的实践让我们看到，数字经济与实体经济深度融合，已经成为促进全球经济稳定和持续发展的重要因素。我们对 ICT 基础设施领域的创新投资将一如既往，华为军团模式将在持续探索中不断进步。未来，复杂多变的全球环境还将持续，在持续的不确定性中，数字经济有望继续成为相对确定的积极因素，让我们加强创新合作，共同建设好可信网络空间，让数字技术驱动发展的确定性，成为我们应对全球经济不确定性的有效力量，促进人类社会的持续繁荣发展。"

12.1.3　数字化不是信息化的简单升级，而是深刻复杂的变革

数字化转型不能简单地理解为是信息化发展的一个升级阶段。虽然它以信息化为基础，但本质上却是以数据为关键驱动要素的，是对生产方式、组织方式、价值体系的创新和重构。

【案例】信息化与数字化的区别

数字化改变了企业的生产力和生产关系,是一场真正的变革,与信息化有四个区别,如图 12-4 所示。

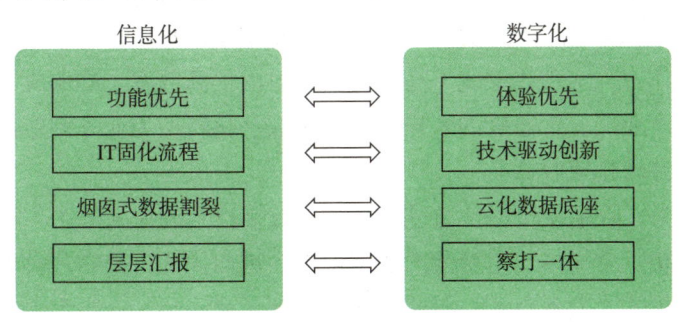

信息化		数字化
功能优先	⟺	体验优先
IT固化流程	⟺	技术驱动创新
烟囱式数据割裂	⟺	云化数据底座
层层汇报	⟺	察打一体

图 12-4 信息化与数字化的区别

第一,功能优先与体验优先。信息化主要是为了提升企业的管理水平,比如 ERP 系统,是为了让企业的业务活动可记录、可管理,能够出具准确的财报,能够有序地运营,更多地强调功能的完备性。数字化强调的则是体验驱动,是由外而内的,是"以客户为中心"的直接体现,关注的是如何能给客户创造更多的价值,带来更好的体验。

第二,IT 固化流程与技术驱动创新。在信息化建设中,业务最佳实践总结为流程,IT 则固化业务流程。于是流程跟着业务跑,IT 跟着流程跑,因此 IT 永远赶不上业务的变化。数字化除了固化最佳实践,更重要的是技术驱动和数据驱动。通过收集的海量数据,反过来思考这些数据对客户和企业的运营管理所能发挥的价值。技术不仅承接业务的诉求,还能反向驱动业务创新。

第三,烟囱式数据割裂与云化数据底座。企业在信息化阶段建立的每一个 IT 应用系统模块,很容易割裂形成一个数据的烟囱。数据全分散在各个系统模块里,而这些系统背后可能是各个业务部门和权力。在数字化时代,应用是服务化的,平台是云化的,更重要的是企业有统一的数据底座来承载所有的数据,并将数据变成企业的战略资产。

第四,层层汇报与察打一体。基层组织的数据要经过层层汇报,才能到达最高决策机构。再加上各部门使用系统的差异,层层汇报所需要的数据,往往要靠人力在各个系统里查询和汇总。数字化则可以让不同层级、不同部门的主官在同一时间看到同样的数据,这样原来的层层汇报、加工传递就不需要了,组织可以扁平化,从指挥到作战之间只有一跳,实现对问题的实时感知和察打一体。

可见,数字化转型的本质不是技术转型,而是端到端的业务转型,是管理变革工程。不管数字化转型如何改变原有的业务模式或商业模式，最终还是要紧紧围绕"为业务创造价值"，即从业务的实际问题出发，主动思考转型的目标和路径，将数据与自身业务相结合，充分发挥数据这一新生产要素的业务价值，通过基于大数据、AI的数据分析，找到问题解决之道，将转型落实到具体的业务运作中，实现线上线下高效协同，对内提高效率、降低成本。对于企业乃至整个产业链、生态链的客户，则通过数字化转型为业务创造价值、提升客户满意度并转化成收益。

华为认为，数字化转型是通过对新一代数字技术的深入运用，构建一个全感知、全连接、全场景、全智能的数字世界，进而优化再造物理世界的业务，对传统管理模式、业务模式、商业模式进行创新和重塑，最终实现业务成功。

【案例】华为业务变革背后的数字化转型

华为在近 20 年中，先后开展了以 IT 战略与规划（IT S&P）变革、集成产品开发（IPD）变革、集成供应链服务（ISC）变革、集成财经服务（IFS）变革、从线索到回款（LTC）变革五大变革为代表的一系列业务发展和管理变革，背后的逻辑是通过持续的变革及数字化逐步构筑数字化时代的核心竞争能力，如图 12-5 所示。

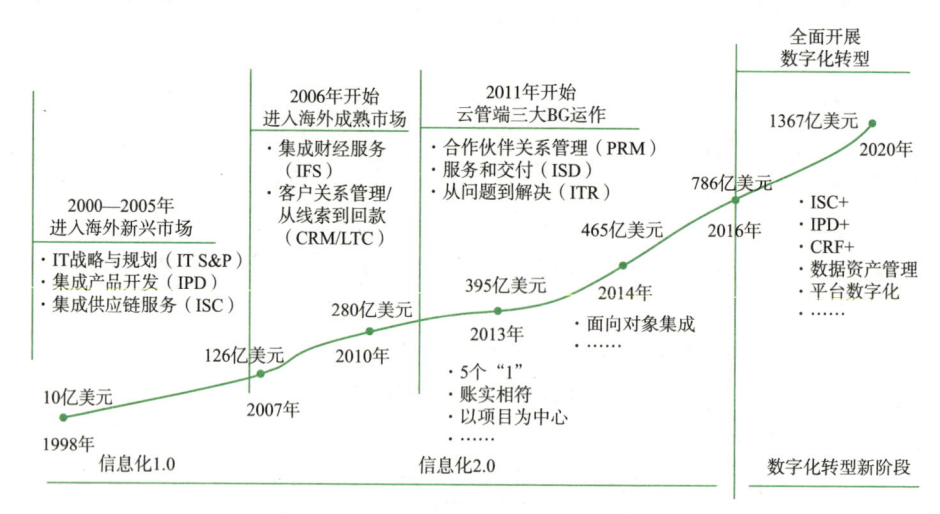

图 12-5 华为业务变革与数字化转型

在 2016 年以前，华为尚处于信息化阶段，其间通过一系列变革，华为构建了相对完备的流程管理体系与 IT 系统。从 2016 年开始，华为全面开启数字化转型之路。

通过数字化转型，华为实现了"销售收入翻番，但人员未显著增长"；ICT

产业的库存周转天数下降60%；企业业务PO订单从接收到发货的时间下降30%，海外合作伙伴全流程自主交易比例达到100%；设计与制造融合，产品开发及试制周期缩短20%，可制造性问题减少30%；WeLink办公协同平台、ROMA连接平台、智慧园区等内部产品实现能力外溢，成为面向企业客户的产品与解决方案。

任正非在总结华为数字化转型成果时说："华为经过20多年的持续努力，基本建立了一个集中统一的管理平台和较完整的管理流程，支撑华为进入了全球领先企业行列。"

企业数字化转型本质上是业务的转型升级，内为业务、外为客户创造更大价值，最终通过产品服务、商业模式和生态治理的差异化来实现生态价值的差异化，并实现企业的可持续成长。

12.2 管理数字化，全面提升管理效率

在数字化时代，大数据已经成为大势所趋，企业必须以数据驱动决策为出发点，积极推动数字化改造，高度重视决策数据资料的收集与整理，进行深入准确的数据分析，全面提升决策的科学性和管理效率。

12.2.1 数据是核心资产，管理要基于数据和事实

随着数字经济的发展，数据成为继劳动、资本、土地、技术之后的第五种生产要素，成为创造价值的新源泉。正如马云在2015年的第一届云栖大会上所说："数据将替代石油，成为下一个核心资源。未来的数据就是生产资料，未来的生产力就是计算能力和创业者的创新能力、企业家精神，有了计算能力、数据，人类会发生天翻地覆的变化。"

企业在进行数字化转型时，必须关注数据质量提升和数据全链条贯通，基础数据一旦出现错误，后续带来的负面影响将被指数级放大。任正非曾经强调说："我们要学习'蓝血十杰'，对数据、对事实要崇拜，根据数据和流程来进行综合管理。"

【历史人物】美国"蓝血十杰"

"蓝血十杰"是指"二战"期间美国战时陆军航空队统计管理处的十位精英，他们精通基于数据的精确管理，坚持"数据"高于一切的理念。他们通过向高层决策者提供数据依据，为美军取得胜利作出了卓著贡献，成为"二战"的英雄。

"二战"结束后,他们加入了福特公司。他们把对数据的信仰和追求效率的工作方法带入福特公司,掀起了一场以数据分析、市场导向和效率提升为核心的管理变革,从根本上改变了福特公司基于直觉和经验的传统管理模式,更加重视数字和科学决策,大大改善了福特公司的管理水平,帮助福特公司从亏损的困局中迅速走了出来,重现辉煌。他们也因此获得了"蓝血十杰"的称号,人们将他们尊称为"美国现代企业管理的奠基者"。

在数字化时代,数据已成为企业新的核心资产,企业要改变传统经验驱动的思维模式,强化基于数据决策的思维,一切用数据思考、用数据说话、用数据管理、用数据决策,用数据挖掘和分析的手段提升业务能力,打造基于数据解决业务问题的文化氛围,搭建数据治理、数据资产管理、数据使用的流程体系,让更多员工能够自主地、自由地进行数据分析,培养其使用数据解决业务问题的意识,提升数据敏感性,从而帮助企业真正做到数据驱动、数据决策。

从数据资源的角度来看,当感知无所不在、连接无所不在时,数据也将无所不在。所有的生产装备、感知设备、网络终端,包括生产者本身都在源源不断地产生数据资源,这些资源渗透到产品设计、建模、工艺、维护等全生命周期中,连接着企业的生产、运营、管理、服务等各个环节及供应商、合作伙伴、客户等全价值链,成为企业生产运营的基石。

具体而言,业务的数字化主要围绕业务对象、业务过程和业务规则三个方面展开,以不断提升数据质量,建立安全、可靠的数据源。

1. 业务对象数字化

业务对象数字化的做法是建立对象本体在数字世界的映射,也就是为物理世界中的业务对象在数字世界中创建数字孪生(Digital Twin)对象。这种映射,不是传统意义上基于流程要求的少量数据的管理,而是通过多种数据感知和采集技术管理某个对象的全量全要素数据采集和连接。

以产品研发和设计为例,数据架构过去只管理产品数据进入 ERP 管道所必需的少量内容,如产品编码、描述、BOM 清单等,而产品对象数字化则需要建立完整的数字孪生,也要管理与之相应的完整数据架构。

2. 业务过程数字化

业务过程数字化是通过数字技术优化或重构业务过程,实现业务活动线上化,通过观测数据记录业务活动的执行或操作轨迹,实现业务作业全流程的可视、可管理、可追溯,进而反过来改进结果、优化或重构流程,使客户体验更好、作业效率更高、业务决策质量更高。

3. 业务规则数字化

任何企业、组织的内部管理都存在业务规则，规则数字化的目的是把复杂场景下的复杂规则用数字化手段进行管理，将业务规则进行显性化、结构化定义。良好的业务规则数字化管理，能实现业务规则与 IT 应用的解耦，实现所有关键业务规则数据可配置，并能够根据业务的变化灵活调整。

以物流场景为例，通常都是希望基于计划对各个环节的物流任务进行监控和预警，这需要大量的预警规则。例如，某个部件的物流周期是一周，当五天后要交付而对应物流还未发货时，则应该预警。但是，不同物料、不同场景、不同地区的供应能力往往是有差异的，并且随着环境经常动态变化，这就需要将对应的规则数据从 IT 应用中解耦出来，单独定义这类数据资产的信息架构，从而使之能够灵活调整。这样，不同地区的业务人员就可以根据需要随时调整规则，而不用对现有 IT 系统进行大的改动，从而最大程度地满足业务灵活性的要求。

企业要实现数字化转型，就必须投入足够的精力在数据运用、数据价值挖掘和数据质量管理上；必须加强数据治理，推动企业基于数据的业务经营管理，让企业的管理更上一层楼，使企业真正迈向数字化经营。企业通过数据治理掌握业务的本质，让企业的管理化繁为简，并围绕数字资产构建数字世界的竞争力，为企业不断创造价值。

12.2.2 建立企业数字智慧大脑，实现管理决策智能化

通过推进数字化转型，企业会拥有海量的数据，包括产品数据、设备运行数据、质量数据、生产数据、能耗数据、经营数据、客户数据和外部市场数据等。这些数据普遍存在分散、不拉通的问题，导致虽然数据很多，但真正能产生价值的却很少，找到想要的、能用的数据更难。

为此，企业针对这些海量的异构数据要进行多维度的分析，提高数据分析的实时性和可视化，实现数据治理和基于数据驱动进行决策，并利用 AI 和大数据分析技术分析数据背后蕴含的关键信息。

在华为的数字化转型架构蓝图中，采取的是基于统一的数据底座，实现数字化运营与决策、打破数据孤岛、确保源头数据准确、促进数据共享、保障数据隐私与安全等目标。

【案例】华为的数据治理

华为从 2007 年开始启动数据治理变革，其经历了两个阶段。

第一个阶段是从 2007 年至 2016 年，其间华为通过统一信息架构与标准、

确认可信的数据源、建立有效的数据质量度量改进机制，持续提高了数据质量，减少了纠错成本，实现了数据全流程贯通，提升了业务运作效率。

第二个阶段是从 2017 年至今。在这一阶段，华为建设了数据底座，即汇聚企业全域数据并对数据进行连接，实现了数据随需共享、敏捷自助、安全透明的目标。

数据底座在华为的数字化转型中起着至关重要的作用，数据底座将企业内外部的数据汇聚在一起，进行重新组织和连接，为数据建立清晰的定义和统一的结构，在保证数据安全和保护隐私的前提下，让数据更易获取，最终打破了数据孤岛和垄断。

华为的数据底座由数据湖、数据主题连接两层组成，如图 12-6 所示。

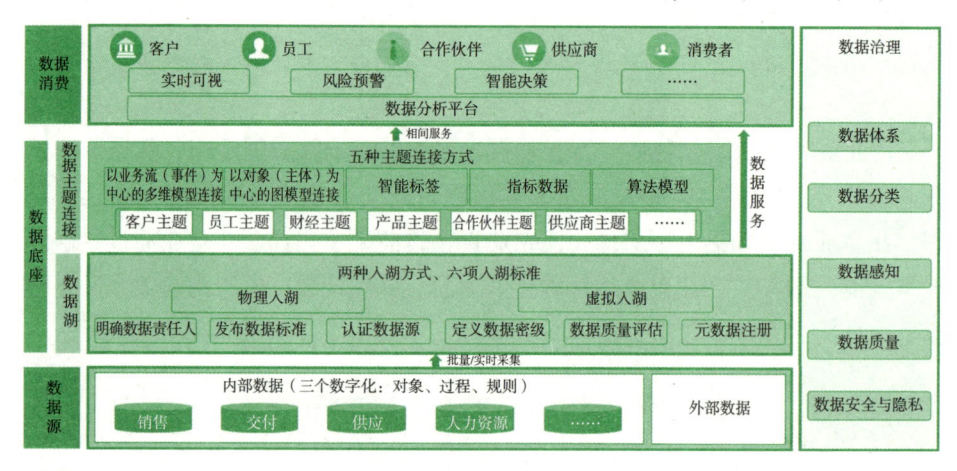

图 12-6　华为数据底座总体架构

数据湖是逻辑上各种原始数据的集合，具有原始、海量、多样和非结构化的特征。数据主题连接是对数据湖的数据按业务流（事件）、对象（主体）进行连接和规则计算等处理，形成面向数据消费的多角度、多层次、多粒度主题数据。

华为通过夯实数据底座，打造了安全合规的数据应用能力，促进了物理世界与数字世界的深度融合，为企业管理决策提供了数据与分析能力保障，强力支撑了企业数字化转型。

通过整理内部和外部的数据及信息共享、优化信息处理的流程，做到从数据的获取、处理和展示及决策的全系列自动化配置，就可以在实际的运营中实现基于算法的智能决策。

根据美国《福布斯》杂志网站的报道，决策智能（DI）影响着人们如何做出商业决策，它弥合了数据和 AI 平台之间的鸿沟，将成为数字化转型的新趋势。

在 2022 年高德纳（Gartner）发布的重要战略技术趋势预测中，"决策智能"位列其中。高德纳曾预计，到 2023 年，超过 33% 的大型组织将有分析师从事决策智能工作，包括决策建模等。国际数据公司（IDC）则预测，"到 2025 年，3/4 的大型企业将因缺乏智能知识网络而面临盲点"。

随着 AI 技术在决策中的应用日益广泛，依托多种软件技术的决策智能将通过最大化发挥和利用数据分析、机器学习和人工智能的潜能，为所有业务数据创建更全面、更方便的视图，帮助企业以更低的成本完成更多、更高效的决策。

【案例】决策智能将在多个领域产生影响

决策智能将在多个领域对人们的思维和行为方式产生重要影响，比如：

人们会重新思考自己的工作方式。单调乏味的工作让人没有成就感，严重影响组织的生产力和员工的幸福感。决策智能能帮助人们更快、更高效地做出决定，以减少或摆脱无聊的工作，从而去从事更有目的性、创造性和创新性的工作。

在决策智能的辅助下，数字营销会展现出新面貌。获得客户的新的商业模式将出现，企业可以借此巩固竞争优势，做到高粒度细分客户，从而领先于市场需求，设计出以客户为中心的战略。

组织的架构和面貌将得以重塑。采用决策智能将帮助企业开始构建数据驱动的文化，使企业缩短决策时间，提高灵活性和弹性。

此外，决策智能还将重新定义人们的思考和学习方式，提升包括分析数据、产生预测和支持决策等方面的思考和学习能力。

在数据汹涌奔腾的世界中，企业要保持竞争力、满足客户需求、促进创新并对变化快速做出响应，需要调整企业架构，更多地由数据和 AI 驱动业务，并通过自动化的决策智能来消除偏见，以提高日常运营的效率。

12.2.3 锻造强大的数字化文化，开启数字化转型浪潮

数字化转型不是一个有始有终的项目，而是一个持续变革的过程，大多数企业在漫长的数字化转型过程中并不是一帆风顺的，会面临重重困难。根据麦肯锡的调查，企业数字化转型的成功率仅为 20%。在石油、天然气、汽车、基础设施和制药等较为传统的行业，数字化转型面临的挑战更大，成功率仅在 4%～11%。企业在数字化转型过程中面临的困难，最主要的是"文化和行为方

面的挑战",如图 12-7 所示。这些问题出现的原因可能是员工对数字化趋势认识不足、难以形成统一认知、各职能部门相对独立、害怕承担风险等。

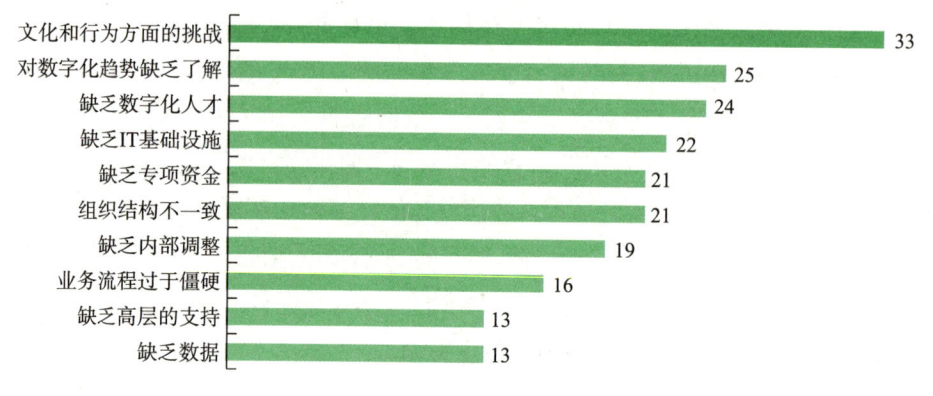

挑战	数值
文化和行为方面的挑战	33
对数字化趋势缺乏了解	25
缺乏数字化人才	24
缺乏IT基础设施	22
缺乏专项资金	21
组织结构不一致	21
缺乏内部调整	19
业务流程过于僵硬	16
缺乏高层的支持	13
缺乏数据	13

图 12-7 数字化转型面临的困难

路易威登首席数字官 Ian Rogers 说道:"成败的关键时刻,还得看企业在进行数字化转型的过程中,是否已经接受了这将不是技术问题而是企业文化变革的事实。企业文化变革是数字化转型的前提。"

在大量的行业数字化转型实践中,德石羿团队摸索、积累了一套应用数字技术实现业务成功的战略框架与战术工具集,对业务可持续创新发展的最佳实践进行了总结,提炼了其中具有通用性和普适性的关键点与要素,并基于华为的实践,形成了一套简单、可操作的"1234"方法论,简称为 SDBE 数字化转型模型(如图 12-8 所示),这需要创造两个保障条件,即通过组织机制转型激发组织活力,通过文化转型创造转型氛围。由此也可以看出组织文化在数字化转型过程中的关键地位和作用。

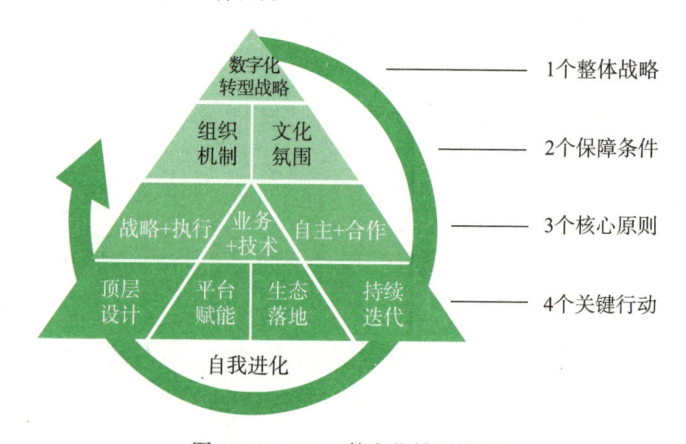

图 12-8 SDBE 数字化转型模型

企业数字化转型究竟需要什么样的文化氛围？到底什么是数字化文化？

这个问题并没有统一的标准答案，但德石羿团队通过对大量数字化转型案例的研究（如表 12-1 所示）发现，企业数字化转型中塑造的文化通常包含六个核心价值观：数据思维、客户共创、协同共赢、持续学习、创新容错、敏捷迭代。具有这些核心特征的文化可以称为数字化文化。

表 12-1　企业数字化转型中的文化变革

数字化转型企业	企业数字化转型中的文化变革
美的	互联网文化（云中心化、平等）、客户思维
GE	敏捷、试错、迭代
德邦	数据文化
施耐德	包容赋能、创新试错、鼓励学习
宝洁	鼓励数字化创新
天虹	开放、与外部对接、与客户交互
伊利	创新、包容、开放、学习
碧桂园	阳光无畏、跨界升维、灵动迭代、换位共赢
长虹	以客户为中心的数字思维和文化；体验与迭代、适应变化、迅速响应
微软	同理心、协同、以客户为导向、多元和包容、灵活动态
Adobe	数据民主化、开放和创新、敏捷
星展银行（DBS）	创业精神、敏捷、学习、理解客户痛点、全面使用数据、鼓励实验和冒险
招商银行	开放、融合、平视、包容、敏捷；鼓励创新、容忍试错

【案例】数字化转型的核心价值观[1]

数字化转型的六个核心价值观分别是：数据思维、客户共创、协同共赢、持续学习、创新容错、敏捷迭代，如图 12-9 所示。

1. 数据思维

在数字化时代，数据连接一切，数据驱动一切，数据重塑一切。数据是企业数字化转型的核心要素，数据思维是数字化文化的核心，是每一个数字化转型企业必须努力培养的新型文化。数据思维具有丰富的内涵，包括数据决策思维、数据共享思维、数据价值思维等。

美的在数字化转型过程中为了培育数据思维，采取了一系列具体的措施：

---

[1] 王勇，谢晨颖. "数字化文化"——企业数字化转型的土壤 [OL]. 洞见学堂（公众号）. 2022-06-13.

第一，传播数据价值，力求一张图读懂；第二，统一数据口径和业务指标；第三，事业部间的运营指标进行多维度对标，树立竞争意识；第四，数据实现多屏展示，包括手机、电脑、CEO 大屏等多渠道展示；第五，从利用大数据发现问题到利用大数据驱动业务优化，实现完整闭环。

图 12-9　数字化转型的六个核心价值观

2. 客户共创

数字化转型较为成功的企业，无不强调以客户为中心、客户至上、客户思维和客户共创，强调深层次地挖掘客户的个性化需求，创新生产和服务方式，优化业务流程，提升客户体验，与客户共创价值、共同成长。因此，企业数字化转型也应打造客户共创的文化。

华为的数字化转型提出业务和技术双轮驱动，要回归业务的本质，为客户创造价值。华为的数字化转型的 V 字模型，一条线是 CBA（Customer+Business+Architecture，客户＋业务＋架构），即以客户为中心，回归业务，架构牵引；另一条线是 ABC（AI+Big Data+Cloud，人工智能＋大数据＋云），即将技术深度应用于业务流程。

3. 协同共赢

数字化转型不是某个部门、某项业务的局部转型，而是涉及各个环节、各个业务部门的系统性变革，要求组织各部门之间拥有更强的协同能力。数字化转型的成功源自跨部门、跨单位、跨职能的集体努力和知识共享。

微软的数字化转型是从文化变革开始的，即强调协作文化，弱化了原来

"各自为政"的内部竞争关系，逐渐形成合作、利他、包容的工作氛围，为业务转型奠定了基础。OneDrive云存储、Cortana语音助手等产品，都是转型期间跨团队合作创新的成果。

4. 持续学习

持续学习在数字化转型中非常重要，在数字技术快速更迭、外部环境不断变化的背景下，从一把手到基层员工，都要不断学习数字化的知识，培养数字化技能，这样才能在数字化转型中有能力去落实数字化战略、体验数字化的价值。

三一重工董事长梁稳根对数字化转型的理论学习极为关注，每天下班之后都要学习1.5小时。他看了好的文章、好的书籍，会让高管团队一同学习，学习完后必须分享，写心得，写数字化日记。为了防止高管团队委托秘书写学习心得，梁稳根要求高管必须脱稿发言并对其进行排名。每周的高管午餐会，30名高管要回顾当前数字化转型项目的问题，周六扩大到80多名高管讨论数字化转型的问题，月例会让更多人参加。

5. 创新容错

数字化转型的目的不仅仅是降本增效、改进流程，更重要的是帮助企业突破既有的边界，带来全新的价值。这就需要崇尚创新、支持冒险和颠覆性思维的文化氛围。鼓励创新意味着要容忍失败和允许试错，这是数字化转型成功的企业所具备的一个非常明显的差异化特质。

从2017年开始，招商银行就设立了总行层面的金融科技创新项目基金，鼓励业务部门申请，以推动科技创新项目来促进业务模式创新。为持续加大对金融科技的投入，自2020年起，招商银行将金融科技创新基金预算比例从全行上年度营业收入的1%提升至1.5%。此外，在软件系统建设方面，允许适当的冗余投入，允许项目不成功。

6. 敏捷迭代

敏捷文化体现在为了适应外界环境的快速变化，员工乐于拥抱变化、勇于探索、适应变革，企业能够快速决策、执行和迭代，以适应不断变化的客户需求和技术迭代。

小米一直专注于数字技术的研究及数字化建设，在敏捷方面，小米整合全球资源，以能力和资源的云化实现企业服务敏捷化部署，让新零售体验和科技服务能最快地触达"米粉"，让"米粉"享受到数字科技带来的智慧家居服务。

12.3 用数字化优化和重构业务全流程

企业数字化转型归根结底还是业务的转型，而流程是业务的具体呈现，必须思考如何重构流程、如何将数字技术融入流程，以驱动流程的优化、再造。

华为董事陶景文曾说："任何不涉及业务和流程重构的数字化转型，都是在装样子，是在外围打转转，没有触及灵魂。这样的数字化转型也不可能成功，真正的成功一定会给企业的效率带来10倍以上的提高，打破原来流程的边界。"

12.3.1 利用数字技术提升客户体验和感受

20世纪90年代，美国客户体验设计师唐纳德·诺曼（Donald Norman）提出"客户体验"这个概念，认为"一个良好的产品能同时增强心灵和思想的感受，使客户拥有愉悦的感觉去欣赏、使用和拥有它"。

客户体验的实例在我们的生活中随处可见，例如：倒扣的手机从桌面一拿起，它就亮屏，方便查看时间和消息，同时启动人脸识别，立即解锁；舒肤佳的肥皂设计成了细腰状，让使用者很容易就能握住，不易滑脱。这些设计看似简单，实际上埋入了许多精妙的设计巧思。而这些就是客户体验设计师们不断努力的结果。

客户体验是"客户与企业和品牌之间的所有互动，不仅仅是指某个时点的互动，而是指作为该企业客户的整个周期的互动"。因此，客户体验涵盖所有渠道和互动方式、产品和服务、信息和内容。

过去企业强调产品的质量、性能，但现在客户体验则对一个企业的竞争力至关重要。在市场竞争日益激烈的情况下，谁能够低成本、快速地提供超预期的产品和购买体验，谁就能赢得客户。

随着数字技术的发展，借助大数据分析，企业就可根据客户的消费习惯和行为特征，及时、准确地把握市场行情，并且还能根据年龄、行为、财务状况和需求等各种维度对潜在客户进行客户分群，为不同客户群制定个性化、差异化的精准定向的客户体验。由此企业将可以显著提高客户的参与度、满意度和长期品牌忠诚度。

【案例】海尔"互联工厂"提升客户体验[①]

海尔在智能制造上的核心思想就是"互联工厂"。与传统的订单生产模式

[①] 武常歧，董小英，海广跃，凌军．创变：数字化转型战略与机制创新 [M]．北京：北京大学出版社，2021．

有所不同，海尔通过与客户共同建立一个基于网络的生产模式，让完全不懂技术的客户和苦于不了解客户需求的设计师、供应商，在海尔提供的共享设计平台上互动协作，实现真正的客户个性化订单生产。

海尔胶州空调工厂生产的产品颜色、外观、性能、结构等全部由客户决定。通过互联网技术，客户可以与工厂生产线直接对话，将个性化需求第一时间反馈到生产线，整个流程包括需求、交互、设计、预售、制造、配送、服务等环节，实现从线上客户定制方案到线下柔性化生产的全定制过程。客户下单后，订单送达互联工厂，互联工厂随即开始定制所需模块，通过模块化的拼装，可以实现客户对不同功能的选择，并且最大限度地缩短产品制造所耗费的时间。在制造过程中，客户可以通过各种终端设备掌握订单进程，了解定制产品在生产线上的进度和位置。

海尔互联工厂生态系统的建设，实现了从需求获取到生产销售过程的无缝对接，使获得的数据能够第一时间发挥价值。从客户自身的需求出发，遵循市场发展的规律，既能第一时间了解产品的市场反应，更好地提高产品质量和性能，又能为客户提供更好、更优质的客户体验，从而提高客户黏性。

数字化转型除了能加强和丰富与客户的连接，更好地理解客户需求，不断帮助客户进行再次的价值创造，还能通过数字技术提升服务便捷度，提高服务效率，从而改善客户体验。

【案例】西部机场集团铺就智慧化的"云上丝绸之路"

西部机场集团是全国第二大（仅次于首都机场集团）跨省区运作的大型机场集团，负责西北地区 23 个成员机场的建设和运营管理。

2018 年，西部机场集团和阿里云达成合作，共同探索建设智慧机场，并将总体目标确定为"全面实现互联化、可视化、智能化、协同化、个性化和精细化"。

西部机场集团的数字化实践，在提升旅客体验方面取得了显著的成效。

通过 IT 架构云化和数据拉通，在 2019 年中国大陆 3000 万级以上机场准点率排名中，西安咸阳国际机场以 81.31% 的准点率位居全国第一。

西部机场集团的智慧化服务极大提升了旅客的便捷度。在值机环节，采用"西部机场畅想旅行"公众号和旅客服务小程序线上值机，高峰时段旅客值机排队时长由 15 分钟缩短至八分钟，旅客出行更加便捷，服务品质显著提升；在安检环节，通过人脸识别，旅客过安检口通关时间从 30 秒降为了六秒，大大提高了通关效率；在登机环节，部分机场使用"双向人脸识别"闸机，旅客只需"刷脸"，自助闸机便可开门放行，登机时间缩短近 50%。

对晚到旅客登机的提醒，不再采用喇叭广播的方式，而是通过机器自动定向呼叫，向旅客拨打语音电话，在提高服务效率的同时，也改善了旅客的乘机体验。

采用了人脸识别技术的智慧航显系统，只要旅客站到指定点位，刷脸就可精准展示特定航班的登机口、航班状态等信息，这不仅提高了效率，消弭了旅客的等候焦虑，也降低了人群聚集的必要性。

西部机场集团围绕服务旅客的本质，充分发挥数字技术在机场全流程管理、旅客全周期服务上的作用，极大地提升了行业的效率与价值，为旅客真正铺就了一条智慧化的"云上丝绸之路"。

12.3.2 聚集主航道，保持主干流程的简洁高效

流程是企业价值创造的过程，数字化转型的本质是业务转型，是价值链重塑，数字化转型的优先任务就是流程重构，即业务流程化。因为传统的业务流程是部门化的、功能化的流程。从部门内部来看，流程是通的，但从企业整体层面去看，就会发现存在流程割裂、冗长、烦琐等诸多问题，形成信息孤岛、数据孤岛，阻碍企业的数字化转型。

华为董事陶景文这样描述流程与数字化的关系："我们原来的业务作业，都是按照既定的流程，比如设计、制造、运维每一个领域的流程而进行的，流程与流程不通，功能有断点，效率就不高。我们要充分深入业务场景，真正地从全流程的客户体验角度、全场景的客户体验角度来设计业务的流转。"

因此数字化转型必须要重新梳理流程、优化流程，让流程"在线"，利用数字技术实现流程的自动化甚至智能化，打破信息孤岛，提高业务运作效率，降低人工成本，增强协同效应，进而改善客户体验。从全局视角并基于客户需求，构建端到端的业务流程。

【案例】美的数字化转型从梳理流程开始

美的数字化转型的第一步就是梳理、统一业务流程。2012年，美的集团旗下诸多子公司、事业部的流程不统一，管理方式不统一，数据标准也不统一，生产、销售、购买环节相互割裂、各自为战，IT系统有100多套，形成了一个个信息孤岛。为了做好数字化转型，美的开始梳理业务流程，从外销到内销，从采购到付款，从产品开发到生产，将主要流程划分层次。美的借鉴了麦肯锡的流程框架搭建方法，从集团抽调了大量业务骨干，与麦肯锡咨询顾问一起组成了流程梳理团队，将美的集团整体业务从L1到L4的流程框架一点点搭建起来。最终，美的将产品开发、订单交付等众多的业务流程全部标准化。

这为美的的数字化转型打下了坚实的基础。2019年，美的开始进行工业互联网变革，打通了制造端和消费端，将内部五大流程——LTC（从线索到合同）、OTC（从订单到收款）、P2P（从采购到付款）、IPD（集成产品开发）和ICT（内部关联交易）实现了端到端拉通，改变了之前流程割裂的状态。

华为的数字化转型理念主要聚焦在拉通主业务流上，即沿着主航道进行端到端的流程化和数字化，打通价值链上的流程断点、系统断点和数据断点。

主航道是企业的业务主方向，是战略要地。任正非很清晰地指出：

"世界上每个东西都有正态分布，我们只做正态分布中间那一段，别的不做了，说那个地方很赚钱我们也不做，也卖不了几个。我们就在主航道、主潮流上走，有流量就有胜利的机会。"

基于这个认知，华为制定了"主干简洁、末端灵活"的建设思路，坚持在主干流程上进行系统性梳理，坚持"统一规划、分步实施"的总体策略。任正非向员工解释了他对流程化建设的思考：

"我们在流程化建设上的思路是很清晰的。高速铁路、高速公路一定要标准化，而上下车方式或者接入方式可以千变万化。所以，我们强调主干平台、主干系统一定要简单、清晰、快捷、安全。但是在接入系统的那一部分，我们允许灵活机动。主流程要为大流量服务，而不是为小流量服务。"

因此，华为以流程驱动数字化转型，聚焦的就是主航道的管理体系建设，优先解决主干流程"通"的问题。为了保证主干流程简洁、快速流通，就要抓主要矛盾和流程的关键节点。

华为根据业务实践设立了"不超过四个管理节点"的标准，要从客户价值创造出发，而不是从职能管控出发来设计流程管控点。流程管控点尽可能不放在主干流程上，而是放在支干流程里，这样就可以很好地与"核心主平台＋执行辅助应用＋末端工具"数字化应用架构设计相匹配和集成。

在流程驱动的数字化转型和管理变革中，主干应用平台建设是拉通主干流程的关键支撑，也是业务变革的重点。主干通了，业务才能进入有序运作的正向循环。因此，企业必须要有全局思维，坚持一线需求驱动，急业务之所急，尽快打通支撑主干流程运行的高速公路。

12.3.3 从信息化到自动化，再到智能化

流程优化、重构后就需要利用IT系统将线下流程"搬"到线上，实现流程的信息化、在线化。流程的信息化将原本通过手工传递的信息改为通过IT

系统进行传递。没有信息化、在线化，流程中传递的数据就无法被采集、留存、治理、分析和进行价值挖掘，数字化就无从谈起。可见，流程的信息化是数字化的基础。

对于许多传统企业而言，信息化基础比较薄弱或流程管控不到位，很多流程仍在线下完成，手工记录数据、手动录入系统、手动保存数据就会造成数据传输慢、数据质量低等问题。因此，流程信息化、智能化的程度越高，数字化转型的基础就越扎实。

【案例】三一集团数字化转型中的流程信息化

三一集团在推动数字化转型过程中将流程四化——流程的标准化、在线化、自动化、智能化作为重要的抓手。

三一集团于2013年组建了流程信息化部门，全面梳理现有业务流程，启动流程信息化变革。为此，集团建立了"3+2"流程管理系统，仔细对流程进行梳理、对整体流程进行设计，针对流程的信息化进行总体布局。另外，还建立了流程信息化专业管理平台（ARIS），并向员工发布了流程操作方法和流程规范，为后续流程信息化打下了坚实的基础。同时，集团启动了核心ERP应用项目，完成了产品生命周期管理流程设计，改进了国际备件流程，并在国外上线了PMS系统。2014年，三一集团又与SAP、IBM合作，着眼于构建行业领先的流程信息化体系，建立端到端的企业管理平台，构建符合自身特点的管理信息系统，为企业数字化转型提供支撑。

三一集团通过聚焦"从概念到产品、从线索到回款、从订单到交付、从问题到解决"四大主线，分析整个业务流程并进行重构，运用工业软件将标准流程固化，实现流程活动和节点的在线化管控，大幅度提升了集团的核心业务流程标准化率和在线化率。

随着数字技术的发展和应用，企业需要积极思考如何将数字技术融入流程中，运用数字技术改造流程并改变员工、客户等相关人员的参与模式，解决传统业务流程中遇到的一些问题，实现流程的自动化、智能化。

以机器人流程自动化（Robotic Process Automation，RPA）为代表的数字化工具是企业实现数字化转型的必备工具，可以基于预先设置好的操作规则，模拟人工在操作界面上进行操作，替代人工完成作业，从而实现任务的自动化执行，具体可以应用在流程触发、路径选择、任务派发和任务执行及质量监控四个方面。在流程触发环节，利用新一代流程引擎可以自动触发流程，流程发起后，数字化系统可以自动判断"下一步做什么"和"由谁来做"，并自动完成任务的派发，可以派发给岗位上的员工，也可以派发给流程机器人。同时，基于预设的规则和算法，对流程中实时获取的数据进行计算和判断，对流程运行过程中的风险及任务执行的质量进行自动的、可视化的监控与预警。

而流程的智能化则是在流程中融入机器学习、深度学习等 AI 技术，让系统模拟人的认知和思考，甚至做出一些简单的逻辑判断，将流程中每个节点原本由人工完成的任务替换成由机器人来完成。机器人通过不断自学习，秒级执行原有的人工任务，极大地解放了人力，提高了流程的流转效率，并降低了人为操作的风险。

【案例】富士康"无忧刀具"系统

机床是富士康的重要生产设备，在铣削加工过程中，刀具磨损程度是影响模具成品质量的关键因素。根据数据统计，因为刀具失效引起数控机床停机的时间总数占故障停机时间的 20%～30%。机床中主轴等核心部件发生故障的时间无法预测，而这些关键部件采购周期长（3 个月甚至半年以上）、成本高（主轴价格达 15 万～30 万元），一旦发生故障则停机时间长，造成的损失极大。生产加工过程中的刀具磨损是一个动态变化的过程，受刀具材料、切削参数及切削液等多种因素影响，很难通过产品质量检查来监测其磨损情况。因此在实际应用中，如果提前更换刀具会导致成本上升，而推迟更换又可能造成刀具已经损坏却仍在使用的情况发生，这不但会影响产品质量，甚至严重时对加工机床也会造成损害。

富士康通过引入"无忧刀具"项目，可以对多源数据进行融合同步，结合智能的分析算法进行特征提取、主轴健康预诊、刀具健康度评估、剩余寿命预测及寿命终止警报，即为数控机床提供了刀具寿命预测及主轴在线监测与预警系统。经评估，该系统可使意外停机事故率降低 60%，监控机床状态所需的劳动力减少 50%，质量缺陷率从 6‰降至 3‰，成本节约 16%。富士康基于该系统搭建的精密工具智能制造工厂，获得工业和信息化部"2018 年智能制造试点示范项目"，入选世界经济论坛制造业"灯塔工厂"。

12.4 数字化提升组织柔性，迈向智能化

数字化时代的组织越来越强调柔性，数字化对组织、职能和工作方式进行了重新定义，影响的范围越来越宽泛。企业必须主动拥抱数字技术，创新组织发展模式，通过搭建协同共生的赋能平台，制定清晰的目标愿景，从而构建面向未来的全新的运营模式。

12.4.1 数字化推行"大中台、小前台",让组织更敏捷

组织承接战略,是战略落地不可或缺的一环。组织的适应性影响着企业资源的有效利用、内部高效的协同,甚至核心竞争优势的建立。

随着数字技术的创新发展,竞争边界越来越模糊,市场环境越来越复杂,传统的科层制组织形态已经很难适应当下的环境,企业需要打造全新的赋能平台,让组织变得更加敏捷。

【案例】阿里巴巴以敏捷组织理念开展组织变革

在中国互联网公司中,阿里巴巴最早明确组织为战略和业务服务,历来以组织效率高、阵型调整灵活而著称。

"用生产关系的先进性来驱动先进生产力的释放,用组织的创新去驱动业务的创新",是 CEO 张勇进行阿里巴巴组织设计的一贯理念。

2015 年,张勇接任 CEO 后,就开始在阿里巴巴推行"大中台、小前台"战略,希望用统一的中台,服务所有的前台业务,让业务可以"敏捷"地反映客户和市场的变化。此后,阿里巴巴逐渐形成了以消费、全球化和云计算为核心的三大战略,并以此为基础,完成了多个业务板块的构建。

2018 年,张勇宣布将阿里云事业群升级为阿里云智能事业群,云智能从技术上完成了"飞天+倚天+CIPU"的技术建设,将创新从软件延伸到数据中心硬件体系,从业务上用"云钉一体"打开了战略空间,走向更广阔的数字化转型市场,使阿里云年收入突破 1000 亿元大关,并成为中国首家实现持续盈利的云服务商,排名亚太第一、全球第三。

2021 年年底,张勇宣布升级多元化治理体系,整合设立中国数字商业、海外数字商业两大业务板块,并特别表示"在各个业务领域用更清晰的战略蓝图、更敏捷的组织面向未来,真正创造长期价值"。

纵观近年来张勇进行的历次组织调整,敏捷组织理念始终是其关键内核。在发布的一封内部信件中,张勇就直接以"让组织更敏捷,让文化更简单"为题谈道:"面对快速变化和高度竞争的市场,我们的组织必须变得更敏捷。敏捷组织的建设必须从集团顶层开始做起。"

构建"大中台、小前台"的平台化组织,赋能一线,提升组织敏捷性,实现业务间高效协同,是打造未来敏捷组织的发展趋势。

在敏捷组织中,"大中台"指的是将支撑前端业务发展的相关功能集成的平台,是提供业务发展的可共享的各种资源和基础设施的协作平台。组织越要求业务前端反应灵活,就越需要强大的中后台用平台化的方法提供支持和服务。

阿里巴巴中后台包括基础数据储存和技术平台阿里云，AI和机器学习引擎DTPAI（数据人工智能平台），代码、算法、模型的共创平台，项目管理和工程平台，以及应用层面的商业智能分析、调研、设计和开发应用平台等。这些子平台系统以统一的标准、协议和流程规范，畅通连接和共享，促进相互间的交互和创新，赋能业务发展。

在传统组织中，信息传递由上而下层层衰减，而在敏捷组织强大的中后台，任何人都可以在协同网上根据需要获取信息，调动相应的资源，在各个节点上快速解决问题。

"小前台"指的是以客户为中心，围绕客户价值的实现，将直接产生客户价值的业务功能进行闭环，形成一个个业务小单元。业务小前台贴近客户，具有充分的权限，可以组合内部的业务功能，快速地对市场做出反应，实现让"听见炮声"的人做决策。

【案例】Supercell的"细胞团队"

Supercell是一家芬兰的游戏企业，2010年成立，2016年营收超过23亿美元，达到芬兰GDP的1%。2016年，腾讯花86亿美元将其收购，而当时员工总人数还不超过200人。

Supercell有很多"细胞团队"，团队规模始终保持在10人左右。团队人数少，就可以让整个团队过滤掉杂念，把注意力放在真正重要的事情上。每个团队都能自主决定要开发什么样的游戏，是否要面向市场发布。每个项目除了最后一个关键节点，之前每一次的大型决策全都是开发团队自己说了算。在Supercell，只有两类人掌握权力：游戏研发时是开发团队，上线运营后是玩家。决定游戏生死的，不再是企业CEO或管理层。

据CEO潘纳宁自述，他在每个项目中只有两个权力：一是审批一个团队的组建；二是审批一个游戏是否可以从Beta测试进入全球上线的阶段。

伴随数字化变革进程的持续深入，越来越多的企业开始打破部门边界，尝试"敏捷小队"模式和"任务团队"模式，以结果交付为导向，以团队为单位实行目标及考核管理，鼓励团队自主决策并对结果负责。

在VUCA时代，信息的沟通、决策的方式和工作的载体都发生了巨大的变化。实现组织的敏捷性，打造组织的韧性，数字化是不可或缺的抓手和工具。

通过数字化工具和手段，能够重塑企业经营管理的场景和模式，迭代敏捷的组织结构，实现全链接和全流程打通，从而让一线作为作战中心，在攻占"山头"时，能够准确地呼唤"炮火"，及时地调动资源。

企业家和管理者需要随时关注数字技术的发展及变化,利用好数字化,穿上互联网的鞋,聚焦企业自身业务的有效增长和组织效率的持续提升,实现组织在线和管理在线。

12.4.2 数字化赋能组织发展,打破组织内部边界

传统的科层制组织结构主要采用金字塔式,具有严格的内部等级制度。这种组织结构不仅带来数据管理上的分散和割裂,而且造成各个部门各自为政,只关注所处部门的局部利益而非企业的整体利益,只关注本部门的信息而忽视与其他职能部门的横向沟通和业务实际情况。这一模式不仅加重了企业运作的成本负担,还削弱了应对市场变化的能力。

从纵向关系上看,科层制组织结构最大的问题是上下级之间沟通不畅,信息传递不上来,任务落实不下去。特别是随着企业业务的增长、规模的扩大,纵向的指挥链条会变得越来越长,指挥运营的难度增大,效率降低。在这种情况下,企业迫切需要通过数字化手段实现指挥运营模式的改进,使原本串行、多层的业务运营链条得到简化。

未来的组织结构发展将更倾向于以数据、技术为基点,赋能组织发展,打破组织内部边界,加强内部信息、人员的流通以实现更好的合作,达成"上下同欲";同时解除员工"封印",依据个体员工特点,更大限度地激发员工的主观能动性,助力员工实现自我价值。

【案例】美的组织变革——"789"工程

美的在发展过程中形成了事业部制的组织架构,虽然各个事业部内部是高度统一的,但大多各自为政,各有各的理念和方法,造成了各事业部之间严重的冲突。尤其是当美的在面向国际化开始技术创新、产品创新的时候,发现所有的资源都分散在各个事业部手里,总部无法及时调动资源给到一线业务单元,导致集团的整体步伐越来越迟缓。

美的在进行数字化转型变革的过程中,按照"去中心化、去权威化、去科层化"的核心思想对组织架构进行了调整,取消了二级产业集团的层级,各事业部直接向集团汇报。事业部内部也大量精简,原则上从一线员工到董事长之间只有四个层级。集团整体架构建立了七大平台、八大职能和九大事业部的"789"工程,使整个集团能够在同一个平面上,围绕产品和客户以互联网思维进行技术、渠道、供应链和运营系统的改造。把过去分散在各个事业部的同种功能集聚到总部,形成合力,拥有了对整个集团的资源配置和对一线业务单元

赋能的能力，总部变为对一线业务单元赋能的平台。

"789"工程看似只是收回事业部的某些权力，划小经营单元，实际上整个组织架构都发生了天翻地覆的变化。原来的事业部都是自上而下的层级式管理，现在变成了自下而上的员工自管理。总部从发号施令的"指挥中心"变成支持作战的赋能平台，一线业务单元能够及时与总部达成信息交换，发挥更大的创造余地。

从横向关系来看，企业一般拥有较长的业务链条，往往会覆盖研发、营销、销售、采购、制造、物流、交付、服务、财务等多个业务环节，这就对业务组织之间的横向协同提出了更高的要求。

传统运营中的组织往往基于业务流的顺序进行串行沟通，部门之间形成的"部门墙"阻碍了信息的交流与相互的协作。传统组织与协同组织的对比如图 12-10 所示。

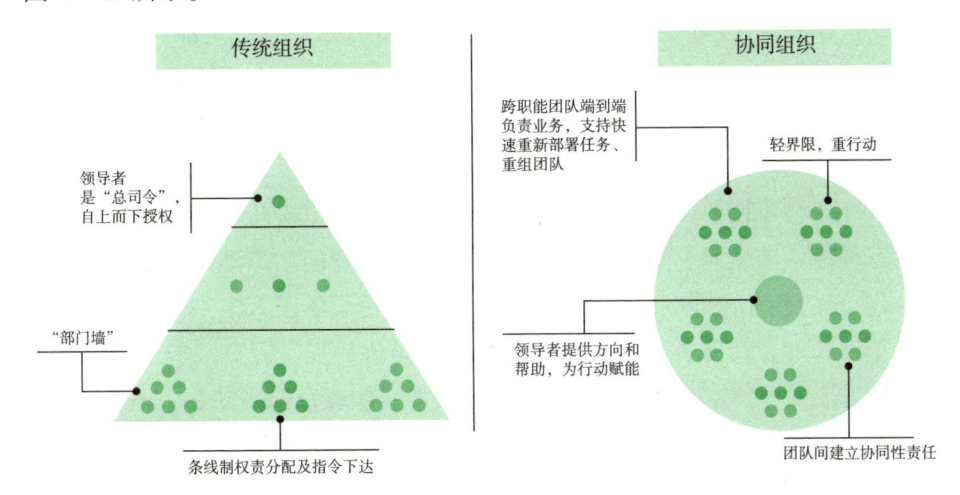

图 12-10　传统组织与协同组织对比

但在数字化时代，借助数字技术能更容易地打破组织边界，推倒"部门墙"，使得各个组织可以不受业务流限制，进行更灵活、直接的沟通。从过去串行的组织沟通协同方式转变为星型协同方式，在跨组织、跨部门之间展开协同工作，让组织得以快速聚集资源和能力，去应对环境多变带来的不确定性。比如，通过视频在线的方式，我们就可以在一个线上空间内进行工作协同，共同探讨一些感兴趣的话题；再如，通过企业微信、钉钉等信息平台，我们能够共享信息，构建协同的基础。因此，运用一定的技术工具，通过技术平台赋能，能帮助我们实现更加高效的协同。

在不确定性的时代背景下，为了应对不确定环境下的无序性趋势，企业要通过流程再造，以数字化和去中心化的方式，以客户需求和价值为导向，以客户价值第一为前提，积极进行敏锐的组织变革，以应对现在和未来的挑战。

12.4.3 数字化使能组织平台化，构建企业生态圈

在数字化时代，数据作为一种新的管理要素，与传统技术、业务流程、组织结构相互影响、相互作用，极大地改变了不同群体的交流方式、交易方式，有效提升了交易速度和质量，使企业内外部交易成本呈现明显下降趋势，推动了组织向扁平化、平台化和联盟化方向发展。

万物智能、泛在互联推动了平台与相关群体的崛起，苹果、谷歌、亚马逊、华为、阿里巴巴、腾讯、百度、小米等一批高科技企业共同打造了一个巨型的创新创业平台，在其之上形成了几百万个乃至上千万个创业群体，构成了一个复杂的产业生态系统。产业生态系统正在重新定义企业的边界，不断重塑企业间的关系，这一新型的企业间组织关系随着产业生态化步伐的加快而不断扩散。

高科技产业拥有创新的科技能力和大量的数据积累，天生具备成为跨产业生态领导者的优势。华为从 2011 年开始将重点转向生态圈的打造，并提出"被集成"的概念，即在解决方案层面，华为坚持聚焦于 ICT 基础设施，不做自己不擅长的；在服务对象上，由华为的合作伙伴提供服务，华为不参与决策。华为把握好分寸，有自己的定位，让合作伙伴有充分的自由，并能使其发挥自己的优势。在这样和谐的氛围中，华为与合作伙伴共同成长，同时为打造生态圈打下了良好的基础。

【案例】华为构建行业数字化转型生态圈

华为企业 BG 持续加大对合作生态的建设和投资，充分发挥合作伙伴的优势，以做大市场，形成共生、互生和再生的利益共同体。

华为成立了企业级合作生态最高决策团队——合作伙伴与联盟管理委员会（Partner Executive Committee，PEC）。PEC 对企业级联盟、生态圈战略、政策及业务发展进行决策，并按伙伴层级进行决策授权。基于授权，企业 BG 对伙伴进一步分类，明确管理机制，使得从 BG 到区域的分层/分级合作管理更加敏捷。

华为构建了管理联盟关系（Manage Alliance Relationship，MAR）流程，

打通了研发、营销、销售、交付和服务等各环节，让合作伙伴能够更简单地加入华为生态圈，更便携地得到支持，更快速地构建高价值的解决方案，并通过华为的平台进行发布和上市。伙伴还可以通过 MAR 流程与华为的营销和销售组织进行联动，获得华为对联合方案给予的额外补贴，以刺激华为渠道进行更多的销售，进而得到更大的收益。

为了完善合作生态组织，华为企业 BG 抽调精兵强将组建了联盟与解决方案合作部，又在各区域建设了 OpenLab，实现了联合创新中心、合作伙伴发展中心、解决方案开发中心及行业体验中心的四位一体，同时抽调研发专家、测试专家和合作专家支撑各区域的 OpenLab 运作，与行业领军客户、玩家联合创新，做大市场，做强生态，支撑伙伴一站式完成联合创新、方案验证和合作落地。

在合作生态业务的开展上，华为强调踏踏实实经营好每一个生态圈，发挥生态组合优势，灵活处理与伙伴的利益交换。华为在每个生态圈中的角色也是不同的，有的生态圈需要华为主导，在其中担当"会议主席"角色，牵引合作伙伴一起投入，以更好地发展生态圈；有的生态圈华为只是"与会者"，更多的是参与到生态圈的活动当中。华为通过在生态圈中扮演好自己不同的角色来经营好自己的生态环境。

数字化时代最核心的特点就是开放，数字技术的发展让人类可以以前所未有的方式自由连接并发挥创造力。很多传统企业在积极思考如何构建企业生态圈，海尔就是取得成功的典型代表。

【案例】海尔的生态品牌战略

2012 年，海尔提出数字化转型战略，其中一个重要转变是将过去封闭的传统企业组织变为一个开放的生态平台，与上下游的关系从零和博弈变成利益共享。海尔在确定了整个企业生态平台化的大方向之后，将原来按矩阵方式划分的功能模块全部变成了平台。

海尔的此次转型，伴随着日日顺、海立方两大平台的相继成立，力图在向电商靠拢的路上凭借"生产"和"销售"两条腿走路。2014 年年初，随着智能家电产品的增多，海尔将管理用户数据和设备连接的 Uhome 做成一个向第三方品牌开放的平台，并改名为 U+，只要符合海尔通信协议标准的设备，就可以接入 U+。海尔要求从这些平台培育出越来越多的内部创业公司，即"小微公司"。海尔期望用"大平台套小平台，小平台生长出小微物种"的方式，丰富整个海尔生态。

海尔衣联网生态已经覆盖服装、家纺、洗衣液、皮革等 13 个行业，目前已接入服装品牌、家纺品牌、洗护用品、RFID 物联技术等 5300 余家生态资源方，实现了从一台洗衣机到洗衣服务再到衣物全流程智能体验的迭代。

海尔食联网通过整合全球美食烹饪的生态资源，搭建起覆盖家装、食品、健康、物流、娱乐等 12 大类的智慧厨房生态平台，聚集了近千家生态资源方。

卡奥斯原本是专门提供海尔产线智能化改造解决方案的平台，通过向全球开放，其逐渐发展成为全球最大的大规模定制解决方案平台。目前，该平台已经孕育出建陶、房车、农业等 15 个行业生态，在全国建立了七大中心，覆盖全国 12 大区域，并在 20 个国家复制推广。每个中小企业可以免费上平台、用平台，真正形成了"与大企业共创、与小企业共享"的生态系统。

海尔的新业态完全颠覆了传统企业的概念，变成了一个无疆界的平台并无限延展，从原来的 12 大类细分出三万多个场景，而且这些场景不断涌现出体验迭代的新组合，演化为共同进化的新物种——一种全新的生态企业图景正在海尔徐徐展开。

如今讲究的是规模经济，谁的平台大、渠道多，谁具有话语权，谁就能打造大品牌，成为大企业。生态型企业通过开放合作、网络效应，使得创新更高效、成本更低。构建生态圈成为企业竞争力的关键要素，通过生态圈提升竞争能力，是企业未来发展的必然趋势。

参考文献

[1] 黄卫伟. 以客户为中心 [M]. 北京：中信出版社，2016.

[2] 王旭东，孙科柳. 华为组织变革 [M]. 北京：电子工业出版社，2022.

[3] 夏终毅. 从偶然到必然：华为研发投资与管理实践 [M]. 北京：清华大学出版社，2019.

[4] 范厚华. 华为铁三角工作法 [M]. 北京：中信出版社，2021.

[5] 周锋，王安辉. 战略执行力 [M]. 北京：电子工业出版社，2022.

[6] 占必考，胡坤山. 流程赋能：打造不依赖个人的高绩效组织 [M]. 北京：电子工业出版社，2022.

[7] 何绍茂. 华为战略财务讲义 [M]. 北京：中信出版社，2020.

[8] 吴晓波. 华为管理变革 [M]. 北京：中信出版社，2017.

[9] 王玉荣，葛新红. 流程管理 [M]. 北京：北京大学出版社，2016.

[10] 丛龙锋. 组织的逻辑 [M]. 北京：机械工业出版社，2021.

[11] 田涛. 理念·制度·人：华为组织与文化的底层逻辑 [M]. 北京：中信出版社，2020.

[12] 刘劲松，胡必刚. 华为能，你也能：IPD 重构产品研发 [M]. 北京：北京大学出版社，2015.

[13] 李书玲. 组织设计：寻找实现组织价值的规律 [M]. 北京：机械工业出版社，2016.

[14] 习风. 华为双向指挥系统：组织再造与流程化运作 [M]. 北京：清华大学出版社，2020.

[15] 陈立云，金国华. 跟我们做流程管理 [M]. 北京：北京大学出版社，2010.

[16] 辛童. 华为供应链管理 [M]. 杭州：浙江大学出版社，2020.

[17] 田涛. 下一个倒下的会不会是华为 [M]. 北京：中信出版社，2017.

[18] 武常歧，董小英，海广跃，等. 创变：数字化转型战略与机制创新 [M]. 北京：北京大学出版社，2021.

［19］朱相鹏. 拉通：华为十倍增效千倍增长的横向逻辑 [M]. 北京：机械工业出版社，2022.

［20］毛万金. 华为变革法：打造可持续进步的组织 [M]. 北京：中信出版社，2022.

［21］孟庆祥. 华为饱和攻击营销法 [M]. 北京：北京联合出版公司，2021.

［22］吴晓波，王坤祚，钱跃东. 云上的中国：激荡的数智化未来 [M]. 北京：清中信出版集团，2021.

［23］孙凯，豆世红. 华为营销：征战全球的立体战术 [M]. 北京：机械工业出版社，2013.

［24］杨爱国，高正贤. 华为财经密码：商业成功与风险制衡 [M]. 北京：机械工业出版社，2021.

［25］李文波. 敏捷转型：智能商业时代的组织变革 [M]. 北京：电子工业出版社，2019.

［26］兰涛，张泓翊. 华为营销铁军 [M]. 北京：人民邮电出版社，2021.

［27］周良军，邓斌. 华为数字化转型：企业持续有效增长的新引擎 [M]. 北京：人民邮电出版社，2021.

［28］邓斌. 华为成长之路：影响华为的 22 个关键事件 [M]. 北京：人民邮电出版社，2021.